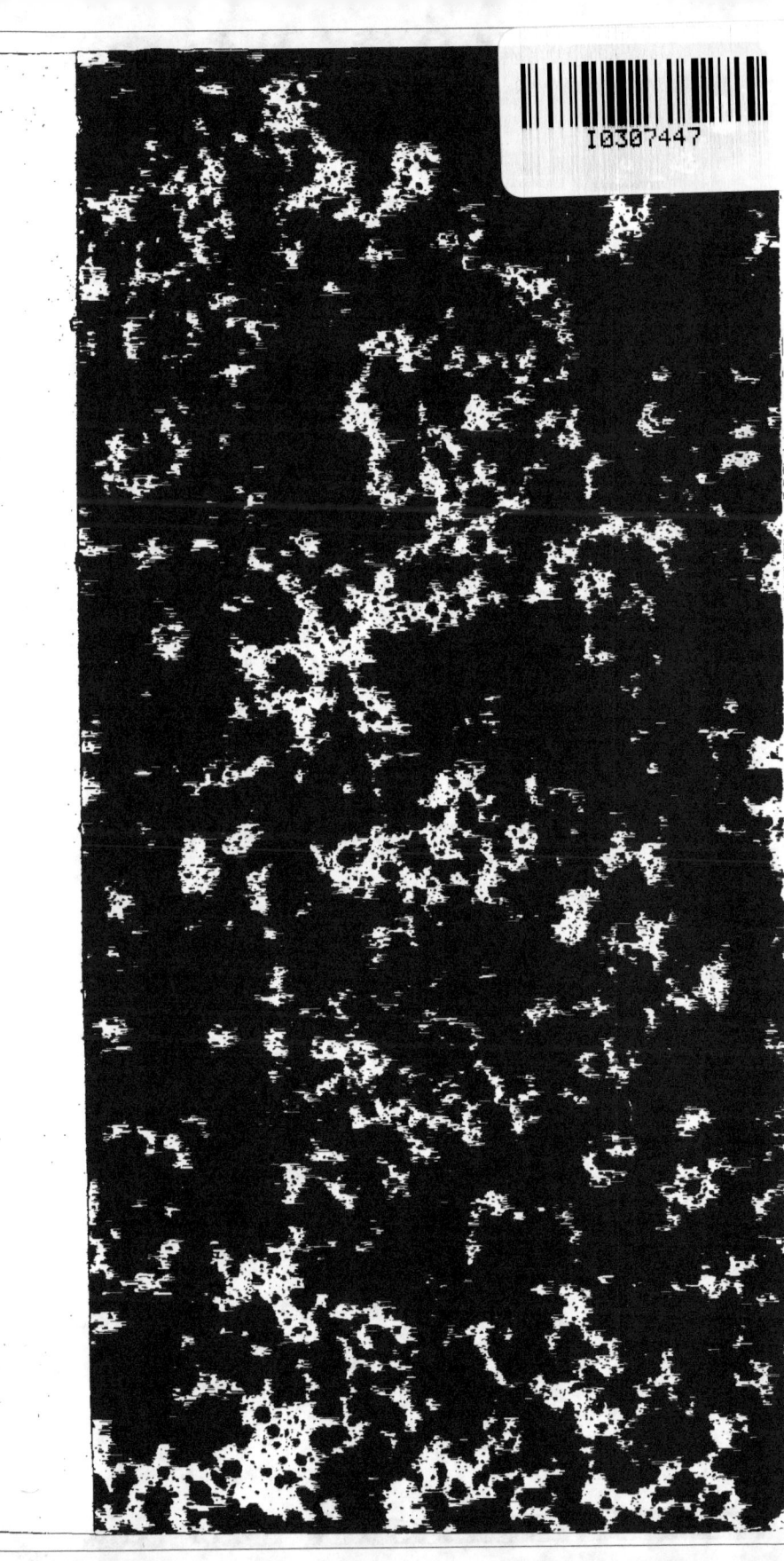

HISTOIRE

SCIENTIFIQUE ET MILITAIRE

DE L'EXPÉDITION FRANÇAISE
EN ÉGYPTE.

PARIS. — IMPRIMERIE DE J. TASTU,
Rue de Vaugirard, n. 36.

HISTOIRE

DE

L'EXPÉDITION FRANÇAISE

EN ÉGYPTE

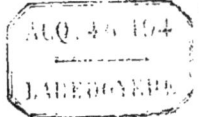

D'APRÈS

LES MÉMOIRES, MATÉRIAUX,

DOCUMENS INÉDITS

Fournis par MM. le Comte BELLIARD (Lieutenant-Général, Pair de France), Marquis DE CHATEAUGIRON, Comte D'AURE (Commissaire-Ordonnateur en chef de l'Armée d'Orient), Baron DESGENETTES (Médecin en chef de l'Expédition), DUTERTRE (premier Dessinateur attaché à l'Expédition), Baron LARREY (Chirurgien en chef de l'Expédition), Colonel J. MIOT, F. DE MONTROL, POUSSIELGUE (Administrateur-Général des finances en Égypte), Comte RAMPON (Lieutenant-Général, Pair de France), REDOUTÉ (Membre de l'Institut du Kaire), PRIX-RÉAL. Baron TAYLOR, etc.

RÉDIGÉE PAR

MM. le Colonel BORY DE SAINT-VINCENT, Marquis DE FORTIA D'URBAN, GEOFFROY ST.-HILAIRE (Membre de l'Institut), Isidore GEOFFROY ST.-HILAIRE, Général GOURGAUD, JULLIEN de Paris, MARCEL (Directeur de l'Imprimerie en Égypte). PARSEVAL DE GRANDMAISON (de l'Académie française), Louis REYBAUD, REY-DUSSUEIL;
sous la direction

DE M. X.-B. SAINTINE.

PARIS

ÉDITEURS-PROPRIÉTAIRES :

GAGNIARD,
QUAI VOLTAIRE, N. 15;

A.-J. DÉNAIN,
RUE VIVIENNE, N. 16.

1830

HISTOIRE
DE
L'EXPÉDITION FRANÇAISE
EN ÉGYPTE.

CHAPITRE I.

Insurrections des provinces de Damiette et de Mansourah. — Mit-Ghamar, Mit-èl-Khouly, Sonbât. — Hassan-Toubâr, cheyk des Arabes du lac Menzaléh. — Négociations. — Leur inutilité. — Attaque combinée de Bédouins et d'Arabes du lac. — Prise de Damiette. — Retraite. — Combat d'èl-Choarah. — Conquête du lac Menzaléh par le général Andréossy. — Prise du bourg Menzaléh par le général Damas. — Reconnaissance du lac. — Tennis, Tounah, San, Péluse, villes antiques, etc. — Damiette. — Retour d'Andréossy à Damiette et son départ pour le Kaire.

Tenue en respect par la présence de Bonaparte, l'Égypte-Moyenne était libre d'opérations militaires; mais la guerre se perpétuait aux deux extrémités de la conquête, au nord et au midi. Pendant que Desaix refoulait vers l'Éthiopie les cavaliers de Mourad, la sédition renaissait au sein du Delta et dans les contrées orientales de la Basse-Égypte.

Les provinces de Damiette et de Mansourah, toutes deux littorales du lac Menzaléh, servaient de théâtre principal à ces escarmouches de partisans. Là, venues par centaines de l'isthme de Suez, refluaient les tribus de Bédouins qui peuplent cette lisière du Désert. Elles semblaient faire assaut entre elles à qui égorgerait le plus de nos soldats, et surprendrait le plus de caravanes et de convois. Enhardis par l'impunité, les fellahs habitans du pays se ralliaient à ces hordes nomades, et signalaient par des massacres leurs insurrections imprévues. Les percepteurs qui, sur la foi des divans, se présentaient aux portes des villages, soit pour exiger le miri, soit pour séquestrer les biens des Mamlouks, étaient tous bâtonnés ou fusillés. De faibles escortes essayaient bien parfois de les défendre, mais elles tombaient à leur tour victimes du nombre.

Ainsi à Mit-Ghamar, à Mit-êl-Khouly et à Sonbât, les insurgés avaient arrêté des barques et immolé ceux qui les montaient. De tous côtés l'esprit de révolte allait se propageant, et il était urgent de porter remède à cette tendance contagieuse.

Mais vainement eût-on décimé une ou deux tribus, vainement eût-on frappé de confiscation leurs bestiaux et leurs richesses : toutes ces mesures incomplètes n'auraient conduit qu'à des demi-résultats, et le mal demeurait entier tant qu'on ne le tranchait pas dans sa racine.

En effet, quoique ces hordes nomades parussent agir sans solidarité, et chacune pour son compte, il était évident néanmoins que leurs attaques combinées partaient d'une impulsion commune. Le terrain qu'elles avaient choisi pour leurs excursions trahissait d'ailleurs, aux yeux des moins clairvoyans, ce plan de guerre fédérative.

La province de Mansourah, théâtre de ces désordres, confinait au lac Menzaléh, vaste étendue d'eau qui se déploie entre Damiette et l'antique Péluse. Les bords du lac, et les îles dont il est semé, étaient peuplés d'une vigoureuse race d'hommes, patiente, laborieuse, et plus fortement trempée que le commun des

Égyptiens. Riches du produit de leur pêche, ces insulaires possédaient cinq à six cents embarcations qui les rendaient maîtres de la navigation du lac.

Cette population maritime reconnaissait l'autorité de quarante chefs, qui à leur tour subordonnaient leurs pouvoirs au patronage de Hassan-Toubâr, cheyk de Menzaléh et maître suprême de la contrée. Cet homme, puissant parmi les siens, devait cette position à ses richesses immenses, à l'ancienneté de sa famille, qui comptait quatre à cinq générations de cheyks. Entouré d'une parenté nombreuse, soutenu par une foule de serviteurs à gages, Hassan-Toubâr avait su en outre se ménager l'appui des Bédouins, auxquels il donnait à cultiver des terres riveraines. Aussi l'autorité de ce cheyk était si bien assise dans le pays, que les Mamlouks eux-mêmes, après plusieurs tentatives infructueuses, s'étaient vus forcés de le laisser maître chez lui. C'était à peine si Mourad-Bey avait pu obtenir de ce petit potentat une légère redevance qui représentait le fermage de la pêche du lac.

Vainqueurs des Mamlouks, les Français avaient à leur tour trouvé Hassan-Toubâr dans les mêmes dispositions. Impatient de toute espèce de joug, il soudoyait les insurrections des provinces littorales, et organisait de son côté sa résistance maritime.

Dans les premiers jours de leur arrivée, les généraux républicains qui commandaient aux environs éviterent de heurter de front l'autorité du cheyk arabe. Dugua, gouverneur de Mansourah, et Vial, qui avait pris ses cantonnemens à Damiette, éloignés tous les deux du quartier-général, n'ayant sous leurs ordres que peu de troupes, ne crurent pas possible de soumettre violemment un homme qui avait bravé naguère toutes les forces des Mamlouks. On chercha donc à biaiser; on voulut gagner par la douceur celui qu'on ne pouvait encore réduire par les armes. Bonaparte lui-même, partageant cette opinion, envoya du Kaire des présens qui devaient être offerts en son nom à Hassan-Toubâr; mais Vial ayant écrit au cheyk pour l'inviter à venir les chercher à Damiette, ce dernier craignit un piége, et, après avoir répondu qu'il s'y rendrait, il n'effectua pas sa promesse.

Toutefois rien n'avait fait présumer jusqu'alors qu'Hassan-Toubâr dût prendre une attitude agressive. Il fit même, dans le courant de thermidor (août), plusieurs démarches qui indiquaient des intentions de neutralité. Mais peu de temps après, soit de son propre mouvement, soit par suite des suggestions d'Ibrahim-Bey, il oublia son rôle passif, et précipita le moment de sa chute par une attaque volontaire.

A jour convenu, les Arabes des provinces riveraines du lac s'avancèrent à marches forcées vers Damiette, pendant qu'Hassan-Toubâr mettait à la voile avec cent cinquante djermes armées. En quatre heures, cette flottille, servie par le vent, vint aborder au village de Kafr-êl-Nossarah, situé à une demi-lieue de Damiette. Là, Bédouins et pêcheurs, venus par terre ou par eau, se réunissent armés de fusils, de lances ou de piques, et courant vers Damiette, y surprennent le général Vial avec une partie de la 13ᵉ demi-brigade. Les gardes avancées tombent percées de coups, et c'en était fait de tout ce détachement si la soif du pillage n'était venue faire diversion à l'attaque. Avec leur idée fixe de butin, les Arabes se jetèrent dans les maisons avant que la victoire leur fût acquise. Le trésor public fut leur première proie, mais la caisse qui le contenait étant cerclée en fer et vissée, ils perdirent un temps précieux à délibérer s'ils devaient l'emporter ou l'ouvrir. Pendant ces délais, revenus de leur première alerte, les soldats français s'étaient ralliés, et se préparaient à une vigoureuse résistance. De leur côté, les habitans de Damiette, presque tous d'origine grecque, songèrent à se défendre eux-mêmes contre des assaillans avides de butin. Retranchés dans leurs habitations, ils faisaient justice à coups de tromblons des groupes ennemis qui menaçaient d'en forcer les portes. Ainsi se passa la nuit du 28 au 29 fructidor (14 au 15 septembre); mais à la pointe du jour, le général Vial sentit que la lutte devenait trop inégale. Déjà il avait fait préparer ses barques pour repasser le Nil, lorsqu'un renfort venu à propos de Mansourah lui permit de reprendre l'offensive. Dès ce moment tout changea de face. En moins de deux heures les Arabes, chassés de la ville, furent acculés sur les rives du lac, et le plus grand nombre se jeta précipitamment dans les djermes qui les attendaient. Une colonne seule ayant pris la direction d'êl-Choarah, put se retrancher dans ce village, situé à une portée de canon de Damiette. Cette manœuvre prolongea la lutte. En effet, êl-Choarah devint bientôt le quartier-général des rebelles; des renforts nombreux y arrivèrent par le lac Menzaléh, et un pareil voisinage tenait constamment en éveil la garnison française. Heureusement qu'un nombreux détachement de la 25ᵉ demi-brigade vint rendre possible un assaut décisif.

Il eut lieu le 4ᵉ jour complémentaire (20 septembre). Vial marcha vers êl-Choarah au travers des terres, et le général Andréossy se dirigea dans les canaux ayant quelques centaines d'hommes à bord de sa flottille. A la pointe du jour, on se trouva en face du village insurgé, au pied duquel se déployaient douze à quinze cents hommes environ, rangés sur une seule ligne, et appuyés d'un côté au lac et de l'autre au Nil : en arrière s'étendait un bois de palmiers. A la première vue des colonnes françaises, l'ennemi fit une décharge à toute distance. Le général Vial n'en tint pas compte, et défendit qu'on y ripostât; mais combinant son mouvement de manière à cerner les insurgés, il détacha vers le bois une compagnie de grenadiers de la 25ᵉ demi-brigade. En tournant cette position, il mettait l'ennemi entre deux feux et lui coupait la retraite vers ses djermes. Ce mouvement n'échappa point aux Arabes : prévoyant quel résultat il pouvait avoir, ils se replièrent précipitamment sur les bords du lac, et là, poursuivis par la baïonnette des colonnes ou par la mousqueterie des tirailleurs, ils se jetèrent les uns dans le lac, les canaux, ou les rizières voisines, les autres dans êl-Choarah, qui résistait encore. Pour compléter sa victoire, Vial fit marcher au pas de charge sur le village. Une portion de ses soldats perça par le grand chemin, l'autre gagna l'extrémité des retranchemens, d'où l'ennemi fut chassé et culbuté sur le Nil. De son côté, le général Andréossy, que le courant avait retardé, venait d'embarquer ses soldats sur les canaux au moment même où les Arabes, acculés jusqu'au fleuve, se sauvaient à la nage pour éviter le feu des tirailleurs. On débarqua, on se réunit, et, dans une attaque combinée, le village d'êl-Choarah fut emporté, pillé, puis livré aux flammes. Trois drapeaux, deux pièces de canon, quelques djermes, devinrent le fruit de cette expédition. Trois cents Arabes payèrent de leur vie une attaque téméraire : les Français comptèrent à peine une douzaine de morts, et vingt à trente blessés. A la suite de cette affaire, de nombreuses colonnes mobiles balayèrent en tous sens les provinces de Mansourah et de Damiette, pour y extirper les derniers germes d'insurrection.

Après une agression aussi inattendue, il n'était plus permis de s'aveugler sur les causes qui l'avaient provoquée. Aux yeux même des plus incrédules, Hassan-Toubâr était visiblement la tête et le bras de ce complot. Quel qu'en fût le motif, le fait de sa coopération à l'attaque de Damiette était trop patent pour que la vengeance n'en réagît pas contre lui.

Informé des événemens qui venaient d'avoir lieu, Bonaparte vit clairement quel homme il fallait frapper pour soumettre le pays. Ses instructions au général Dugua, qui commandait en chef dans la province de Mansourah, résumaient les mesures à prendre : « Mettez tout » en usage, écrivait-il, pour assurer la tran- » quillité des provinces orientales. Faites pas- » ser dans le lac Menzaléh quatre ou cinq » djermes, armées de canon, que vous avez à » Damiette ; et si vous le pouvez, faites-y pas- » ser aussi une chaloupe canonnière ; enfin, » armez le plus de bateaux que vous pourrez

» pour être entièrement maître du lac. Soit par
» terre, soit par le canal, il faut absolument
» parvenir à êl-Menzaléh. Tâchez d'avoir Has-
» san-Toubâr dans vos mains, et pour cela em-
» ployez la ruse, s'il le faut ; et si jamais vous
» le tenez, envoyez-le moi au Kaire. Sur-le-
» champ, je le répète, faites partir une forte
» colonne pour s'emparer d'êl-Menzaléh ; fai-
» tes-en partir une autre pour accompagner le
» général Andréossy et s'emparer de toutes les
» îles. Mon intention est qu'on fasse tout ce qui
» est nécessaire pour rester souverainement
» maître du lac, et dussiez-vous y faire mar-
» cher toute votre division, il faut que le géné-
» ral Andréossy arrive à Péluse. Rédigez des
» proclamations et répandez-les dans le pays ;
» faites au besoin des exemples sévères : il est
» urgent que vos deux provinces se tien-
» nent enfin tranquilles, et pour cela il faut
» le désarmement, des têtes coupées et des
» ôtages. »

A des ordres aussi positifs, on ne pouvait répondre que par un appel aux armes. Vainement essaya-t-on encore auprès du cheyk arabe quelques démarches pacifiques : Hassan-Toubâr promit beaucoup, protesta de son dévouement, offrit de payer tribut ; mais il se refusa constamment à laisser entrer les troupes françaises dans ses possessions.

C'était là le fond de la question, et pour la vider on se mit en campagne. Toujours jaloux de rendre ses conquêtes profitables au monde savant, Bonaparte chargea le général Andréossy de doubles instructions, les unes relatives au but militaire de l'expédition, les autres se rattachant à un but scientifique. C'est dans cette dernière intention qu'il lui recommanda de faire une reconnaissance complète du lac Menzaléh et des îles qui le couvrent.

Mieux que personne, Andréossy était capable de répondre à la pensée du Général. Chef de l'équipage de pont à l'armée d'Italie, il avait fait preuve en diverses occasions d'un courage réfléchi et d'une haute capacité. Sur-le-champ il organisa sa flottille, composée de seize djermes, dont trois armées ; il s'adjoignit Fèvre jeune, ingénieur des ponts et chaussées ; Pottier et Bouchard, élèves de l'école polytechnique ; le chef de bataillon des pontonniers Tirlet, et le capitaine du génie Sabattier. Toutes ces dispositions étaient prises, et deux cents hommes distribués sur les djermes, lorsqu'arriva l'ordre du départ.

Ce fut le 12 vendémiaire an VII (3 octobre 1798) et vers les deux heures du matin, que la flottille pilotée par les Reis du Nil, se laissa dériver au courant du fleuve. A sept heures le Boghaz était franchi, et le général, à la tête de cent hommes, mettait pied à terre pour traverser la digue qui sépare le lac de la mer, tandis que les djermes faisaient la même route par eau. A trois heures et demie, tout le monde se trouva réuni au hameau de Dybéh, placé à la bouche même du lac. Là, ce fut à peine si l'on put trouver quelques jarres d'eau pour étancher la soif des soldats.

Le lendemain la flottille remit à la voile, cinglant dans les eaux du lac, et faisant route entre les îles et le continent de Damiette. Déjà l'on était arrivé par le travers de la pointe de Mataryéh, déjà les minarets de Menzaléh se détachaient des sables de la presqu'île, lorsque l'armement français aperçut une multitude de voiles blanchissant au sud-est. Abritées derrière les îles, elles grossissaient en nombre à mesure qu'on avançait, et les pilotes, effrayés à cette vue, firent de leur propre chef un mouvement rétrograde. Il n'en fallait pas davantage pour exalter l'audace de l'ennemi. A l'instant cent djermes arabes se précipitèrent à la poursuite des Français. Le jour baissait, et le général Andréossy se trouvait à cinq lieues de Damiette, sur des parages inconnus, à la merci de pilotes que la vue du danger avait frappés de stupeur et d'impuissance. Trop inférieur en forces, il fit rabattre vers Damiette; mais déjà les djermes assaillantes avaient donné dans le chenal, et se rangeaient vis-à-vis de la flottille française en ligne parallèle. Il n'était plus possible d'éviter une rencontre : des cris sauvages, partis à la fois de toutes les barques, les sons aigus du buccin et d'instrumens de cuivre, les roulemens d'une espèce de tamtam, servirent de prélude à l'attaque. A ce vacarme inattendu succéda une vive fusillade; mais nos soldats, accoutumés à ce tapage, ne s'en émurent pas. Par une manœuvre habile du général, les djermes françaises venaient de diminuer de voiles : elles se trouvaient alors amarrées les unes aux autres, et organisées pour une résistance compacte. Dans cette position, retentit sur toute la ligne un feu de file bien nourri, appuyé de plusieurs coups de canon. Cette attitude à laquelle les Arabes étaient loin de s'attendre, les déconcerta : devenus moins confians, et surpris d'ailleurs par l'obscurité, ils cessèrent de marcher à la hauteur de la flottille, et se contentèrent d'en harceler la queue jusqu'au village d'êl-Minyéh. Là pourtant un nouvel élan se révéla parmi eux. Les hurlemens redoublèrent, et en même temps les accords sauvages de leur musique guerrière. Comme pour essayer de tout en un seul jour, ils appuyèrent ces démonstrations bruyantes par une feinte de débarquement. Sans doute ils espéraient que les Français abandonneraient leurs djermes pour les poursuivre; mais Andréossy devina le piége, et fit seulement activer le feu du bord, dans le double but de tenir l'ennemi au large, et d'avertir le général Vial de la présence de la flottille. En effet, une patrouille guidée par la fusillade venait d'arriver à êl-Minyéh, lorsque les Arabes se décidèrent à la retraite.

La flottille française resta mouillée à cette hauteur pendant quelques jours, sans être inquiétée de nouveau. Seulement le 17 vendémiaire (8 octobre), un nombre de barques plus considérable encore se présenta pour l'attaquer; mais le feu des djermes soutenues par une pièce de 8, leur fit promptement regagner le large.

Quoique Hassan-Toubâr, qui sans doute présidait à tous ces mouvemens hostiles, dût être peu satisfait de leurs résultats, son obstination ne recula pas devant un échec. Le général Dugua, jaloux de gagner au parti français un homme influent dans ces provinces, venait de faire auprès de lui une dernière et pressante démarche pour l'amener à négociation. « Non, répondit le cheyk au messager » de paix, je ne veux voir les Français ni de » près ni de loin; s'ils me donnent la certitude » de me laisser tranquille chez moi, au bourg » d'êl-Menzaléh, je leur paierai le tribut que » je payais aux Mamlouks; mais je ne veux » avoir avec ces infidèles aucune communica- » tion. »

Pour mettre fin à des refus aussi obstinés, le général Dugua dirigea une colonne sur le bourg d'êl-Menzaléh, résidence habituelle d'Hassan-Toubâr. Le général Damas, chargé de cette expédition, rencontra peu d'obstacles dans sa marche. Une troupe d'insurgés voulut seule s'opposer à son entrée dans le bourg;

mais après une résistance insignifiante, elle se dispersa et livra passage. La flottille qui avait coordonné ses mouvemens à ceux de l'armée de terre, compléta la victoire en donnant la chasse aux djermes ennemies. Hassan-Toubâr, qui commandait en personne l'attaque maritime, ne put être saisi dans sa résidence d'êl-Menzaléh; mais depuis lors fugitif, croisant le lac en tous sens, il se vit poursuivi par l'armement français, d'êl-Menzaléh à Mataryéh, de la bouche Pélusiaque à la bouche Mendésienne. Établis dans les îles et sur les rives du lac, des postes militaires rendirent désormais impossible toute insurrection générale.

Cependant, pour extirper le germe de révolte, il fallait, de toute rigueur, tenir en ôtage le seul homme qui pût la réorganiser.

Plus tard, lorsque Bonaparte eut arrêté d'une manière définitive sa campagne de Syrie, il ne voulut pas laisser sur ses derrières un embarras pareil. Usant de ruse, il parvint à s'emparer d'Hassan à la suite d'une conférence. Long-temps ce cheyk arabe demeura détenu dans la citadelle du Kaire. Au bout d'un an on se décida néanmoins à lui rendre la liberté, en gardant son fils comme caution.

Mais ce ne fut que douze mois après, et sous le gouvernement de Kléber, qu'il rentra lui et sa famille dans sa résidence d'êl-Menzaléh. Pour en finir avec ce personnage épisodique, ajoutons que comblant la mesure de ses tribulations, il périt vers le mois de juin 1800, empoisonné par une favorite.

Hassan-Toubâr vaincu, Andréossy avait encore la moitié de sa mission à remplir; mais elle était devenue moins périlleuse, car désormais le lac êl-Menzaléh restait ouvert aux explorations savantes.

Déjà, au milieu de ses mouvemens militaires, ce général avait trouvé le loisir de commencer ses recherches. La profondeur de la rade de Damiette, celles du Bougaféh, du cap Bouyau, du Boghaz, étaient reconnues au moyen de sondes exactes. Les mêmes opérations avaient été renouvelées à la bouche de Dybéh, au mouillage d'êl-Menzaléh et à Mataryéh. Se portant de là vers toutes les stations du lac, Andréossy mouilla le 20 vendémiaire (11 octobre) à l'île de Tounah, le 24 à celle de Tennis, le 25 à la bouche d'Omm-Fâreg, et il arriva le 28 sur les ruines de Tynéh, Péluse et Faramah : il repartit le 29, et se dirigea dans le canal de Moueys qui baigne la province de Charqyéh, visita San et releva Salahyéh; puis, après avoir terminé la reconnaissance, les sondes et la carte du lac, il rentra à Damiette vers le 2 brumaire (28 octobre).

Cette tournée scientifique, si féconde en résultats, exige quelques développemens.

Au dire des auteurs anciens, unanimes là-dessus, le Nil se jetait autrefois dans la mer par sept embouchures.

C'était, en allant d'Orient en Occident :

1°. La branche Pélusiaque ou Bubastique;

2°. La branche Tanitique ou Saïtique, qui porte aujourd'hui le nom d'Omm-Fâreg;

3°. La branche Mendésienne ou de Dybéh;

4°. La branche Phatnitique ou Phatmétique, qui est celle de Damiette;

5°. La branche Sébennytique ou de Bourlos;

6°. La branche Bolbitine ou de Rosette;

7°. La branche Canopique ou d'Aboukir.

L'existence de ces sept branches se trouve consignée dans les plus vieux documens géographiques, et les poëtes eux-mêmes l'ont constatée par leurs chants. L'histoire nous enseigne que la branche Pélusiaque était navigable lorsqu'Alexandre pénétra en Égypte : sa flottille venue de Gazah prit cette voie pour remonter le fleuve. Aujourd'hui, non-seulement cette branche est comblée, mais avec elle ont disparu les branches Tanitique, Mendésienne, Sébennytique et Canopique. Les seules embouchures du Nil sont actuellement la Bolbitine et la Phatnitique, ou celles de Rosette et de Damiette.

Était-il possible, dans l'état moderne, de constater, au moyen de recherches géologiques et hydrographiques, comment ces dérivations du Nil s'étaient graduellement effacées?

Tel est le problême que le général Andréossy était appelé à résoudre, et il le fit avec une rare sagacité.

Son premier soin fut de reconnaître dans le lac moderne, au moyen de sondes bien dirigées, l'ancien lit des deux branches disparues. Ainsi un examen minutieux de la bouche de Dybéh, la concordance de sa direction avec le canal d'Achmoun, lui firent retrouver la position probable de la bouche Mendésienne. Mais ses recherches sur la branche Tanitique, mieux servies par le temps et par les localités, prirent un caractère de certitude plus irrécusable. C'est dans la bouche d'Omm-Fàreg qu'Andréossy reconnut le canal antique. En allant de cette bouche à San, on passe à droite des îles de Tounah et de Tennis, et l'on pénètre dans le canal de Moueys. L'entrée de la bouche a beaucoup d'eau, et le fond y est de vase noire. On mouille à droite des îles de Tennis et de Tounah par seize à vingt décimètres d'eau. La partie de gauche n'est praticable que pour de très-petites djermes; et la ligne de la limite de la navigation du lac Menzaléh ne passe pas loin de leur direction. Les îlots, les bas-fonds qui se rattachent au sud de ces îles, font soupçonner un continent submergé.

Le canal de Moueys, qui jette ses eaux dans le lac Menzaléh, a depuis San jusqu'au lac, de cinquante à cent vingt mètres de largeur, et de trois à quatre mètres de profondeur. Il communique avec le Nil, et verse pendant l'inondation un volume d'eau considérable, qui pénètre assez loin dans le lac sans prendre de salure. Les rives plates de ce canal indiquent qu'il n'appartient pas aux temps modernes.

Ainsi, en faisant concorder ces observations, en s'assurant de la profondeur du lac Menzaléh dans la ligne qui se prolonge du canal de

Moueys à la bouche d'Omm-Fâreg, en la comparant ensuite aux profondeurs moyennes de ses autres parages, un fait ressort évident, c'est que le canal de Moueys est l'ancienne branche Tanitique qui se prolongeait jusqu'à Omm-Fâreg, et qui avait sur sa rive droite les villes de San et de Tennis.

Ces positions une fois déterminées, il en résulterait que le lac Menzaléh n'existe qu'au détriment des anciennes embouchures du Nil, et qu'à d'autres époques le terrain sur lequel il se déploie était une côte ferme. La nature du fond de son bassin, où l'on trouve partout la vase du Nil, le peu de profondeur de ses eaux, leur faible salure, seraient au besoin la preuve surabondante de cette assertion.

Mais alors par quel accident graduel ou subit cette terre est-elle devenue lac?

Une explication naturelle se présente pour trancher la difficulté. La branche Phatnitique ou de Damiette ayant été creusée de main d'hommes, au rapport d'Hérodote, ne devait pas, dans le principe, être à beaucoup près aussi considérable qu'on la voit aujourd'hui : il est probable que son volume s'est accru peu à peu aux dépens des branches Pélusiaque,

Tanitique et Mendésienne, et cela, au point que les deux dernières n'ont plus été en état de faire équilibre aux eaux de la mer. Cet équilibre une fois rompu, la Méditerranée a reflué dans cet espace ouvert. Elle a dû avoir d'autant moins de peine à le faire, que le vent de nord-ouest qui souffle plusieurs mois de l'année sur les côtes de l'Égypte, élève le niveau de la mer, et détermine le flux des eaux sur les terres. C'est par suite de cette tendance qu'ont été formés le lac Menzaléh et le lac Bourlos, où se perd l'ancienne bouche Sébennytique. Maintenant, si à cette cause déterminante on ajoute encore la vicieuse administration des eaux, le mauvais entretien des canaux et la disposition du terrain, on se rendra tout-à-fait compte de la formation progressive du lac Menzaléh.

Quoi qu'il en soit de son origine, ce lac s'étend aujourd'hui de la presqu'île de Damiette aux dunes de l'ancienne Péluse. Il est compris entre deux grands golfes découpés chacun en petites baies, et une longue bande de terre basse et peu large qui le sépare de la mer. Les deux golfes, en se réunissant, rentrent sur eux-mêmes, et forment la presqu'île de Menzaléh, à la pointe de laquelle se trouvent les îles de

Mataryéh, les seules qui soient habitées. La plus grande dimension du lac, de Damiette à Péluse, est de vingt lieues environ; sa plus petite est de cinq lieues; elle se prolonge de l'île de Mataryéh à la bouche de Dybéh.

Le lac ne communique avec la mer que par deux bouches praticables, celles de Dybéh et d'Omm-Fâreg, dont nous avons parlé plus haut. Entre ces deux bouches, il en existe une troisième qui aurait une communication avec la Méditerranée, sans une digue factice formée de deux rangs de pieux, dont l'intervalle est rempli de plantes marines entassées. Une autre bouche semblable, mais comblée, existe au-delà d'Omm-Fâreg.

La langue de terre qui sépare le lac de la mer s'étend depuis la bouche de Damiette jusqu'à la bouche Pélusiaque, et ne compte que quatre interruptions sur un développement d'environ vingt lieues : elle est très-basse, infertile, et d'une largeur variable.

Les îles de Mataryéh sont populeuses; mais leur population n'habite en grande partie que de misérables cabanes, bâties en boue ou en briques, et quelquefois avec l'un et l'autre de ces matériaux. Outre les femmes et les enfans, onze cents hommes y sont occupés à la pêche et à la chasse des oiseaux aquatiques [1]. Dans l'île de Myt-el-Mataryéh, les cabanes se montrent pêle-mêle avec les tombeaux ; elles res-

[1] Je ne connais point de localité où se produisent plus de poissons et d'oiseaux d'une chair exquise ; je n'en connais point où se plaisent davantage les poissons littoraux, qui, analogues à la perche, s'entassent communément à l'embouchure des rivières pour s'y repaître d'un limon gras et animalisé. Leur préférence pour le lac Menzaléh s'explique facilement par la sécurité qu'ils trouvent à s'établir dans des eaux d'une aussi vaste étendue et à si bas fond.

Les îlots et les attérages d'èl-Menzaléh, de Mataryéh et de la bouche Pélusiaque, favorisent également la multiplication des oiseaux les plus estimés comme gibier, tels que divers canards, sarcelles et souchets, des barges, des bécasses, différentes espèces de bécassines, mais principalement le grand et magnifique oiseau aux ailes de feu, le *flammant*, ou *phénicoptère*. Dans certains jours de chasse, on abat de ces oiseaux singuliers une quantité telle que des barques entières en sont comblées jusqu'aux bords; on arrache toutes les langues, et de là on les dirige sur Damiette. Du temps des empereurs romains, l'Égypte acquittait une partie de son tribut en langues de flammant : Héliogabale est un de ceux qui se montrèrent le plus friands d'une semblable redevance. Alors, comme aujourd'hui, les langues de flammant étaient donc arrachées ; mais, actuellement, c'est moins pour en faire un aliment recherché que pour en exprimer une huile qui remplace le beurre dans l'assaisonnement des mets.

Le nombre des îlots écartés, et quelques accidens dans la forme de leur rivage, sont des circonstances qui favorisent la multiplication des flammans ; ces oiseaux sont singulièrement sauvages, et leurs pieds sont si longs qu'ils les obligent à couver assis, les jambes pendantes.   Geoffroy Saint-Hilaire.

semblent plutôt à des tanières qu'à des habitations d'hommes.

Tyrans de leurs voisins, auxquels ils interdisent la pêche du lac, les insulaires de Mataryéh n'ont avec eux aucune communication. Presque toujours nus et le corps dans l'eau, astreints à des travaux pénibles, ils sont vigoureux et déterminés. Leurs formes sont belles, leur physionomie est mâle et sauvage, leur peau brûlée par le soleil. Privés de toute industrie territoriale, ils ne vivent que de leur pêche. Leur commerce consiste en poissons frais, poissons salés, et en boutargue, mets bien connu des méridionaux, et qui se fait avec les œufs du poisson nommé *mulet*. Le reste de la population du lac et de ses terres littorales est mêlé de Bédouins et d'Arabes. Cupides et ignorans, ces hommes ne connaissent point nos divisions de temps, et, se servant à eux-mêmes de gnomon, calculent les heures d'après la projection de leur ombre.

Le lac Menzaléh est très-poissonneux ; l'entrée des bouches est fréquentée par des marsouins. Le fond est d'argile mêlée de sable aux embouchures ; de boue noire, dans les canaux de Dybéh et d'Omm-Fâreg ; de vase tapissée de mousse, ou de vase mêlée de coquillages, partout ailleurs. Les eaux du lac ont une saveur moins désagréable que celles de la mer. Elles sont potables pendant l'inondation du Nil, à une assez grande distance de l'embouchure des canaux.

On navigue sur le lac à la voile, à la rame et à la perche : on mouille en s'amarrant à deux perches qu'on enfonce l'une de l'avant, l'autre de l'arrière. Les bateaux pêcheurs du lac ont à peu près la même forme que ceux du Nil, c'est-à-dire que leur proue est plus élevée d'environ deux pieds que leur poupe. La quille est concave sur sa longueur, à cause de l'échouage assez fréquent dans un bassin qui se trouve avoir tant de bas-fonds.

L'air du lac est très-sain : à l'époque de l'expédition du général Andréossy, il y avait plus de trente ans que les habitans de Mataryéh n'avaient point eu d'accidens de peste dans leurs parages.

Çà et là, on rencontre à fleur d'eau, dans toute l'étendue du lac, diverses îles jadis habitées, mais aujourd'hui stériles et incultes.

Le général Andréossy ne voulut pas quitter ces parages sans avoir relevé les positions antiques ou modernes qui méritaient quelque attention.

Sa première station fut à êl-Menzaléh, bourgade qui a donné son nom au lac.

Êl-Menzaléh, peu considérable et à demi ruiné, est situé sur la rive droite du canal d'Achmoun, à trois lieues de Mataryéh et seize de Damiette : sa population peut s'évaluer à huit mille habitans. On y trouve quelques manufactures d'étoffes de soie et de toile à voile à l'usage des pêcheurs du lac.

Non loin de là, gisent les îles de Tennis et de Tounah, les plus importantes de ce petit archipel. Quoique actuellement désertes, il est probable qu'elles ont appartenu à un continent aujourd'hui submergé. Les décombres que l'on y retrouve encore, des débris de tombeaux, et des buttes de ruines, prouvent qu'elles ont été habitées en des siècles antérieurs.

A en juger par l'analogie des noms et par des rapprochemens géographiques, c'était là que se trouvaient les villes de Tennis et de Tounah, autrefois méditerranées.

Tennis, ville romaine, bâtie sur les débris d'une cité égyptienne, florissait du temps d'Auguste : une enceinte de murailles, flanquée de tours, faisait sa défense. Aujourd'hui, l'île qui marque son emplacement ne contient que des vestiges insignifians de la ville primitive. Quelques débris de bains, des souterrains voûtés avec art, des fragmens d'une cuve rectangulaire de granit rouge, voilà les seuls monumens reconnaissables au milieu d'un amas de briques brisées, de porcelaines, de poteries et de verreries de toutes couleurs. Les habitans des pays voisins ont épuisé ces ruines en leur empruntant des matériaux pour bâtir leurs habitations.

Touna, Tounah ou Tounéh, était moins considérable que Tennis. En débarquant dans cette nouvelle station, Andréossy trouva à la surface du sol un camée antique sur agathe, représentant une tête d'homme, qu'il présuma être celle d'Auguste.

Non loin de ces deux positions antiques, et le long du canal de Moueys, se trouve le petit bourg de San, reste de la *Tzoan* de la Bible, l'ancienne *Tanis*, qui fut une ville immense aux jours des Grecs et des Romains. Dans son intérieur, on retrouve encore les débris d'un *forum* spacieux, ayant la forme d'un parallélogramme : sa grande entrée était du côté du canal, et de petites issues latérales le coupaient dans tous les sens. Aujourd'hui, San n'est important que par un grand commerce de dattes que les Arabes de Salahiéh viennent livrer en échange de poissons salés.

Mais vers l'extrémité orientale du lac, quelques ruines marquaient la place d'une ville plus célèbre encore dans l'antiquité : c'était Péluse, située entre la mer et les dunes, au milieu d'une plaine rase et stérile. L'extrémité de l'ancienne branche Pélusiaque, réduite à un canal de fange, traverse cette plaine en allant du lac à la mer. Au bord de ce canal, mais assez loin de la plage, s'élève le château de Tynéh, détruit en partie : son origine paraît dater d'une époque antérieure à la conquête de Selym. Faramah est à l'est de Péluse, en gagnant vers la mer. Vainement aujourd'hui chercherait-on à reconnaître, au milieu de quelques décombres, cette fameuse Péluse où se livra la première bataille entre les Perses conquérans et les Égyptiens envahis. Là où se trouvait une ville importante, à peine reste-t-il quelques colonnes couchées dans la poussière. Quand le général Andréossy visita cette enceinte, rien n'existait plus de la cité romaine qui vit Pompée lâchement assassiné sur la plage, ni de ce boulevard de l'islamisme que nos pieux paladins ruinèrent en un jour d'assaut : de nos jours, un mamelon isolé, couvert de ruines sans nom, couronné d'arbustes étiolés, telle est Péluse.

Tous les villages modernes, échelonnés sur le littoral du lac Menzaléh, sont peuplés d'Arabes indolens et pauvres. La plaine de Péluse, les environs du canal d'Achmoun et de Moueys, n'offrent qu'une série de landes inhabitées. Les presqu'îles de Damiette et de Menzaléh font seules exception : de belles et vertes rizières se déploient dans leurs plaines, fécondées par des canaux d'arrosage.

C'est là que se trouve la ville de Damiette, qu'on peut appeler le chef-lieu de l'Égypte orientale. Située au milieu d'une campagne délicieuse, sur les rives du Nil, et non loin des bords du lac Menzaléh, elle a le droit de se dire privilégiée de la nature. Sa position à quelques lieues de la mer est pour elle la source de richesses commerciales, tandis que le territoire qui l'entoure lui prodigue ses richesses agricoles. Des chrétiens d'Alep et de Damas, des Grecs, des Barbaresques, ont su conquérir sur l'indolence turque le monopole des transactions industrielles. Ce sont eux qui garnissent les okels de pyramides de riz, d'étoffes de l'Inde et de soies du Liban. Par eux, la Syrie, Chypre et Marseille, échangent avec Damiette les produits de leur sol ou de leurs manufactures.

Damiette, plus grande que Rosette, et non moins riante qu'elle, s'arrondit en demi-cercle sur la rive orientale du fleuve. Une population de soixante mille ames se presse dans ses rues et dans ses bazars. Les maisons, surtout celles qui bordent le fleuve, sont fort élevées. Sur le haut des terrasses qui les terminent s'élèvent de rians belvédères, ouverts à la brise fraîche du nord. Là, au travers des flèches aiguës des minarets, on découvre d'un côté la mer fuyant à l'horizon, de l'autre le lac de Menzaléh, et plus près, autour de soi, le Nil, coulant entre deux nappes de verdure.

Aucun pays sous le ciel ne jouit d'une température plus heureuse que Damiette. Jamais, dans les plus fortes chaleurs, le thermomètre ne s'y élève au-dessus de vingt degrés de chaleur, tandis qu'il monte au Kaire douze degrés plus haut. Nulle part l'ombre n'est aussi fraîche, nulle part les arbres n'ont une sève plus vigoureuse. C'est là qu'on trouve en abondance le roseau calamus, dont les Orientaux se servent pour écrire ; là aussi croît le papyrus, dont les anciens faisaient leur papier ; et enfin le lotus, ou nuphar, au large et blanc calice, et balançant sa tige avec orgueil et mollesse. Quant aux arbres, on rencontre aux environs de Damiette toutes les espèces que nous avons déjà citées ; mais elles y sont peut-être plus belles. Des bois d'orangers, fleuris depuis la plus basse branche jusqu'au sommet, s'élèvent jusqu'à une hauteur de trente pieds ; les dattiers, les bananiers, les sycomores, les cassiers, abondent dans toutes leurs variétés.

Les environs de Damiette sont couverts de villages presque tous manufacturiers. C'est là qu'on fabrique les plus belles toiles de l'Égypte. On y fait surtout des serviettes recherchées, aux extrémités desquelles pendent des franges de soie.

Voilà quelle est la moderne Damiette ; mais lorsqu'on veut remonter à son origine, il faut se défier d'une erreur grave dans laquelle sont tombés un grand nombre de géographes et d'historiens. Trompés par la conformité de nom, ils ont pris la ville actuelle pour la Damiette sarrasine, si souvent conquise ou abandonnée par nos paladins. Cette méprise a été tellement accréditée, qu'il est utile d'en faire bonne et définitive justice.

L'ancienne Damiette, la *Thamiatis* des Grecs, était située à deux lieues au nord de la ville moderne, et sur la même rive du Nil. Elle avait un port sur la Méditerranée, à l'embouchure même du fleuve. Malgré cette position si heureuse, elle était encore, sous la domination des Grecs du Bas-Empire, peu importante et presque inconnue. Péluse, placée comme elle sur une branche du Nil, l'écrasait par son active concurrence; mais lorsque cette ville, fréquemment saccagée, vint à déchoir graduellement de sa grandeur, Damiette recueillit peu à peu les débris de sa puissance commerciale. Toutefois, elle n'était pas devenue encore une place de guerre lorsque, vers l'an 238 de l'hégyre, les empereurs de Constantinople la conquirent sur les Sarrasins. Reprise par ces derniers, elle se vit ceinte de murs, et depuis lors sa destinée fut d'être le point de mire de toutes les croisades européennes. Quatre fois enlevée aux Musulmans, quatre fois elle retomba en leur pouvoir. Enfin, fatigués d'avoir sur les bras une place qui semblait attirer les plus vaillans soldats de la chrétienté, les kalyfes prirent le parti de la raser de fond en comble, et de la rebâtir plus avant dans les terres. Abou-l-fédâ et Maqrizy sont tous les deux si précis dans la mention de cet événement, qu'il se trouve avoir acquis la force d'une vérité mathématique. La nouvelle Damiette s'appela d'abord *Menchié*; l'emplacement de l'ancienne se trouve marqué dans un village moderne nommé Lesbéh, où l'on retrouve encore quelques traces des fondations primitives. Sa destruction, sous les kalyfes, avait été néanmoins si complète, que rien au-dessus du sol ne témoigne aujourd'hui de son existence : la découverte de vastes citernes et d'aqueducs souterrains a pu seule ajouter quelques preuves matérielles aux traditions précises des auteurs romains et arabes.

Tels furent les résultats de la mission du général Andréossy. Militaires ou scientifiques, ils répondirent à ce qu'on attendait de lui, et restèrent doublement profitables. L'Institut du Kaire fut le premier initié aux détails de ce voyage, par la lecture d'un mémoire nourri de faits et de précieux aperçus.

Mais ce savant ne borna pas là ses recherches. A peine de retour à Damiette, un ordre de Bonaparte l'appela au Kaire, où il arriva le 2 nivôse (22 décembre 1798), prêt à tenter de nouvelles explorations.

CHAPITRE II.

Départ d'Andréossy pour les lacs de Natroun. — Berthollet, Fourier, Redouté, etc., l'accompagnent. — Terrânéh. — Arrivée aux lacs. — Commerce du natroun. — Verrerie antique. — Couvens cophtes. — Vallée du Fleuve sans eau. — Mœurs des Arabes Geouabys, Hennâdys, etc.

A peine le général Andréossy était-il arrivé au Kaire, que Bonaparte le chargea d'une nouvelle mission. Il s'agissait d'aller vers la lisière du désert libyque reconnaître les lacs de Natroun, les couvens cophtes situés dans leur voisinage, et l'importante vallée que les habitans du pays appelaient le *Fleuve sans eau* (Bahr-belâ-mâ). Cette région de l'Égypte, domaine de tribus nomades, s'était dérobée jusqu'alors à toute exploration fructueuse. Les voyageurs en avaient parlé d'une manière tellement vague, ils avaient hasardé à ce sujet tant d'hypothèses systématiques, qu'une vérification faite sur les lieux pouvait seule rectifier cette longue filière de conjectures. A ce but scientifique se joignait encore un but commercial, car c'était de cette contrée que l'on tirait le natroun, substance alcaline, qui formait alors une des principales branches de l'exportation égyptienne.

Pour rendre cette tournée plus profitable, divers savans s'offrirent pour accompagner Andréossy. Le chimiste Berthollet, Fourier, Redouté jeune, Duchanoy et Regnault, firent partie de la caravane, qui arriva à Terrânéh dans les premiers jours de pluviôse, protégée par une escorte militaire. Le 4 (23 janvier 1799) elle se mit en route à deux heures du matin, franchit un long plateau sablonneux, en se dirigeant de l'est à l'ouest, gravit le Râs-êl-Baqarah (*Tête de la Vache*), et arriva enfin à un château ruiné (*Qasr*) qui forme la tête des lacs de Natroun.

Ces lacs sont situés dans une vallée qui se développe du nord-ouest au sud-est. L'espace qu'ils couvrent a sept lieues de long sur huit cents mètres de large. On compte six lacs, séparés l'un de l'autre par des langues de sables arides. Les deux premiers, vers le sud, portent le nom de Birket-êd-Dyourah (ou *Lac des Couvens*); les quatre suivans ont des noms qui ne présentent aucune signification particulière.

Une circonstance à remarquer, c'est que leurs eaux baissent et haussent à des époques fixes, correspondant à peu près à l'époque des crues du Nil. On pourrait en conclure que leurs réservoirs sont alimentés par des infiltrations souterraines dérivées du fleuve.

Les eaux des lacs contiennent des sels qui diffèrent de l'un à l'autre : c'est toujours du muriate de chaux, de soude, du carbonate de soude et un peu de sulfate de soude; mais le carbonate domine dans les uns et le muriate dans les autres.

A l'époque de l'excursion du général Andréossy et de nos savans, l'exploitation des lacs de Natroun était livrée en ferme aux habitans de Terrànéh, et les caravanes chargées de leur transport partaient de cette ville. Chacune d'elles comptait cent cinquante chameaux et cinq cents ânes, qui pouvaient enlever six cents *qantar* de natroun (environ trente-six mille kilogrammes). Terrânéh était l'entrepôt du natroun. De ce village, on le dirigeait vers Rosette et Alexandrie, où des navires le chargeaient pour l'Europe.

La vallée des lacs de Natroun offre peu de vestiges de monumens antiques. Nos savans découvrirent néanmoins, au-delà du quatrième lac, l'emplacement d'une verrerie, qu'ils reconnurent à des débris de fourneaux et à des fragmens de scories ou de verre dans différens états. Malgré des recherches minutieuses, ils ne purent préciser à quelle époque se rattachait un pareil établissement.

Tout près de là se trouvaient d'autres édifices dont l'origine ne provoquait pas les mêmes doutes. Le long de la vallée, et sur un plan légèrement incliné, s'élevaient quatre couvens dont la fondation remonte au quatrième siècle : c'étaient le couvent des Grecs (*él-Barámous*), le couvent des Syriens (*Deyr Saydéh*), le couvent d'Anbâ-Bichay, et enfin celui de Saint-Macaire (*Deyr Makaryout*).

Bâtis à peu près sur le même plan, ces monastères ont la forme d'un carré long, dont le grand côté a depuis quatre-vingt-dix-huit mètres jusqu'à cent quarante-deux, et le petit côté depuis cinquante-huit jusqu'à soixante-huit, ce qui donne une surface moyenne d'environ sept mille cinq cent soixante mètres carrés. Les murs d'enceinte ont au moins treize mètres d'élévation et deux mètres et demi à trois mètres d'épaisseur à la base; ils sont en bonne maçonnerie et bien entretenus. Le mur au-dessus du trottoir a des meurtrières saillantes, pour que les moines, assiégés, puissent se défendre à coups de pierres, les lois canoniques leur interdisant l'usage des armes à feu.

L'entrée de ces couvens est si étroite et si basse, qu'on ne peut y pénétrer qu'en se tenant courbé. Outre une porte très-épaisse, défendue par un mâchicoulis, il existe deux énormes meules de granit qui ferment hermétiquement l'ouverture extérieure. Avant de livrer passage à qui que ce soit, il n'est sorte de précautions dont les religieux ne fassent usage. La crainte des Arabes les oblige à se tenir sur un *qui vive* perpétuel, et presque toujours un moine reste en vedette sur le haut des murs pour donner l'alerte au besoin.

Cependant, malgré cet état de surveillance hostile contre les tribus voisines, les solitaires de la vallée de Natroun se voyaient forcés d'exercer à leur égard les devoirs de l'hospitalité. Quand les Bédouins, dans leurs courses, passaient au pied des couvens, l'orge pour leurs chevaux, le pain et les dattes pour eux, descendaient du haut des murs à la première sommation; mais cette conduite de la part de la peuplade monastique était plutôt calcul que charité. Ils craignaient, en refusant aux cavaliers du Désert le tribut d'une halte, de se voir exposés, durant leurs courses au dehors, à de sanglantes représailles. Ils ne se contraignaient même pas pour dire là-dessus toute leur pensée. Nos voyageurs, accueillis par eux avec bienveillance, reçurent à ce sujet une confidence assez singulière : « Quand tuera-t-on » tous les musulmans? » demandèrent-ils au général Andréossy.

Du reste, les cénobites cloîtrés dans ces déserts en étaient encore à la civilisation du cinquième siècle. Rien, dans ce qui les entourait, ne donnait lieu de supposer qu'ils s'occupassent ni de travaux d'esprit, ni d'ouvrages manuels. Ils n'avaient pour tous livres que des manuscrits ascétiques sur parchemin ou sur papier de coton, les uns en arabe, les autres en cophte, ayant en marge la traduction arabe.

Les religieux étaient pour la plupart borgnes

ou aveugles, la réverbération des sables et la fraîcheur des nuits usant de bonne heure l'organe de la vue. Leurs principaux revenus consistaient en aumônes, mais la somme en était si peu abondante, qu'ils y trouvaient à peine de quoi se nourrir. Leurs alimens ordinaires se composaient de fèves et de lentilles préparées à l'huile. Andréossy compta neuf moines au couvent d'êl-Barâmous, dix-huit au couvent des Syriens, douze au couvent d'Anbâ-Bichay et vingt au couvent de Saint-Macaire : en cas de décès, le patriarche du Kaire fournissait aux remplacemens.

Chaque moine avait sa cellule, réduit étroit, haut d'un mètre environ, et où le jour ne pénétrait que par l'entrée. Leurs meubles étaient une natte, leurs ustensiles une jarre et une bardaque (vase destiné à rafraîchir l'eau).

Du reste, tout, dans le couvent, se trouvait à l'avenant des cénobites, c'est-à-dire hideux et malpropre. Leurs églises et leurs chapelles offraient seules un aspect moins repoussant. Des images grossièrement peintes décoraient leurs murs, des lampes en œufs d'autruche pendaient sur la nef, et les autels étaient garnis des accessoires nécessaires aux cérémonies du culte. C'était dans cette enceinte que se concentrait l'existence des religieux : entourés d'un océan de sables, morts à toute habitude mondaine, comment leur zèle ne se serait-il pas affaibli sans l'idée fixe d'une vie meilleure?

Les trois couvens qui se trouvent les plus voisins des lacs ont des puits creusés, où il y a à peu près un mètre d'eau douce que l'on élève au moyen de roues à pots. Ces puits suffisent aux besoins du monastère, et à l'arrosage d'un petit jardin où croissent quelques légumes et un petit nombre d'arbres : le dattier, l'olivier, le hennéh et le sycomore. Le couvent des Syriens possède l'arbre miraculeux de saint Éphrem, qui a six mètres et demi de hauteur sur trois mètres de tour ; c'est le tamarinier de l'Inde (*Thamar-Hendy*), et quoique cet arbre soit fort commun dans le Sayd, les moines du couvent s'en croient les seuls possesseurs. Ils racontent gravement comment saint Éphrem, pour confondre l'incrédulité d'un jeune néophite qui se plaignait de l'aridité du Désert, planta son bâton dans le sable, en lui ordonnant de devenir arbre. Le bâton crut en effet : il poussa branches et racines, et depuis lors la tradition du miracle est restée dans le couvent avec l'arbre qui lui donna lieu.

La vallée des lacs de Natroun étant reconnue, les voyageurs français avaient encore une tâche à remplir. A peu de distance de là se trouve le *Bahr-belá-má*, ou *Fleuve sans eau*, que les habitans du pays nomment aussi *Bahr él-Fáregh*, ou *le Fleuve vide*. Cette vallée, située à l'ouest de celle de Natroun, n'en est séparée que par une crête peu ardue.

Encombrée de sables, elle n'offre qu'une stérilité uniforme dans un bassin qui a près de trois lieues de développement d'un bord à l'autre. On emploie quarante minutes à descendre par une pente assez régulière jusqu'au niveau du vallon.

Ce qui donnait une grande importance à cette position, c'est qu'à diverses époques les savans avaient soupçonné que ce bassin était un ancien lit du Nil, ou une forte dérivation de ce fleuve. Le nom populaire que le vallon avait conservé, la disposition du terrain, les bois pétrifiés qu'on y trouvait, tout paraissait fortifier cette conjecture et donner du poids à cette opinion. Il était donc essentiel, pour la science moderne, d'appuyer ces présomptions de recherches nouvelles, soit afin d'écarter le fait comme mensonger, soit afin de le constater d'une manière plus précise.

Dès leurs premiers pas dans la vallée, nos savans y reconnurent le passage antérieur des eaux fluviales. Ils y trouvèrent, comme traces caractéristiques, des bois pétrifiés et agatisés, d'autres dans un état moindre de cristallisation, une vertèbre de gros poisson qui paraissait minéralisée, du quartz roulé, du silex et des pierres siliceuses, des fragmens de jaspe roulé, et enfin des pierres dites cailloux d'Égypte. La plupart de ces minéraux appartenaient aux montagnes primitives de la Haute-Égypte, et les eaux du Nil avaient pu seules les entraîner jusque-là.

Ce point une fois admis, il était plus difficile de déterminer si le *Fleuve sans eau* avait été simplement un canal dérivé du Nil, ou bien son lit principal.

Pour résoudre cette difficulté, il eût fallu remonter toute la vallée, et aller reconnaître son point d'attache avec celle du Nil. Un semblable voyage aurait donné la clef de la géographie physique de l'Égypte; mais il offrait d'immenses difficultés, et nos savans durent se borner aux renseignemens des Arabes du pays sur le gisement de la vallée. D'après les déclarations concordantes de ceux-ci, la vallée du Fleuve sans eau et celle des lacs de Natroun, qui lui est parallèle, vont aboutir au Fayoum du côté du fleuve, et au golfe des Arabes du côté de la Méditerranée.

Ce gisement, qui confirmerait les recherches géologiques des membres de la commission, sert aussi de preuve aux conjectures hydrographiques que nous avons émises en parlant du lac Mœris. Ce lac, au dire des anciens, avait un vaste canal de décharge dans la montagne Libyque, et les traces de ce canal, connu dans l'antiquité, ne peuvent se retrouver que dans le Bahr-belâ-mâ. Le point de jonction de ce cours d'eau avec le lac Mœris expliquerait aussi pourquoi, du temps d'Hérodote, le lac se développait nord et sud, tandis que de nos jours il s'étend plutôt de l'est à l'ouest.

Toutefois, il n'est pas temps encore d'embrasser dans un coup-d'œil général l'ancienne géographie de l'Égypte. Plus tard, quand nous en serons à la description du Sayd, la tendance des eaux, l'aspect du terrain, la géologie toute parlante des chaînes de montagnes, serviront à constater cette vérité que la terre égyptienne est un bienfait du Nil. En des siècles antérieurs, les prêtres de Memphis avaient fait cette confidence à Hérodote : de nos jours, M. Geoffroy Saint-Hilaire a tiré de la nature des lieux une révélation pareille, et, quand le moment sera venu, nous en suivrons avec lui tous les développemens.

Nos savans n'étaient pas appelés à trouver le mot de cette énigme. Ils avaient constaté l'état des lieux, dressé le plan de la vallée, recueilli, comme pièces à ce grand procès, des échantillons de quartz, de silex et de jaspe formant le lit du fleuve. Là se bornait le travail du voyage; le reste devenait travail de cabinet.

Mais avant de quitter le désert Libyque, Andréossy voulut encore étudier les mœurs de quelques tribus arabes qui bordent sa lisière. La plus remarquable de toutes était celle des Geouabys, peuple de pasteurs qui campent l'hiver avec leurs troupeaux autour des lacs de Natroun. Pendant cet espace, ils s'emploient au transport de cet alcali, au commerce des dattes qui viennent de l'oasis d'Ammon, et à la récolte des joncs épineux, propres à tresser les nattes les plus fines. Ces Arabes vivent en *marabouts*, c'est-à-dire en hommes paisibles et hospitaliers. Plus qu'aucune peuplade du Désert, ils ont conservé les traditions des mœurs patriarcales. Leurs vêtemens consistent en un *hirain* et un *bernous*, manteau de laine blanche et presque imperméable, dont l'étoffe se fabrique en Barbarie.

La richesse de cette tribu et des Arabes du Désert en général, consiste en troupeaux et en chameaux, tandis que celle des Arabes des villages est en gros bétail : ces derniers ont peu de chameaux.

Les Arabes du Désert portent le nom d'*Arab-kheych*, ou Arabes des tentes. On appelle ceux des villages *Arab-káyt*, ou Arabes des murailles. Ces derniers sont d'anciens Arabes errans qui, se rapprochant des pays cultivés, ont d'abord habité des tentes, et se sont ensuite bâti des habitations, à l'instar de celles des *fellahs* égyptiens.

Outre la tribu des Geouabys, on en compte un grand nombre d'autres disséminées sur cette ligne du Désert. Telles sont les Hennadys, les Oulad-Aly, les Arabes de Maryout, etc., etc. Toutefois, malgré cette variété de noms, il existe entre ces diverses peuplades une grande uniformité de mœurs et d'habitudes.

La tribu n'a point de pacte qui la lie à son chef. Son obéissance est toute volontaire ; mais il est rare qu'une révolte prenne un caractère sérieux. Le cheyk est presque toujours choisi dans une famille ancienne et respectée. Son autorité n'est ni sévère ni absolue ; elle se montre sous le caractère d'une intervention bienveillante et persuasive. Quand on porte devant lui une discussion entre Arabes de son camp, il donne plutôt un avis qu'il ne prononce une sentence. La partie condamnée se soumet, et quand parfois elle s'obstine, les assistans s'emploient pour convaincre le récalcitrant.

Au cheyk appartient le droit de traiter de la paix et de la guerre : il décide en outre toutes les questions qui se rattachent aux droits et aux engagemens de la tribu. C'est lui qui revêt la pelisse, gage de paix, et qui reçoit les présens qui la cimentent.

Les seuls droits sacrés pour les Arabes sont ceux de l'hospitalité. Lorsqu'un étranger s'est assis dans leur tente, lorsqu'il a mangé le pain et le sel avec eux, bu leur café et fumé dans leur pipe, il est rare qu'il ne soit pas à l'abri de toute insulte. Quant à la foi du serment, ils s'en font un véritable jeu : un traité juré sur leur tête, fût-ce au nom d'Allah, n'est pour eux qu'un engagement sans valeur, parjurable à la première occasion.

Toutes les lois des Arabes se réduisent à celle du talion. En l'absence de justice publique, la vengeance particulière fait un droit des représailles. Aussi les haines deviennent héréditaires de famille à famille, de tribu à tribu. On dit alors *qu'il y a du sang entre elles.*

Quelquefois des villages capitulent, et rachètent avec de l'or le meurtre d'un Arabe commis chez eux; mais c'est une honte.

En général, les Arabes regardent l'Égypte comme leur propriété, et soutiennent qu'ils ne font que rentrer dans leur bien lorsqu'ils livrent les habitations au pillage. « Nous avons été chas- » sés par la force, disent-ils, nous reprenons » par la force ce qui nous appartient. » Aussi la présence d'une tribu est-elle pour les bourgades égyptiennes le plus redoutable des fléaux. Andréossy demandant à un cheyk s'il avait eu cette année-là la peste dans son village : « Oui, » répondit celui-ci, nous avons eu la peste et » les Arabes. »

Rien n'est plus sobre qu'un Arabe du Désert. Quelques dattes, du lait de chameau, voilà sa nourriture habituelle. L'usage de la viande est de luxe pour lui. Un mouton rôti, qu'on présente tout entier, après lui avoir coupé la tête, est le mets le plus distingué qu'il connaisse : mais il le réserve pour les grandes occasions, et ordinairement pour fêter les cheyks.

Les Arabes ne poussent pas, comme les Musulmans, la jalousie à l'excès. Leurs femmes se voilent rarement le visage; mais la chasteté n'en est pas moins en honneur chez eux. On assure que les filles ou veuves qui deviennent enceintes sont tuées par leurs parens lorsqu'elles ne se détruisent pas elles-mêmes.

L'âge des enfans coïncide avec certaines époques : ainsi, lors de l'invasion française, les nouveau-nés datèrent de cet événement. Une page du Koran, les portes ou les murs des maisons, voilà les registres sur lesquels ils inscrivent les actes de naissance.

Les armes habituelles des Arabes sont des piques à fer carré, emmanché d'une hampe de douze à quinze pieds, dont ils se servent avec adresse, et qu'ils lancent avec dextérité. Cependant presque toutes les tribus campées à l'ouest du Nil avaient des armes à feu, mais fort mauvaises en général. Leur poudre et leurs balles étaient aussi fort mal fabriquées.

Leur manière de combattre est désespérante, parce qu'on n'en finit jamais avec eux. Évitant tout engagement général, ils se présentent en petit nombre et à l'improviste, arrivent à peine à portée du fusil, puis tournent bride, et se lancent de nouveau dans le Désert. Pirouettant autour de leur ennemi, ils le fatiguent par de brusques conversions, et l'assourdissent par leurs cris mêlés d'invectives. Pour les servir dans cette guerre d'escarmouches, ils ont les chevaux les plus agiles qui soient au monde. Le cheval (la jument surtout) est l'ami, le compagnon de l'Arabe. Il devient pour son maître l'objet des soins les plus minutieux, les mieux entendus. Pour leurs expéditions, ils préfèrent aux chevaux entiers les jumens, parce qu'elles ne hennissent pas à l'approche du camp ennemi.

En temps de guerre, les camps mettent des vedettes en observation sur les hauteurs; celles-ci élèvent leur turban en haut de leur lance. Si le camp doit avancer, les vedettes marchent vers l'ennemi; dans le cas contraire, elles se replient vers le camp.

Quand les tribus sont aux prises, les filles se montrent à la vue des combattans; elles jouent du tambourin, et entonnent des chants propres à exciter le courage. Les blessés sont accueillis et soignés par leurs épouses et leurs maîtresses. En général, les femmes font grand cas de la valeur, et les cheyks des tribus sont presque toujours des guerriers illustrés dans le combat, et couverts de cicatrices.

Les Arabes portent avec eux, à chaque migration, la plus grande partie de leurs richesses et de leurs approvisionnemens. Dans les camps à demeure, ils cachent leur grain et leur paille hachée dans de grands trous creusés dans la terre [1]. Quelques lambeaux de terrain cultivable, le voisinage d'un puits d'eau douce, déterminent le choix d'un emplacement propre à camper. Certaines tribus ont en outre, à quelques lieues dans le Désert, des entrepôts entourés d'une enceinte crénelée, et plus loin encore, des dépôts dans le sable, que les pro-

---

[1] C'est d'après leur exemple, suivi dans plusieurs parties de l'Afrique, que M. Ternaux a introduit les *silos* en France.

priétaires seuls peuvent connaître à de certains indices.

A l'époque où la caravane française, commandée par le général Andréossy, visita ces régions libyques, la conquête de l'Égypte par les Français avait acquis quelque popularité parmi les peuplades errantes. Ennemis du dernier gouvernement qui avait cherché à comprimer leurs brigandages, ils avaient eu un instant de répit dans l'intervalle d'anarchie qui sépara les deux dominations; et déjà les filles d'Hennâdy, la plus ancienne des tribus libyques, chantaient dans leurs *moâls* :

> Vive le peuple qui a chassé Mourad du Kaire !
> Vive le peuple qui nous a laissé voir les villages !
> Vive le peuple qui nous a fait manger des *foutyrs* [1] !

Plus tard, lorsque nos troupes leur donnèrent la chasse, lorsque le corps des dromadaires vint leur imposer des rançons périodiques, ces chants d'amitié firent place sans doute à des chants de haine; car il importait peu aux Arabes, moins fanatiques que le commun des Mu-

---

[1] Sorte de gâteau feuilleté au beurre qu'on mange avec du miel ou avec de la mélasse.

sulmans, d'être opprimés par des hommes de telle ou telle croyance. Une question de religion n'était à leurs yeux que très-secondaire : le principal pour eux, était d'obtenir des maîtres du pays, quels qu'ils fussent, comme concession capitale, la liberté et l'impunité du pillage. A cette condition, ils eussent fait pacte avec Satan lui-même.

Tel fut, dans cette partie de la région libyque, le résultat des découvertes d'Andréossy, de Berthollet, et de leurs compagnons de voyage. Après une station de deux jours dans les vallées de Natroun et de *Bahr-belá-má*, ils repartirent pour Terrânéh, et de là pour le Kaire.

CHAPITRE III.

Travaux des autres savans. — Séances de l'Institut. — Bonaparte y prend part. — Fermeté de Desgenettes. — Commission des sciences et arts. — Moulins. — Imprimerie française. — Fondation de deux journaux. — Bibliothèque. — Laboratoire de chimie. — Physionomie du Kaire à cette époque. — Prospectus pour l'exploitation d'un Tivoli et d'une salle de spectacle. — Cafés, bals, etc. — Aérostat. — Amours de Bonaparte.

Pendant qu'une partie de nos savans voyageait ainsi du lac Menzaléh au lac de Natroun, les autres membres de la commission ne demeuraient pas inactifs. Chacun d'eux, renfermé dans le cercle de sa spécialité, cherchait sur ce terrain fécond un aliment et un but à ses travaux.

Déjà Nouet et Méchain avaient déterminé la position géographique d'Alexandrie au moyen d'une série d'observations concordantes. D'après ces matériaux, les ingénieurs des ponts et chaussées, sous la direction de Le Père aîné, avaient à leur tour coordonné les différens levés, et formé un plan exact de cette ville, plan qui devint fort utile dans la suite.

Les mêmes travaux avaient lieu pour le Kaire. Nouet et Corabœuf y fixaient la position des principaux minarets de la capitale et de ses faubourgs ; Jacotin terminait la carte des environs, qu'il avait commencée dès les premiers jours de son arrivée au Kaire, et préparait le plan exact de l'île de Raoudah.

Les provinces égyptiennes avaient aussi leurs explorateurs. Les astronomes que nous avons déjà cités visitaient la partie orientale de la Basse-Égypte, pour déterminer les positions de Damiette, Belbeys, Suez et Salehyéh. Le chef de bataillon Souhait relevait le cours du Nil, depuis le Kaire jusqu'à Atfyéh ; le naturaliste Geoffroy Saint-Hilaire donnait une reconnaissance faite à vue de la route du Kaire à Salehyéh, et de ce poste au pont dit *du Trésor*, sur la route de Syrie. Crépin traçait de la même manière les canaux de Filfel, d'Abou-Menedgéh, et une partie de celui de Moueys.

D'autres recherches corrélatives s'exécutaient dans toute l'Égypte. Chargés de les mener à bonne fin, Schouani et Denon voyageaient dans la Haute-Égypte, Lathuille dans le Menoufyéh et le Garbyéh, Jomard et Bertre dans le Fayoum, Burel dans la province de Gizéh.

La position des lacs et des canaux était l'objet de missions spéciales. Cazals, Théviotte et Pottier, reconnaissaient le lac de Bourlos, Lancret et Chabrol le canal d'Alexandrie, Malus et Fèvre celui de Moueys, Girard ceux de la Haute-Égypte.

Ces divers levés, ces plans, ces reconnaissances, ces observations trigonométriques ou astronomiques, devaient servir à la confection de la carte d'Égypte, monument géographique admirable par sa précision, et dressé à l'échelle d'un millimètre pour cent mètres.

Pendant ce temps, Geoffroy Saint-Hilaire, qui semblait se multiplier, examinait les poissons du Nil et les animaux du lac Menzaléh, Delille les plantes du Delta, Arnolet et Champy fils les minéraux de la Mer-Rouge. Conté présidait aux ateliers de mécanique, établissait des moulins à vent en Égypte, et naturalisait dans le pays une foule de machines européennes. Beauchamp et Nouet dressaient un almanach contenant cinq calendriers, celui de la République française, et ceux des églises romaine, grecque, cophte et musulmane. Savigny faisait une collection des insectes du Désert. Regnault décomposait le limon du Nil, si influent sur la végétation égyptienne; Berthollet et Descostils analysaient les propriétés tinctoriales des végétaux. Desgenettes présidait à un vaste travail sur la topographie médicale de l'Égypte; Larrey observait le caractère de l'ophtalmie régnante; Bruant, Cérésole, Frank, Renati, Vautier et d'autres jeunes médecins, rivalisaient de zèle dans leurs travaux hygiéniques; Savaresi découvrait des traces de volcans dans le territoire de Lesbéh; Costaz analysait le sable du Désert, et y reconnaissait cette substance alcaline qui le fait craquer sous le pied comme de la neige; enfin Ripault se livrait déjà à ses profondes recherches sur les Oasis.

L'Institut était le centre commun où venaient aboutir ces vastes travaux. Ce corps savant multipliait ses séances, et mettait en jeu une foule d'émulations rivales. Dans cette lutte si noble, aucun des concurrens ne voulait se laisser gagner ni de vitesse ni d'instruction;

de là ce nombre prodigieux de mémoires et de rapports qui signalèrent les débuts de l'institution naissante. Ce fut alors que Monge expliqua ce phénomène du *mirage*, qui avait saisi l'armée d'étonnement dans sa première course au travers des sables libyques, alors encore que le profond Berthollet développa une partie de ses théories chimiques. Après eux, le Polonais Shulkouski, Say, Fourier, Poussielgue, Dutertre, Geoffroy, Desgenettes, Le Père, Malus, Costaz, Beauchamp, etc., occupèrent tour à tour les séances par des lectures pleines d'intérêt et de recherches locales.

De temps à autre, la poésie se faisait jour au travers de ces études sérieuses et venait leur faire diversion. Parseval de Grandmaison récitait des fragmens de ses traductions du Camoëns et du Tasse; Marcel initiait ses collègues au rythme sonore de la versification arabe, et donnait un échantillon du Koran en rimes françaises.

Bonaparte assistait à ces réunions. Souvent même il prenait part aux débats, surtout lorsqu'il s'agissait d'économie politique. Dans la séance du 21 vendémiaire an VII (12 octobre 1798), il appela de nouveau l'attention de l'Instıtut sur des matières spéciales à l'Égypte, et sur les améliorations morales et physiques que réclamait cette contrée. A sa demande, des comités furent nommés pour examiner une foule de questions d'utilité générale. Telles étaient la réparation de l'aqueduc qui porte l'eau du Nil à la citadelle ; le déblaiement de l'enceinte des villes ; la fondation d'un observatoire ; la description et l'histoire du Mékyas ; des expériences sur les oscillations de l'aiguille aimantée ; le creusement de puits dans le Désert ; l'examen d'une colonnade antique située dans le voisinage de l'aqueduc ; le rapport comparé de la culture du blé en France et en Égypte. En mettant à l'ordre du jour cette série de propositions, Bonaparte témoignait toute sa prévoyance pour l'avenir de sa conquête.

Malgré la présence du Général en chef, l'égalité la plus complète présidait aux séances de l'Institut, et le Général avait lui-même hautement manifesté ses intentions à cet égard. Là s'effaçait toute la hiérarchie des grades militaires : le réglement seul avait le droit de réclamer l'obéissance. En diverses occasions, et lorsque la vivacité des débats signala dans certain sociétaire des velléités de despotisme, le reste de l'assemblée s'empressa de faire acte d'indépendance. Un jour, entre autres, Bonaparte, oubliant sa retenue habituelle, se trouvait en opposition avec Desgenettes au sujet d'une discussion chimique. Après quelques argumens échangés, Bonaparte se piqua, et dans un mouvement d'impatience : « Je vois » bien, dit-il, que vous vous tenez tous par » la main. La chimie est la cuisine de la mé- » decine, et celle-ci la science des assassins. » L'attaque était devenue personnelle, mais Desgenettes ne se déconcerta pas : « Et comment » alors, répliqua-t-il, définirez-vous la science » des conquérans? » Le mot était juste autant que vigoureux.

Plus tard, quand l'expédition de Syrie eut été résolue, les travaux de l'Institut du Kaire se ressentirent de cette belliqueuse préoccupation. Ce ne fut que long-temps après, et à la suite de cette campagne asiatique, que l'assemblée retrouva son activité première.

Placée dans une sphère moins spéculative, la commission des sciences et arts accomplissait sa tâche laborieuse. Déjà le mécanicien Conté avait établi, à la pointe nord de l'île

Raoudah, un moulin à vent à l'européenne; d'autres usines de ce genre étaient projetées, et devaient plus tard garnir les hauteurs qui avoisinent le Kaire, Rosette et Damiette. Champy père et fils créaient des ateliers pour la fabrication des poudres. Une imprimerie nationale, pourvue d'un matériel nombreux, venait de s'installer au Kaire, sous la direction de l'orientaliste Marcel. Ses presses reproduisaient les ordres du jour de l'armée, les proclamations arabes et grecques, les publications officielles en langue turque, et un journal périodique ayant pour titre la *Décade égyptienne*. La destination de cette feuille était de rendre compte des séances de l'Institut, et de consigner le texte fidèle des mémoires lus dans le cours des séances. Un second journal avait déjà paru, conçu dans un but plus politique que littéraire, et donnant de la publicité aux nouvelles qui pouvaient intéresser l'armée; c'était le *Courrier d'Égypte*, dont l'origine data des premiers jours de fructidor. Ces deux publications, à quelques numéros près, eurent pour éditeur l'infatigable Desgenettes.

On doit aussi à cette typographie plusieurs impressions littéraires, telles qu'un *Vocabu-*

laire et une *Grammaire* à l'usage tant des Français que des naturels du pays, une édition des Fables du célèbre Loqman, un tableau arabe et français de l'Égypte divisée en provinces, l'histoire en arabe de la prise de Constantinople, etc., etc.

Par les soins du Général en chef, d'autres fondations avaient lieu dans le même temps. Une bibliothèque, un laboratoire de chimie, s'organisaient sous ses auspices. De toutes parts on voyait surgir des institutions utiles et d'heureuses innovations. Toutes les capacités qui fourmillaient dans cette jeune armée, toutes ces aptitudes diverses, rendues plus actives encore par le contact des amours-propres, avaient changé en trois mois la physionomie d'une contrée si neuve en civilisation.

Mais, il faut le dire, nos savans et nos artistes ne furent pas seuls à déterminer ce résultat. Les spéculateurs venus à la suite de l'armée, les ouvriers, les soldats eux-mêmes, avaient involontairement travaillé à greffer nos habitudes européennes sur les coutumes orientales.

Et ceci provenait d'une tendance distinctive de notre caractère. Il est en effet dans la nature du soldat français d'imposer plutôt ses mœurs aux peuples conquis que de se plier à des mœurs étrangères. Pleins de nos souvenirs de patrie, nous n'en faisons jamais le sacrifice d'une manière absolue, et nous mesurons toujours nos impressions nouvelles sur l'échelle de nos impressions antérieures. Du reste, notre intervention en ce genre est toute bénigne : à défaut de la force, nous appelons l'entraînement, la sympathie à notre aide ; car rien au monde ne serait plus ridicule que de vouloir *franciser* les gens en dépit d'eux-mêmes.

Ainsi, en Egypte, il ne dépendit pas de l'armée que le Kaire ne devînt un petit Paris. Au bout de trois mois, on voyait déjà, clouées aux portes de quelques maisons, des enseignes à la française. Ici c'était un café, là un restaurant : l'intérieur de ces établissemens était décoré avec tout le luxe que comportait le pays. Comparés aux salles enfumées où venaient s'accroupir les Arabes, c'étaient de vraies merveilles. Là, du moins, on avait quelque chose de mieux qu'une pierre pour s'asseoir, une tasse de café à boire et une pipe pour fumer : les salons étaient garnis de tables et de chaises ; le billard lui-même venait de se naturaliser égyptien. C'était un plaisir de voir ces graves musulmans, quand parfois leurs relations avec nos officiers les amenaient comme témoins à ces parties. Jaloux de leur dignité, ils ne la compromettaient pas par des démonstrations extérieures; mais il y avait dans leur attitude, dans leurs gestes, dans leurs yeux cloués sur ces billes roulantes, quelque chose de plus significatif que des paroles.

A côté de ces établissemens, rendez-vous de la masse oisive, il s'en créait d'autres spéculant sur un but d'utilité. Telles étaient des manufactures de cuirs ouvrés, où l'on confectionna bientôt des ceinturons, des selles, des bottes, aussi bien que dans les meilleurs ateliers de France; des distilleries de liqueurs et de sirops; des brasseries de bierre, où l'on remplaça le houblon par des plantes indigènes; des fabriques de chapellerie, des ateliers de broderies, où les Turcs qu'on y employa se montrèrent supérieurs aux ouvriers européens. Enfin, pour compléter le retour aux aisances passées, on voulut avoir des lits, des chaises, des tables à la française, et bientôt les ébénistes attachés à l'expédition eurent changé les kiosques orientaux en boudoirs parisiens.

Néanmoins, toutes ces petites jouissances s'effaçaient en partie devant une grande privation ; c'était celle du vin, rare en Égypte et de mauvaise qualité, à part ceux de Chypre et de Rhodes, qui sont des vins de liqueur. Si la mer eût été libre, on aurait pu faire un appel au sol natal, et lui demander qu'il fournît aux moins à boire à ses lointains défenseurs. Mais la croisière anglaise était là, permanente, inflexible ; et souvent les tonneaux destinés à remplir les bidons de l'armée républicaine se vidèrent, par contrecoup, dans les verres d'étain des matelots britanniques.

En dépit de ce blocus sévère, la capitale égyptienne allait toujours s'embellissant. La présence du quartier-général, le mouvement continuel des troupes cantonnées dans son enceinte, lui donnaient une physionomie vivante. Pour ajouter quelque chose aux plaisirs qu'on y trouvait, il fut bientôt question d'ouvrir une salle de spectacle. En l'absence d'artistes, des amateurs se présentèrent en foule : les plus imberbes, les plus jeunes, réclamèrent les rôles de femmes, les autres se distribuèrent les emplois suivant la nature de leurs moyens. On devait jouer tout à la fois la tragédie, la comédie et l'opéra-comique, et en effet, les débuts de cette troupe improvisée eurent lieu quelques mois plus tard. Ce fut aussi vers cette époque qu'un Français nommé Dargevel, ancien garde-du-corps et condisciple de Bonaparte à Brienne, conçut le projet de créer un *Tivoli*. Il choisit à cet effet le palais d'un bey, mamlouk fugitif, situé non loin de la place Ezbekiéh. Le local était vaste, le jardin ombragé d'orangers, de citronniers, et coupé de rigoles dans toutes les directions. Aux jours non fériés, les abonnés-fondateurs trouvaient là un point de réunion pour leurs causeries, des livres pour leurs études, des jeux pour leur délassement; mais aux jours de fête, danses, balançoires, illuminations, musique militaire, jongleurs, psylles et almés, tout était là, promis sur l'affiche, et tenu comme à Paris.

La principale pierre d'achoppement pour l'entrepreneur fut l'organisation d'un bal. L'orchestre était trouvé, les rafraîchissemens aussi; les cavaliers abondaient, pétulans, bien tournés, et surtout infatigables. Mais les femmes! les femmes manquaient totalement. Faire fond sur les danseuses indigènes, c'était se montrer par trop Français après trois mois de séjour au Kaire. Pour cela, il eût fallu d'abord faire désapprendre le Koran aux Égyptiens, briser les grilles de leurs harems et les débarrasser de leurs jalousies orientales; puis encore, les maris étant apprivoisés, il fallait guérir les femmes de leurs préjugés contre la danse, les amener à découvrir leur visage devant des hommes, leur enseigner le pas de la walse et les figures embrouillées de nos contredanses. De tant d'obstacles, un seul eût suffi pour mettre un *veto* éternel à un bal de mahométanes.

A leur défaut, quelques Françaises étaient là, mais si peu nombreuses, qu'elles ne pouvaient suffire. Cette rareté provenait de la consigne sévère donnée à l'embarquement, et presque toutes les femmes qui se trouvaient en Égypte n'avaient pu suivre leurs maris ou leurs amans que sous des costumes d'hommes.

Parmi celles qui avaient éludé la défense, on remarquait l'épouse du général Verdier, pétulante et bonne, courant aux dangers comme un soldat, Italienne à la tête vive et au cœur excellent.

Mais celle dont le séjour au Kaire donna naissance aux incidens les plus romanesques, fut une jeune dame mariée depuis peu à un officier des chasseurs à cheval. Ce couple en était à sa lune de miel, lorsque l'ordre d'embarquement et le rendez-vous général donné à Toulon vinrent faire une brusque diversion à ses plaisirs. Se quitter ainsi, au milieu des plus forts accès de la fièvre amoureuse ; se voir séparés violemment, tenus à distance par trois cents lieues de mer ; vivre sans nouvelles, avec le vide dans le cœur et l'incertitude plus poignante encore, tel était le sombre avenir qui se peignait aux jeunes époux. Mais la passion est ingénieuse ; madame F...z, conseillée par elle, eut bientôt aplani tous les obstacles. Risques de mer, chances de captivité, dangers de batailles, privations de tout genre, rien ne l'arrêta. Servie par un déguisement, elle parvint à s'embarquer sur le même navire que son mari. L'amour qu'elle lui portait semblait s'être accru en raison des sacrifices qu'elle avait faits pour lui ; c'était entre eux un assaut de tendres prévenances et d'incessantes assiduités. La jeune épouse frayait peu avec les autres officiers, et l'union de ce couple était citée dans l'armée comme un modèle édifiant.

Dans une colonie de Français, sur lesquels les beautés des harems faisaient peu d'impression, les tentations ne manquaient pas à une Française; et néanmoins la fidélité de madame F...z se fût trouvée forte contre ces attaques, si le hasard, conspirant contre elle, n'eût réuni pour la vaincre tous les genres de séduction.

Une fête donnée par Bonaparte fut l'occasion de sa chute. A la suite d'une revue générale, on avait imaginé, pour donner aux Égyptiens un spectacle étrange pour eux, de lancer un aérostat sur la place Ezbekiéh. Toute la population du Kaire était présente, et dans la foule se trouvait madame F...z, suivant de l'œil les mouvemens de son mari. Bonaparte aperçut la jeune femme; sa taille svelte, son élégant embonpoint, sa figure vive et spirituelle séduisirent le Général. Il désira lui parler et la connaître. Le soir même, le hasard les réunit au *Tivoli égyptien*. On y donnait une grande fête, avec feu d'artifice et illumination. Un bal avait été même projeté, et pour y attirer les femmes des négocians européens établis au Kaire, toutes les Françaises venues avec l'armée furent priées de s'y rendre. Madame F...z était du nombre. Pendant toute la soirée, Bonaparte tint fixé sur elle ce regard qu'il savait rendre si expressif. Quand il fut certain que sa pensée avait été comprise, il s'approcha d'elle, l'entretint long-temps, et affecta quelques-uns de ces petits soins, insignifians de la part d'un autre, mais bien significatifs chez un homme si haut placé. Madame F...z était confuse et tremblante : son cœur s'épanouissait de vanité, en songeant de qui lui venaient ces préférences. Insensiblement, elle fut conduite à comparer le héros de cette passion nouvelle à celui de sa passion antérieure : le parallèle écrasa le mari, et quoique pure de fait, la jeune femme était déjà coupable d'intention.

Cependant la lutte fut longue : il y avait dans ce cœur naïf conscience de ses devoirs, horreur du mensonge, et répugnance à frapper un homme épris dans ses plus chères illusions. Le vertige de l'amour-propre n'avait pu effacer tout d'un coup les restes d'un attachement profond. Prête à se livrer au Général, elle reculait devant ses remords, et remettait sa dernière défaite du jour au lendemain. Bonaparte, de son côté, aiguillonné par cette résistance inattendue, redoublait d'efforts pour la combattre : protestations, lettres d'amour, riches cadeaux, tout fut essayé pour saisir le côté faible de son héroïne. Elle se rendit enfin, moins par calcul que par l'influence d'un nom devant lequel tout s'agenouillait. Le tour de son esprit, ardent et romanesque, ne lui faisait voir que sous un beau jour la conquête du héros. Elle se croyait appelée à fixer son cœur, à entrer pour quelque chose dans cette grande destinée.

Bonaparte apprécia la nature de cet attachement ; il comprit la naïveté, l'abandon de sa jeune maîtresse, et ce qui devait n'être qu'un caprice devint une liaison plus durable.

Quelques jours à peine s'étaient écoulés depuis l'acte décisif de l'intrigue amoureuse, lorsque le capitaine F...z reçut, avec le grade de chef d'escadron, l'ordre de partir immédiatement pour une mission lointaine. On l'envoyait auprès du Directoire, plutôt pour se débarrasser de la surveillance du mari que pour utiliser le zèle de l'officier. Il s'éloigna, mais le hasard voulut que capturé par l'escadre anglaise aux ordres du commodore Hood, il fût de nouveau débarqué sur le rivage d'Égypte. Alors la notoriété publique, les sarcasmes de ses camarades et les explications de ses amis, lui révélèrent sa disgrâce conjugale. Le divorce devint inévitable : il fut prononcé en présence d'un commissaire des guerres de l'armée.

Cependant le goût de Bonaparte pour madame F...z avait survécu à la possession. Maîtresse titulaire du Général en chef, elle était logée dans une maison voisine de son palais d'Elfy-Bey; richement parée, entourée d'esclaves, sa vie était une longue suite de jouissances. Parfois elle se revêtait d'un habit de général, et caracolait aux promenades sur un cheval arabe, dressé pour elle. Les soldats connurent bientôt son histoire, et en la voyant passer : « Voilà notre générale ! » disaient-ils. D'autres, par allusion à l'héroïne d'une intrigue plus ancienne, faisaient de l'érudition de camp, et la nommaient la *Clioupâtre* (Cléopâtre). Du reste, c'était entre Bonaparte et elle une passion toujours croissante : elle portait à son cou le portrait du héros, lui les cheveux de sa maîtresse. Quand l'expédition de Syrie le força de se séparer d'elle pour un temps, il lui écrivit les lettres les plus tendres et les plus expansives. Là, quittant le style de diplomate et de chef d'armée, il lui détaillait ses traverses et ses inquiétudes. De pareils documens, retrouvés aujourd'hui, seraient une bonne fortune pour l'histoire. Cette confiance fut poussée si loin que Bonaparte promit, dit-on, à madame F...z, de divorcer avec Joséphine, et de l'épouser elle-même si elle le rendait père. Une anecdote racontée par Bourrienne confirmerait cette circonstance. Dans un cercle d'amis, le Général causait un jour librement et de ses amours et de sa maîtresse : « Il ne lui manque qu'une chose, di» sait-il, c'est de me donner un enfant; mais » que voulez-vous? la petite sotte n'en sait pas » faire. »

Quoi qu'il en soit, cet amour se soutint jusqu'au moment où il se trouva face à face avec l'ambition. Quand Bonaparte eut arrêté son départ d'Égypte, il pensa qu'en s'ouvrant à sa maîtresse, et l'emmenant avec lui, il compromettait le secret de ses préparatifs. Dès ce moment, madame F...z fut sacrifiée; sa présence au Kaire servit même à détourner les soupçons; elle donna quelque poids aux excuses qui devaient motiver l'absence momentanée de Bonaparte.

Le Général partit, et, nouvelle Ariane, madame F...z vint faire bruit de ses douleurs auprès de Kléber pour obtenir de lui son embarquement. Il eut lieu plusieurs mois après à bord de *l'America*, transport français, qui emmenait en France Junot, Rigel, Lallemand et Corancez fils. Prise par les Anglais, puis relâchée, puis enfin conduite par eux en France, madame F...z n'y débarqua que pour subir le plus cruel désappointement. Bonaparte, instruit de son arrivée, lui fit d'abord défendre de se rendre à Paris. Se départant plus tard de cette rigueur première, il lui acheta un château situé aux environs de la capitale, et la maria, pour s'en défaire, à un ancien émigré, qui reçut de lui un consulat comme cadeau de noces [1].

---

[1] M. F...z, l'époux disgracié, ne se trouva pas quitte de sa femme même après son divorce. Il paraît que cet acte, fait à la légère, péchait par quelque forme légale. Aussi plus tard, décidé à convoler en secondes noces, M. F...z rencontra-t-il de grands obstacles de la part des officiers civils. Sa femme, quoiqu'alors mariée à un autre, était encore aux yeux de la loi réputée la sienne, et il n'est sorte de démarche qu'il ne fût tenu à faire avant de s'en trouver définitivement libéré.

Nous avons pensé que nos lecteurs nous sauraient gré de leur donner en entier cet épisode romanesque : les amours d'un Bonaparte ne sont pas chose si commune qu'on ne puisse les raconter sans déroger à la gravité de l'histoire.

—

CHAPITRE IV.

Nomination de l'Émir-hadgy. — Lettre au chérif de la Mecque. — Divan. — Ses séances. — Cocarde tricolore. — Scrupule des cheyks. — Administration de l'Égypte. — Impôts. — Enregistrement, etc. — Objets de police. — Canaux, portes, lazarets, éclairage, etc., etc. — Aghâ des janissaires. — Organisation militaire. — Corps grec et barbaresque. — Jeunes Mamlouks. — Garde nationale au Kaire. — Cavalerie. — Dromadaires, etc. — Promotions dans l'armée. — Hôpitaux civil et militaire. — Mouristan. — Société de Commerce. — Hôtel des Monnaies. — Chasse aux Arabes par Murat. — Barthélemy le Grec. — Kyaya des Arabes. — Arnaud envoyé à Derne. — Caravane de Tor.

Depuis trois mois environ que Bonaparte avait fait son entrée au Kaire, il n'avait rien négligé pour y consolider sa puissance. Quoique absorbé par l'ensemble d'une organisation nouvelle, il trouvait encore le temps de présider lui-même à ses détails.

Fidèle à son plan de conquête, il avait tout d'abord essayé de gagner à sa cause les autorités théocratiques du pays. Nous avons vu déjà ses démarches auprès des imams, ses avances, ses protestations réitérées, et même, au jour de la fête de Mahomet, sa participation aux cérémonies du culte musulman.

Depuis lors, jaloux d'apprivoiser peu à peu le fanatisme égyptien, il avait fait de nouvelles concessions aux coutumes religieuses de la contrée. Chaque année, le pacha ou les beys mamlouks nommaient avec pompe un Émir-hadgy, ou conducteur de la caravane de la Mecque. Bonaparte ne voulut pas déroger à cet usage. Moustafa-Bey, kyaya de l'ex-pacha, fut promu par lui à cette dignité. Le Général en chef le revêtit d'une superbe pelisse verte, en présence du Divan, et lui fit présent d'un cheval magnifiquement harnaché. Cette nomination fut officiellement communiquée aux puissances barbaresques et au chérif souverain de la Mecque, auquel Bonaparte écrivit lui-même pour lui promettre les subventions accoutumées. « Je m'empresse de vous faire con-
» naître mon arrivée, disait-il, ainsi que les
» mesures que j'ai prises pour conserver aux
» saintes mosquées de la Mecque et de Mé-
» dine les revenus qui leur étaient affectés. »

Parler d'argent aux prêtres, c'était toucher leur corde sensible. Par mesure surabondante, il fit néanmoins accompagner son épître d'une lettre adressée par les cheyks et notables du Kaire au même chérif de la Mecque. Cette pièce, assez rare, mérite d'être reproduite ici, soit à cause des formes caractéristiques de son style religieux, soit à cause de l'appréciation qu'elle contient des événemens survenus.

Lettre des Cheyks du Kaire au Chérif de la Mecque.

« Après avoir adressé au ciel les vœux ar-
» dens que nous ne cessons de lui faire pour
» la conservation des jours précieux de notre
» seigneur le prince des fidèles, l'ornement du
» bandeau royal de la postérité de Hachem,
» le fleuron de la couronne de la race prophé-
» tique, le chérif Ghalib, sultan de la Mecque;
» veuille le Tout-Puissant l'élever au plus
» haut degré de gloire, le combler de ses fa-
» veurs, et le préserver de tout contre-temps
» fâcheux qu'amène la révolution des jours et
» des nuits, en considération des mérites de

» son glorieux aïeul, le plus puissant de ses
» intercesseurs.

» Nous avons l'honneur d'informer notre
» seigneur, dont le génie actif ne cesse jamais
» de veiller aux intérêts de la religion et des
» fidèles, comme aussi nous avons l'honneur
» d'informer les seyds descendans d'Abd-êl-
» Menaf, un des plus illustres aïeux de nos sei-
» gneurs les chérifs, tous les docteurs de l'is-
» lamisme habitans de la Mecque, les qadys,
» les imams prédicateurs, et généralement
» tous les négocians et employés dans la ville
» sainte, que le 7 du mois de safar, qui tom-
» bait un samedi, l'armée française s'est pré-
» sentée sur les terres de Gizéh, sur la rive
» orientale du Nil, et y a livré le même jour
» un combat qui a duré deux heures environ.
» L'issue de ce combat a été fatale aux Mam-
» louks. Le lendemain matin, une députation
» des docteurs de la loi et des notables de
» la ville du Kaire se transporta à Gizéh pour
» demander des sauve-gardes. Le Général les
» leur accorda. Les mêmes députés demandè-
» rent que le *khoutbéb*, c'est-à-dire les vœux
» que les prédicateurs des mosquées ont l'hon-
» neur de faire pour Sa Majesté Impériale, le

» vendredi à la prière de midi, eussent lieu
» comme ci-devant. Le Général en chef y
» souscrivit, et il ajouta qu'il était un des plus
» dévoués amis de l'empereur des Ottomans,
» et qu'il chérissait tous ceux qui lui étaient
» attachés, et que les ennemis étaient les siens
» propres.

» Et de suite il ordonna que les exercices
» religieux se fissent librement, comme à l'or-
» dinaire, dans la ville du Kaire; et que la pro-
» clamation de la prière, la lecture du Koran,
» l'ouverture des mosquées, et tout acte de
» piété reprissent leur cours. Il se plut encore
» à informer la députation *qu'il était pénétré*
» *de la vérité incontestable qu'il n'y a d'autre*
» *Dieu que Dieu; que les Français en général*
» *étaient remplis de vénération pour notre*
» *prophète et le livre de notre sainte loi; que*
» *beaucoup d'entre eux étaient même convain-*
» *cus de la supériorité de l'islamisme sur toutes*
» *les autres religions;* et en preuve, le Géné-
» ral cita la délivrance de tous les musulmans
» qu'il trouva esclaves à Malte, lorsqu'il eut
» le bonheur de s'en emparer; la destruction
» des églises chrétiennes et des croix dans les
» États qu'il a conquis, et particulièrement

» dans la ville de Venise, où il a fait cesser les
» vexations qu'on faisait aux musulmans; le
» renversement du trône du pape, qui légiti-
» mait le massacre des fidèles, et dont le siége
» était à Rome : cet ennemi de l'islamisme,
» qui faisait croire aux chrétiens que c'était
» une œuvre méritoire aux yeux de Dieu que
» de verser le sang des vrais croyans, n'existe
» plus pour le repos des fidèles, sur lequel le
» Tout-Puissant veille avec bonté. »

Suivait le détail de ce qu'avait fait Bonaparte pour les pélerins de la Mecque rencontrés sur la route de Salahiéh, le narré de la fête du khalyg, de celle de Mahomet, et enfin la récente nomination du nouvel Émir-hadgy; après quoi la lettre concluait ainsi :

« Le Général de l'armée française montre
» le zèle le plus actif pour les intérêts des deux
» sanctuaires, et il s'occupe avec assiduité de
» tout ce qu'il y a à faire pour l'expédition de
» la caravane des pélerins : c'est ce qu'il nous
» a recommandé de vous faire savoir, comme
» témoins oculaires des soins qu'il prend pour
» cet objet important, afin que de votre côté

» vous fassiez ce qui vous paraîtra conve-
» nable.

» Salut et mille fois salut de paix sur cet en-
» voyé glorieux qui est venu annoncer la vé-
» rité aux hommes, et qui a été doué de toutes
» les perfections et de toutes les vertus ! Salut
» aussi sur son illustre famille et sur les véné-
» rables compagnons de sa mission divine.

» Fait au Kaire, le 20 du mois de raby-êl-
» aouel, l'an de l'hégyre 1213. »

(*Suivent les signatures.*)

Cette lettre, visiblement écrite sous l'influence de Bonaparte, ne fut pas la seule concession que le Général obtint des autorités musulmanes. Pour donner à l'Égypte un fantôme de représentation, il fallait faire entrer son Divan pour quelque chose dans l'administration de la contrée; mais cette assemblée, livrée à elle-même, aurait pu neutraliser tout système de réformes par ses préjugés et ses routines. L'essentiel était donc de lui donner une direction excentrique, de se servir de noms égyptiens pour gouverner à la française. Monge et Berthollet acceptèrent ce rôle difficile. Secondés par Venture et les autres drogmans, ils surveillèrent les séances du Divan en qualité de commissaires français.

Il faut toutefois constater, à la louange des principaux chefs de la représentation égyptienne, que l'influence exercée sur eux par Bonaparte fut toute morale et persuasive. Le cheyk êl-Mohdy et quelques autres avaient franchement et chaudement embrassé le parti des Français ; délivrés par eux de l'oppression effrénée et de la tyrannie capricieuse des Mamlouks, ils commençaient à apprécier les avantages d'un gouvernement modéré, réglé par des lois, et sous lequel on savait au moins d'avance ce que l'on devait payer, à qui et comment on devait obéir. Éclairés peu à peu sur l'absurdité de leurs anciens préjugés envers les Européens, ils commençaient à comprendre une civilisation plus avancée que la leur, à en pressentir et espérer les bienfaits pour leur pays. Non-seulement le Divan concourait avec plaisir aux mesures qui devaient assurer la domination française en Égypte et rendre impossible le retour de celle des Mamlouks, mais encore, plus à portée que les autorités françaises de connaître les dispositions des esprits des habitans, souvent de lui-même il provoquait des démarches, des ordres ou des proclamations que son zèle croyait utiles.

Une séance importante eut lieu le 16 vendémiaire. Il s'agissait d'abord de nommer un président, et le cheyk Abd-allah êl-Cherkaouy fut élu à la majorité des suffrages. Un discours d'ouverture préparé à l'avance, et, pour qu'il acquît plus d'autorité, revêtu de formes orientales, devait être prononcé par le président nouveau.

« L'Égypte, disait-il, est un pays incompa-
» rable ; les négocians y apportent des riches-
» ses des lieux les plus éloignés ; les arts, les
» sciences, la littérature, ont illustré plus qu'au-
» cune autre contrée celle des Égyptiens. Ces
» qualités de l'Égypte la firent ambitionner par
» tous les peuples qui tour à tour s'en sont em-
» parés : d'abord les Persans, ensuite les Ro-
» mains, les Arabes, les Turcs. Le gouverne-
» ment qui a fait le plus de tort à l'Égypte,
» c'est celui des Turcs, parce qu'ils arrachent
» l'arbre pour en prendre le fruit : à présent,
» le peuple est misérable, et la peur des ava-
» nies fait qu'il se cache sous le manteau de la
» pauvreté pour pouvoir se soustraire à la ty-

» rannie. Présentement la nation française,
» après avoir apaisé les troubles qui existaient
» chez elle, et s'être fait un grand nom par la
» guerre, s'est occupée du sort de l'Égypte et
» a voulu la délivrer de la situation où elle se
» trouve. Elle désire le bien-être des Égyp-
» tiens, et cherche à les soustraire aux tyran-
» nies d'un gouvernement ignorant. Les Fran-
» çais sont venus et ont vaincu; ils n'ont in-
» quiété personne; ils n'ont exercé aucune ty-
» rannie : leur intention est de mettre de l'or-
» dre dans les affaires, de faire écouler les
» eaux stagnantes, de creuser des canaux,
» l'un à la mer Méditerranée, l'autre à la Mer-
» Rouge, pour que l'abondance de la terre
» augmente. Ils veulent encore protéger le
» faible contre le fort; enfin faire tout ce qui
» peut être à l'avantage des Égyptiens, pour
» que leur mémoire soit révérée. Il faut que
» les Égyptiens soient sans inquiétude, et qu'ils
» témoignent de la confiance et de l'amitié aux
» Français. Que ceux qui sont arrivés du de-
» hors contribuent par leur présence à met-
» tre de l'ordre dans les affaires; ce sont des
» gens instruits et sages ; lorsqu'on les inter-
» roge, ils doivent donner de bonnes répon-

» ses, pour que le Général en chef comprenne
» et sache à quoi s'en tenir. »

Cette dernière phrase s'adressait aux membres que les divans des provinces égyptiennes avaient envoyés au Divan général. Chaque députation était composée de trois hommes de loi, trois négocians, trois fellahs, cheyks êl-beled et chefs d'Arabes. La province d'Alexandrie avait fourni une députation, la province de Rosette une, celle de Damiette une, celle de Garbiéh une, celle de Charkiéh deux, celle de Menoufiéh deux, celle de Mansourah une, celle de Kelioubiéh une, celle de Bahiréh une, celle de Gizéh une, celle d'Atfiéhly une, celle de Behnesséh une, celle du Fayoum une, celle de Miniéh une, celle de Manfalout une, celle de Girgéh une, et celle du Kaire trois. Mais pour s'opposer à ce que l'assemblée s'avisât de faire de l'opposition contre le gouvernement, les généraux français avaient reçu l'ordre de conférer eux-mêmes le titre de députés, et de choisir ceux-ci parmi les hommes les plus dévoués aux intérêts des conquérans.

Ainsi composé, le Divan égyptien était un rouage administratif qui pouvait être utile sans avoir la faculté de nuire. Tous ses membres, accoutumés dès l'enfance à l'obéissance passive, adoptant d'ailleurs l'espoir d'une administration plus régulière que celle des Mamlouks, approuvaient presque toujours sans mot dire, et votaient sans discussion.

Un jour pourtant quelques symptômes de résistance se révélèrent dans l'assemblée. Il s'agissait de mettre en vigueur un arrêté du Général en chef, qui ordonnait à tous les habitans de l'Égypte de porter la cocarde tricolore. Bonaparte voulait que les membres du Divan en donnassent l'exemple; pour obtenir d'eux cette initiative, il manda auprès de lui les cheyks et les notables, et voici comment notre historien arabe Abd-êr-rahman rend compte de cette entrevue : cette anecdote, exagérée peut-être, nous servira à constater comment les réformes de Bonaparte étaient appréciées par les mécontens du Kaire.

« Bonaparte, dit-il, fit venir les cheyks dans
» son palais. Lorsqu'ils furent assis, il prit trois
» rubans de soie à la main, bleu, blanc et
» rouge; il les plaça d'abord sur la poitrine
» d'Abd-allah êl-Cherkaouy : celui-ci les jeta
» par terre et refusa. Il changea de couleur et
» fut tout hors de lui. Le drogman dit alors :

» O cheyks, vous êtes les amis du Général en
» chef, il veut vous faire honneur par cette
» marque de distinction : lorsque vous serez
» décorés, le peuple et l'armée vous respecte-
» ront. Les cheyks répondirent : Mais aux
» yeux de nos frères musulmans et de Dieu,
» nous serons avilis. Le Général se fâcha et
» parla dans sa langue; il disait que le cheyk
» êl-Cherkaouy n'était pas digne d'être chef du
» Divan, et autres paroles. Les cheyks implo-
» rèrent pour lui, et demandèrent qu'on n'exi-
» geât pas cela d'eux. Bonaparte leur accorda
» douze jours pour réfléchir. Le cheyk êl-Sadât
» arriva après le départ des autres; il s'assit
» auprès du Général. Celui-ci lui sourit, lui dit
» des paroles flatteuses par le moyen du drog-
» man, lui fit cadeau d'une bague en diamant,
» et le pria de revenir le lendemain. Il lui fit
» apporter une cocarde qu'il plaça sur sa poi-
» trine; êl-Sadât ne dit rien. Ils causèrent un
» peu ensemble et le cheyk se retira. Une fois
» dehors, il ôta la cocarde, parce que cela est
» contraire à la religion. On publia qu'il fal-
» lait que le peuple portât cette cocarde, qui
» est la marque de la soumission et de l'ami-
» tié. La plupart s'y refusèrent, d'autres la

» portèrent de crainte de ce qui pouvait s'en
» suivre. »

Cette insistance du Général en chef à vaincre des répugnances religieuses aurait été une exception à sa politique habituelle ; aussi, quoi qu'en dise Abd-êr-rahman, il n'insista que très-légèrement. Dans les premiers jours qui suivirent l'arrêté, quelques commandans avaient employé la force pour obtenir des habitans qu'ils portassent la cocarde ; on fit arborer le pavillon tricolore sur les minarets du Kaire et des provinces, sur les tours des châteaux forts, sur les djermes employées à la navigation du Nil. Mais peu à peu les rigueurs diminuèrent, et l'ordre fut donné d'y mettre fin. Les trois couleurs flottèrent toujours sur les édifices publics, mais on n'exerça plus à cet égard de violence morale contre les individus.

Cette réserve fut d'autant plus sage, qu'il existait alors assez d'élémens d'un mécontentement plus positif. Bonaparte, tout rempli de ses idées d'innovation, avait commencé à les mettre en œuvre. Les lois turques, au sujet des propriétés, étaient si incohérentes, que presque toutes se dérobaient aux taxes publiques. Les Mamlouks, habitués à procéder par avanies, s'étaient peu inquiétés de pareils désordres; mais le Général français, législateur à la fois et conquérant, comprenait autrement que des barbares l'assiette des impôts. Secondé par l'administrateur général des finances, Poussielgue, il avait résolu d'appliquer à l'Égypte quelques-unes de nos lois fiscales. Son premier soin, pour y parvenir, fut de créer une administration des domaines et de l'enregistrement, qui compta au nombre de ses membres Tallien l'ex-conventionnel, Pagliano, Magallon, Malathy et Moustafa-effendy. Dans cette administration figuraient, on le voit, des capacités françaises et égyptiennes. Ce fut elle qui prépara le travail sur ce nouveau droit à percevoir. On l'appela droit d'enregistrement, quoiqu'il eût plutôt le caractère d'une contribution foncière. D'après l'arrêté du Général en chef, tout titre à une propriété quelconque ne restait valable qu'après avoir été enregistré sous paiement d'un taux désigné. Certains délais expirés, les propriétés non enregistrées devenaient propriétés nationales. D'autres droits de la même nature étaient établis sur les testamens, donations entre-vifs, échanges, actes de ventes, mutations, licitations, procès-verbaux, ventes d'usufruit, baux à ferme et loyers, contrats de mariage, contrats d'assurance, procurations, passe-ports, légalisations, traités de commerce, expéditions de jugement, etc., etc., etc. Grâce à cette longue série de transactions taxables, il en restait peu qui ne fussent pas saisies par l'impôt. Le génie fiscal dominait dans cet arrêté, qui semblait préparer les voies au vaste système sur lequel furent assis plus tard les Codes impériaux.

Toute l'Égypte devait être soumise à cette contribution uniforme, seulement elle décroissait proportionnellement dans les villes d'une moindre importance.

Quelque mesure que l'on apportât, dans le principe, à l'établissement de ces taxes, elles froissaient trop directement les intérêts des contribuables pour que leur rentrée fût facile. Il y avait dans cette assiette méthodique quelque chose de si étrange pour des Musulmans, qu'ils demeurèrent long-temps sans y croire. Un impôt, ils le comprenaient quand une douzaine de cavaliers venaient le percevoir sabre en main et pistolets à la ceinture ; mais payer le double, le triple, à un agent cophte, au vu d'un simple chiffon de papier, c'est ce qu'ils ne pouvaient concevoir. Aussi fut-on parfois obligé de faire pour eux une fusion des deux méthodes, c'est-à-dire que, prévenus d'abord à la française, on les exploitait ensuite à la mamlouk.

La difficulté la plus grande qu'offrit d'abord ce nouveau mode de contributions, ce fut la régularisation des titres de propriété. La majeure partie des titulaires n'avaient que des pièces informes et incomplètes. Il fallut alors appeler des témoins et invoquer la notoriété publique. On le fit avec une certaine rigueur, car on craignait que des biens de Mamlouks n'échappassent au trésor par suite de mutations officieuses. Le résultat de ces mesures fut de provoquer quelques injustices, et par conséquent des murmures. Bonaparte y fit peu d'attention : la caisse de l'armée parlait plus haut que les contribuables. Il fallait de l'argent à tout prix, et, pour s'en procurer, les moyens les plus expéditifs étaient les meilleurs. Afin de dépister mieux encore les talaris qu'on enfouissait, on avait organisé une meute d'agens cophtes, astucieuse, ardente à la curée, servant à la fois pour la perception et l'espionnage.

C'étaient eux qui, forgeant des conspirations, créaient des motifs pour confisquer et saisir. Si le bon sens des administrateurs français n'avait mis un frein à leur zèle, il ne serait pas resté au Kaire un seul homme opulent qui ne fût agent des Mamlouks. Quelquefois cependant leurs dénonciations, mieux appuyées de preuves, furent de précieux renseignemens pour la sûreté de l'armée. Une visite que l'on fit, à leur demande, chez Rodoun-Kachef, révéla un complot tramé par les partisans des beys. Un dépôt d'armes fut découvert, quelques complices saisis et décapités. Sitty Néfysséh, femme de Mourad-Bey, autorisée par le Général en chef à résider au Kaire, était l'ame de ces intrigues secrètes. De fortes amendes, le séquestre de ses biens personnels, une arrestation même, ne purent la détourner de ces courageuses tentatives. Plusieurs de ses émissaires, et entre autres Hadgy Kimoné-le-Barbaresque et un banquier de la rue Djémaliéh, n'échappèrent à la mort que par une prompte fuite. Leurs propriétés seules furent saisies et adjugées au trésor.

Pour remédier au mauvais effet des taxes nouvelles, Bonaparte institua une commission pour recevoir les réclamations des habitans; il donna l'ordre aux gouverneurs des provinces de percevoir l'impôt en nature à défaut d'argent; il nomma des ingénieurs pour surveiller l'irrigation et l'entretien des canaux, source première de toutes les richesses égyptiennes. En même temps, il prouvait à ses nouveaux sujets que sa justice était pour tous : les moindres écarts des administrateurs étaient réprimés avec rigueur, et des peines sévères punissaient le pillage et la dilapidation.

Bientôt le Kaire eut sa directtion de police, mêlée d'agens turcs et d'employés français. A la tête des premiers figurait l'émir Moustafa-Agha, de la maison d'Abdul-Rahman-Agha. Il avait à sa disposition une compagnie de soixante janissaires soldés par le Divan. Peu à peu des réglemens furent rédigés pour maintenir l'ordre et la salubrité. Jusqu'alors le Kaire avait été divisé en quartiers ou khans, clos de murs et fermés par d'immenses portes; mais le Général en chef comprit que ce serait là autant de positions retranchées en cas de révolte, et les portes furent abattues. Les rues, étroites et non pavées, étaient ordinairement encombrées de monceaux de débris et d'ordures, ou tapissées d'une couche épaisse de poussière : un déblaiement général fut ordonné ; les immondices durent être transportées hors d'un rayon désigné, et il fut enjoint aux habitans de balayer et d'arroser, chacun devant sa demeure. La nuit, rien n'éclairait la voie publique : la police exigea que chaque maison eût sa lanterne extérieure. On prit des mesures analogues au sujet des bazars, des cafés, des lieux publics ; on surveilla les inhumations, qui jusqu'alors n'avaient été astreintes à aucune règle. Une grande partie des cimetières était située dans l'intérieur des quartiers de la ville le plus fréquentés, au milieu des massifs de maisons et des jardins : les morts y étaient déposés quelquefois trop tôt, le plus souvent trop tard. Des miasmes infects s'exhalaient de ces tombes *intrà muros*, et compromettaient la santé publique ; on y porta remède, et on ne permit les inhumations que dans les cimetières extérieurs.

Mais le fléau qui exigeait la surveillance la plus minutieuse, c'était la peste, si fréquente en Égypte. Il ne suffisait pas de la combattre par une ceinture de lazarets, de l'arrêter aux portes de la ville, il fallait encore en détruire le germe à l'intérieur. A cet effet, des réglemens sanitaires furent publiés et mis en vigueur de la manière la plus rigoureuse. Pendant plusieurs jours, les habitans furent obligés d'étendre et de laisser exposés au soleil toutes leurs hardes et leurs effets. Dans chaque domicile, des fumigations eurent lieu, à l'instar de celles qui sont pratiquées dans les quarantaines de nos ports. Grâce à ces précautions, les accidens de peste se montrèrent assez rares vers cette époque.

Pendant qu'on façonnait ainsi les Égyptiens à la police européenne, la discipline la plus sévère était maintenue dans l'armée. La moindre violence contre les femmes était punie de mort, et toute plainte des habitans contre une vexation individuelle provoquait une enquête rigoureuse. La sévérité fut même poussée à tel point qu'elle devint parfois de l'injustice. Telle fut entre autres la condamnation de deux guides du Général en chef, traduits devant une commission militaire sous la prévention d'assassinat.

Une femme avait été tuée pendant la nuit dans une maison située sur la place Ezbékiéh, vis-à-vis le quartier-général, et dès le matin la populace du quartier, furieuse et ameutée, imputait hautement ce meurtre à des soldats français. Quelques Turcs allèrent plus loin ; ils dénoncèrent deux guides du Général en chef, disant les avoir vus rôder autour de la maison vers les onze heures du soir. Sur leur déposition, ces guides furent arrêtés, et leurs sabres se trouvèrent teints de sang. Amenés devant la commission militaire, ils protestèrent de leur innocence, expliquèrent comment, à leur sortie d'un café qu'ils désignaient, ils avaient en effet passé le soir devant la maison où l'assassinat avait été commis, pour rentrer au corps-de-garde ; ils ajoutaient qu'assaillis dans les rues par des chiens vagans, ils en avaient tué plusieurs avec leurs sabres. Ce récit semblait détruire les charges accablantes qui pesaient sur les prévenus ; mais soit que la preuve de non-culpabilité ne parût pas suffisamment établie, soit qu'une politique cruelle commandât de sacrifier ces victimes à l'irritation des habitans, les deux guides furent condamnés et fusillés. Cette sentence fut, dit-on, rendue sous l'influence des ordres du Général en chef, qui avait prescrit en pareil cas la plus grande sévérité. Quoi qu'il en soit, peu de jours après, l'agha de la police arrêta le véritable assassin, qui était un domestique de la maison. On obtint de lui l'aveu de son crime, et la preuve tardive, mais complète, de l'innocence des deux soldats.

Ces actes de rigueur furent cependant très-rares, et d'autant moins nécessaires que la conduite de l'armée, depuis son entrée en Égypte, avait été exemplaire. Dociles aux ordres de leur général, les soldats montraient presque toujours pour le culte musulman, pour les cheyks, pour les femmes, pour les propriétés, des égards et un respect auxquels des conquérans étaient peu habitués. Mais auprès d'eux existait une caste d'hommes, moitié bourgeois, moitié militaires, légion amphibie venue à la suite de l'armée, et qui imposait à tout le monde, amis ou ennemis, ses nomades spéculations. Existant en dehors des cadres de l'armée et de l'administration, ces hommes se groupaient cependant autour d'elles sous diverses dénominations, telles que fournisseurs particuliers, domestiques, brocanteurs, courtiers d'affaires, etc., etc. Cette nuée de parasites était une véritable plaie pour le Kaire : libres de toute discipline militaire, ils parcouraient la ville en vrais Bédouins, et se livraient parfois à des désordres qu'il était difficile de réprimer.

Bonaparte résolut d'en finir avec eux : un arrêté soumit à une surveillance très-sévère tous les Européens non attachés au service de l'armée et de l'administration, et le plus grand nombre fut incorporé dans les brigades. Les employés civils furent réunis en une garde nationale, qui n'était astreinte à aucun service spécial, mais qui, au premier roulement de la générale, devait se rendre en armes à un poste désigné. Les savans eux-mêmes, les membres de l'Institut, et les membres de la commission des sciences et arts, reçurent à cette époque des mousquetons pour leur défense personnelle.

La prudence demandait en effet que l'on fît arme de tout. Désormais livrés à leurs seules forces, et privés de recrues, les Français voyaient la mort et la maladie éclaircir leurs rangs, sans qu'on pût prévoir comment ils pourraient se compléter de nouveau. Cette perspective absorbait les pensées du Général en chef. Il disait bien et faisait dire à ses troupes que le Directoire allait envoyer une flotte, une armée nouvelle; mais ces illusions, jetées dans les masses pour endormir leurs regrets, n'avaient aucune prise sur lui. Son regard, dont la portée était si longue, appréciait l'avenir à sa juste valeur; il savait que, séquestré désormais de la métropole, bloqué par des croisières formidables, il n'y avait de ressources pour l'armée que dans le sol qu'elle avait conquis. Ces ressources, il ne s'en exagérait pas l'importance, mais il voulut du moins les utiliser.

Ce fut dans cette intention qu'il fit incorporer et répartir dans les brigades, soit comme soldats, soit comme trompettes et tambours, les jeunes esclaves mamlouks de l'âge de seize à vingt ans qui se trouvaient au Kaire lors de l'occupation. La même mesure fut appliquée aux Grecs et aux Barbaresques, que l'escadre anglaise tenait désormais éloignés de leur patrie : seulement, à l'égard de ces derniers, on fit une organisation distincte. Ils formèrent des compagnies à part, avec des chefs pris dans leurs rangs. Les fonctions principales de cette milice étaient de servir d'escorte aux djermes qui descendaient le Nil ou aux caravanes qui se croisaient dans l'intérieur.

En donnant ainsi à ses soldats des auxiliaires indigènes, Bonaparte ne perdait pas de vue l'occasion de renforcer sa propre armée. La cavalerie avait été débarquée en Égypte sans chevaux, et, dans le début de la campagne, elle avait fait à pied un service presque insignifiant. Depuis lors, sans doute, une partie s'était montée, et déjà, soit dans la Haute-Égypte à Semhoud, soit dans la Basse-Égypte à Salahiéh, elle avait, par des charges brillantes, pris sa revanche d'une courte inaction. Cette arme néanmoins restait encore incomplète, faute de remontes. Bonaparte y pourvut. D'après ses instructions, les commandans des provinces reçurent l'ordre de frapper des contributions en chevaux, et le total de ces levées suffit bientôt aux besoins de la cavalerie.

Le Général en chef stimulait encore le zèle de ses soldats par de fréquentes revues. Déjà, à cette époque, il connaissait l'effet magique de ces apostrophes familières, lancées au milieu des rangs, de ces ordres du jour, qui distribuaient aux brigades leur part d'éloge ou de blâme.

C'était en effet par de tels moyens que Bonaparte dominait son armée. Avec un mot il avait déjà mis un terme à la fréquence des suicides provoqués par le *mal du pays :* « Il » n'y a que les lâches qui se tuent, » avait-il dit. Quelques lignes suffirent aussi pour couper court à la fureur des demandes de congés. Cette manie était devenue contagieuse, surtout parmi les hauts employés civils et militaires. Un grand nombre d'entre eux, rêvant déjà les côtes de France, mettait en avant d'interminables prétextes pour obtenir des permis d'embarquement. Blessures, affections chroniques, nostalgie, faiblesse de tempérament, rien n'était oublié. A en juger par le nombre des pétitionnaires, l'armée entière devait être une vaste ambulance. Les chirurgiens, les médecins, accablés de sollicitations, ne savaient plus comment y répondre, quand le Général en chef vint fort à propos à leur aide dans un ordre du jour :

« Je dois témoigner mon mécontentement, » disait-il, à ces individus que la lâcheté, l'in-
» constance, et le peu d'amour de leur devoir
» portent à quitter l'armée avant que la cam-
» pagne soit finie. Qu'on ne donne des certifi-
» cats qu'à ceux qui ne pourraient guérir qu'en
» Europe ; ce qui, dans un pays aussi sain que

» l'Égypte, doit être borné à un petit nombre
» de maladies.

» Ce n'est pas que mon intention soit de gar-
» der à l'armée des hommes qui ne seraient
» pas sensibles à l'honneur d'être nos compa-
» gnons d'armes. Qu'ils partent, je faciliterai
» leur départ; mais je ne veux pas qu'ils mas-
» quent par des maladies feintes le motif réel
» de ne pas partager nos fatigues et nos périls :
» nous risquerions qu'ils partageassent notre
» gloire. »

De telles paroles, émanées de Bonaparte, portèrent leurs fruits : les demandes de congé ou de retraite devinrent moins nombreuses. Néanmoins, il fallut forcément renvoyer en France un grand nombre d'hommes devenus impropres au service par suite de maladies ou de blessures. Dans le nombre se trouvait l'ordonnateur en chef Sucy, atteint à la main par un coup de feu dans un engagement sur le Nil. Les eaux minérales ayant été jugées nécessaires pour sa complète guérison, le Général en chef consentit, non sans peine, à son embarquement. Il eut lieu sur un navire français, qui trompa la surveillance de la croisière anglaise; mais dans une relâche forcée sur les côtes de Sicile, l'ex-ordonnateur en chef Sucy et ses compagnons de voyage, au nombre de quatre-vingts environ, furent impitoyablement massacrés par les habitans du pays.

Bonaparte hésita long-temps avant de désigner un successeur à cet administrateur habile. En effet, l'ordre hiérarchique et la capacité amenaient à cette place si importante un jeune homme de vingt-quatre ans. C'était le commissaire des guerres Hector d'Aure[1], le plus ancien de l'armée, et le seul alors qui fût de première classe. Au premier moment, Bonaparte s'effraya en calculant quelle immense responsabilité allait peser sur une tête aussi jeune. Mais bientôt il se souvint que d'Aure avait jusqu'alors rempli ses fonctions avec une aptitude peu commune ; qu'à une autre époque, et dans l'administration de la division Masséna, ce talent précoce avait été apprécié par lui-même, alors général en chef de l'armée d'Italie. Dernièrement encore, chargé du service de la division Desaix dans la Haute-Égypte, Hector d'Aure venait de donner des

[1] Aujourd'hui directeur en chef de l'administration du ministère de la guerre.

preuves toutes récentes d'une rare activité et d'une haute intelligence. En présence de pareils précédens, le Général n'hésita plus. D'ailleurs la voix de l'armée avait désigné d'avance le successeur de Sucy, et en nommant le jeune commissaire des guerres d'abord commissaire-ordonnateur, puis ordonnateur en chef, Bonaparte ne fut que l'organe du vœu général. A la suite de cette nomination, Senneville fut élevé à son tour aux fonctions de commissaire des guerres. D'autres promotions avaient déjà eu lieu dans l'armée, et les démissions, les congés ou les décès en motivèrent successivement de nouvelles.

Il ne faut pas croire pourtant que la mortalité eût alors atteint un chiffre exagéré. Les batailles des Pyramides, de Salahiéh, de Sédyman, avaient coûté peu de monde, et la plus grande partie des soldats blessés dans ces affaires était en convalescence. La dyssenterie avait diminué d'intensité; la peste ne comptait encore qu'un petit nombre de victimes à Mansourah, Damiette, Rosette et Alexandrie; l'ophtalmie seule, plus active et plus difficile à combattre, avait fait rayer des cadres un certain nombre d'hommes mis hors de service.

En somme, le tribut payé par l'armée française au climat de l'Egypte et à sa conquête n'avait rien qui dût effrayer. Les officiers de santé, sous une zône nouvelle, aux prises avec des maladies endémiques mal connues en Europe, n'avaient pu arriver à des traitemens curatifs qu'à la suite de quelques tâtonnemens; mais, en peu de mois, la pratique vint ajouter ses révélations aux documens de la théorie : l'air de l'Égypte, salubre dans presque toutes les localités, une nourriture saine, des précautions préventives, des instructions médicales mises à la portée du soldat, améliorèrent peu à peu l'état sanitaire des troupes.

Divers hôpitaux, pourvus d'un matériel convenable, étaient alors ouverts aux malades. On avait renoncé à celui de Gizéh, trop éloigné du quartier-général; mais, en sa place, un hôpital nouveau avait été organisé dans un local dit *la ferme d'Ibrahim-Bey*. C'était un palais vaste et aéré, entouré de jardins spacieux, placé sur la rive droite du Nil à quelques portées de fusil de la ville, en face l'île de Raoudah si fertile et si verdoyante. Destiné plus spécialement aux blessés, il aidait beaucoup, par sa situation, à leur prompte convalescence.

La prévoyance du Général en chef s'étendit aussi sur les hospices consacrés aux Musulmans. Parmi les établissemens que le Kaire possédait en ce genre, il en était un qui primait sur les autres par son importance et son antiquité. On l'appelait *le Môristan*. Fondé originairement par la petite-fille de Moez-le-dyn-Illah Sitt-êl-Moulk, sa destination primitive fut de recevoir les aliénés; mais dans la suite, reconstruit et considérablement agrandi par Melek êl-Nasser, fils du sultan Kelaoun, doté de fondations pieuses, l'hospice put admettre indistinctement toute espèce de malades. Riches ou pauvres, maîtres ou esclaves, tous y étaient accueillis sans distinction de personnes. Le régime intérieur de cet établissement, le luxe de soins qu'on y trouvait, passeraient aujourd'hui pour des fables, si la concordance des traditions n'ôtait pas là-dessus toute prise à l'incrédulité. Chaque espèce de maladie, nous disent les auteurs arabes, avait son local particulier, son médecin spécial. Ces médecins, attirés de toutes les parties de l'Orient, y étaient traités avec la plus grande magnificence. Un malade, admis dans le Môristan, coûtait environ un dynar par jour ¹ ; deux personnes étaient affectées à son service. Les pensionnaires attaqués d'insomnie avaient un orchestre harmonieux ou des conteurs exercés pour tromper leurs veilles nocturnes. Dès qu'un malade entrait en convalescence, on l'isolait des autres ; on lui donnait le spectacle de danses et de scènes burlesques assez semblables à nos comédies, ou plutôt à nos parades ; enfin, à sa sortie de l'hôpital, on lui faisait encore présent de cinq pièces d'or, afin qu'il ne fût pas obligé de se livrer sur-le-champ à des travaux pénibles.

Voilà ce qu'était le Môristan dans les premiers siècles de sa fondation : plusieurs générations de souverains y avaient jeté des richesses immenses, et malgré les dilapidations de ses administrateurs, cet établissement se maintint long-temps célèbre dans les traditions orientales ; mais, à l'époque de la conquête, c'était à peine s'il restait une ombre de l'hospice primitif. Un local vaste, mais dégarni ; d'immenses cours closes de murs, et servant à

---

¹ Le dynar est une pièce d'or qui peut être évaluée de douze à quinze francs de notre monnaie.

séparer les hommes des femmes, les malades des aliénés ; des dortoirs ouverts à tout vent ; des loges grillées pourvues de fortes chaînes ; voilà ce qu'était devenu, entre les mains des Turcs, le fabuleux Môristan des sultans sarrasins.

Bonaparte songea à relever cet hospice, et Desgenettes, médecin en chef de l'armée, reçut l'ordre d'aller le visiter en détail. Jusqu'alors nul homme, s'il n'était Musulman, n'avait été admis dans l'intérieur de l'édifice. Pour dissiper les impressions fâcheuses que pouvait faire naître une infraction à cet usage, le cheyk Abdallah-êl-Cherqaouy, l'un des administrateurs de l'établissement, servit lui-même d'introducteur au médecin français. Desgenettes examina tout, local et malades. Il reconnut que les derniers avaient à peine de quoi se sustenter, et qu'ils arrivaient dans l'hospice plutôt avec la résignation de mourir qu'avec l'espoir d'être guéris. Parmi les aliénés, une fille jeune et belle frappa vivement son attention. Elle avait, contre l'ordinaire, le visage découvert, et, à la vue d'un costume étranger, elle se leva et s'écria, à diverses reprises, avec une vive expression de joie : *Signor! si-*

gnor! Puis s'inclinant, et croisant sur sa poitrine des mains chargées de chaînes, elle se recueillit dans une attitude de prière et de résignation. Les doutes du médecin français, à l'égard de cette jeune fille enfermée comme insensée, furent bientôt complètement éclaircis, et il est permis de soupçonner avec lui que souvent les cages de fer du Môristan servirent d'instrument aux violences du fort contre le faible. C'est surtout envers les femmes que le fanatisme religieux a pu consommer de pareilles horreurs. Un exemple frappant donna plus tard aux Français la mesure de la justice distributive des Musulmans, à l'égard d'un sexe faible et opprimé.

Le commandant de place s'était plaint aux cheyks des progrès du mal vénérien parmi les soldats. Dans une de ses conférences avec les autorités musulmanes, Bonaparte fit faire à ce sujet quelques questions à l'agha des janissaires, insistant pour qu'on mît fin à ce désordre par des mesures préventives capables d'arrêter la contagion. L'agha s'inclina respectueusement devant le Général, et promit que ses ordres allaient être exécutés. Ils le furent en effet. A l'heure même, quatre cents malheureuses, soupçonnées de liaisons avec les Français, se virent arrêtées par les sbires de la police du Kaire ; et lorsque les généraux français demandèrent à l'agha compte de ses prisonnières, du ton d'un homme qui croit avoir fidèlement accompli un devoir, il annonça que dans la nuit même elles avaient été décapitées, enfermées dans de larges sacs et jetées dans le Nil. C'était couper le mal dans sa racine ; mais Bonaparte était loin de l'entendre ainsi. Furieux à cette nouvelle, et craignant qu'on ne le rendît solidaire des cruautés de l'agha, il le fit venir, et l'apostrophant avec véhémence : « Que sont devenues les femmes que j'avais » confiées à votre surveillance ? lui dit-il. — » Elles sont dans le Nil, répondit l'agha. — » Dans le Nil ! s'écria le Général, en s'agitant » avec colère et frappant de sa main la table » placée devant lui ; vous êtes un misérable ! » un brigand ! Est-ce ainsi que vous enten- » dez ici l'art de guérir ? Je vous ferai fusiller » comme assassin ! » Son interlocuteur restait interdit. « Répondez, répondez, répéta Bona- » parte, qui vous a poussé à cet acte de dé- » mence, de cruauté ? — C'est l'usage, répon- » dit tranquillement l'agha, j'ai fait exécu-

» ter la loi du Prophète. » En effet, cet acte de cruauté n'avait été qu'un sacrifice religieux. On aurait excusé les Musulmanes si elles eussent causé un mal aux Français sans se compromettre avec eux ; mais se souiller, se livrer à des infidèles, était un crime que le Koran punissait de mort, et le Koran seul avait été obéi.

Le Général en chef fit alors rechercher ce qui restait de femmes infectées. On les plaça dans des hôpitaux, où elles furent bientôt radicalement guéries sans qu'il fût nécessaire d'employer les remèdes à la turque.

L'organisation des hôpitaux étant terminée, Bonaparte porta sur d'autres réformes son active intervention. Le commerce et l'industrie locale excitèrent à leur tour sa sollicitude. La rareté du numéraire paralysant les transactions, il multiplia le signe échangeable par l'organisation d'un Hôtel des Monnaies, remplaçant l'atelier informe de la citadelle où se fabriquait le numéraire du pays. Sous ses balanciers, les lingots venus de Malte se changèrent en espèces monnayées, et bientôt les matières d'or et d'argent suffirent peu à peu pour alimenter cet établissement. Encouragés par les intentions bienveillantes du Général en chef, les négocians européens établis au Kaire résolurent à leur tour de fonder une compagnie de commerce, dans le but d'assurer un vaste développement aux relations de la colonie égyptienne. Cette société était composée d'hommes spéciaux, mûris par l'expérience et pleins de connaissances locales. Ils mettaient en commun leurs talens et leurs capitaux, certains que l'industrie égyptienne, libre des avanies des Mamlouks, devait recevoir une impulsion féconde et productive. La société fut contractée pour trois ans; le fonds capital devait être de trois cent mille francs, divisé par actions de trois mille francs chacune.

Cette souscription fut promptement remplie : le Général en chef voulut que l'armée figurât au nombre des souscripteurs, et le payeur-général Estève reçut l'ordre de prendre dix actions, aux frais et pour le compte de l'expédition. Le prospectus et les statuts de la compagnie furent imprimés et publiés en grand nombre.

Cependant de nombreux obstacles s'opposaient à ce que le commerce du Kaire prît sur-le-champ toute l'extension dont il était susceptible. Le premier était la position de l'Égypte, flanquée de sables stériles, et n'ayant d'autre voie pour ses exportations que celle de la mer, alors fermée par les croisières anglaises. Un second obstacle se rencontrait dans les habitudes routinières des négocians turcs. Habitués à un brocantage peu chanceux, ces marchands ne se souciaient pas de se lancer dans de vastes spéculations, et ils se croyaient perdus dès qu'on voulait les tirer de l'ornière accoutumée. Enfin un troisième obstacle, non moins puissant que les deux autres, était le peu de sûreté des communications intérieures. Une caravane, quelle que fût sa destination, était toujours obligée de marcher sur le terrain des Arabes nomades, et bien des fois elle ne le faisait pas impunément. Le tribut que les peuplades du Désert prélevaient sur elle était quelque chose de plus onéreux qu'une simple prime, et parmi les chances commerciales, celles d'un pillage sont toujours les plus terribles et les moins calculables.

Bonaparte avait sérieusement songé à ces tribus errantes, véritable fléau de l'Égypte. Ce fut là une de ses premières pensées à Alexandrie, une de ses plus vives préoccupations au Kaire.

Pour offrir un point de ralliement aux peuplades qui faisaient leur soumission, il avait institué dans la capitale égyptienne un kyaya-général (lieutenant) des Arabes. Mohammed-Agha-ben-Abd-êl-Rahman, qui était revêtu de cette dignité, devait faire prêter serment entre ses mains aux tribus qui se rangeaient sous la protection de l'armée. A ce kyaya revenait le soin de la police des routes ; à lui aussi le classement des peuplades amies et ennemies.

Le Général en chef ne s'abusait pas néanmoins sur l'influence de ce dignitaire improvisé. Il savait jusqu'à quel point on pouvait se fier aux promesses des Arabes, à leurs traités, à leurs sermens ; il connaissait leurs habitudes d'indépendance et de vie sauvage, et comprenait que pour obtenir d'eux quelque répit, il fallait monter à cheval et les réduire tour à tour par les armes. Aussi, chaque jour, voyait-on sortir du Kaire quelque brigade française détachée contre les cavaliers du Désert. Une des plus brillantes excursions en ce genre fut celle du général de brigade Murat. Parti de Damanhour vers la fin de vendémiaire, il marcha de nuit pour investir un camp d'Arabes nomades établis près du village de Deyr ; mais les vedettes placées aux environs et les aboiemens des chiens trahirent la marche des Français, et la tribu, tenue en alerte, échappa facilement, au moyen de ses chevaux, à la poursuite d'une colonne d'infanterie. Le même résultat eut lieu au village de Zaouad ; mais à Saouf, diverses tribus réunies à celle des Hennadys, et formant ensemble huit camps, ne se décidèrent à les abandonner qu'après une assez forte résistance. A la vue du détachement français, les Bédouins se formèrent en quatre grandes colonnes, auxquelles six cents de leurs cavaliers servaient d'arrière-garde. Murat donna l'ordre de marcher sur eux, la baïonnette en avant. Se mettant lui-même à la tête de deux compagnies de grenadiers, il se dirigea vers le centre ennemi, tandis que l'adjudant-général l'Escale et le chef de brigade Barthélemy, ayant chacun un bataillon sous son commandement, se dirigèrent l'un sur la droite, l'autre sur la gauche des Bédouins. Ce mouvement, exécuté avec audace et rapidité, déconcerta les Hennadys et leurs auxiliaires : se débandant en désordre, ils abandonnèrent les camps qu'ils avaient songé à défendre. Murat manœuvra pendant quelque temps pour tourner quatre mille chameaux que les fuyards entraînaient après eux; mais les Arabes les faisaient marcher aussi vite que des chevaux, et le général n'avait avec lui que des fantassins. Il fallut se contenter d'une vingtaine de chameaux traînards, et de la dépouille des camps abandonnés. Les Français y trouvèrent trois troupeaux de moutons, trois mille charges de blé, d'orge ou de fèves, et un nombre considérable de ballots contenant des étoffes précieuses en fil, soie et coton. Parmi ces effets, on en reconnut qui avaient appartenu à l'armée, et entre autres la selle du général Muireur, égorgé par les Arabes au début de la campagne. Après trois jours de marches dans les sables, la colonne française rentra dans Terranéh escortée d'un butin considérable.

Plus près du Kaire, d'autres excursions avaient lieu contre les tribus de l'Égypte centrale. Des Arabes avaient paru au pied des Pyramides et sur toute cette rive du Nil : le général Dumas reçut de Bonaparte la mission de les repousser dans leurs déserts. Il partit de Gizéh à la tête d'un détachement de cavalerie, et vint camper sur la lisière libyque ; mais, averties de l'approche des Français, les tribus n'avaient pas attendu leur rencontre. C'est à peine si l'on put donner la chasse à une arrière-garde de cent cavaliers, qui protégeaient de loin la retraite et servaient d'espions au gros de la peuplade. Montés sur d'excellens chevaux, ces Arabes, tout habillés de blanc, paraissaient s'envoler comme des fantômes à la vue des escadrons français. Leur costume aérien se dessinant au loin, l'allure de leurs jumens qui semblaient effleurer le sol, tout donnait à cette chasse une couleur pittoresque. Ne fuyant qu'autant qu'il le fallait pour se tenir hors de portée des armes à feu, ils s'arrêtaient quand on s'arrêtait, et galopaient de nouveau quand on se remettait à leur poursuite. Enfin, harassé d'une course longue et vaine, le général Dumas renonça à la partie, et ramena son détachement à Gizéh.

Ces tentatives, plusieurs fois renouvelées, servirent à constater d'une manière définitive la supériorité des chevaux du Désert sur les chevaux de l'armée. Désormais, il était prouvé qu'à moins de les surprendre à l'improviste, on atteindrait difficilement les Bédouins dans leurs plaines sablonneuses ; mais le génie observateur du Général en chef avait déjà trouvé une nouvelle arme contre ces rapides cavaliers.

Dans son voyage de Salahiéh au Kaire, Bonaparte avait remarqué, au milieu d'une caravane, un cheyk arabe qui, monté sur un dromadaire, le faisait voltiger dans toutes les directions avec autant d'adresse que de vélocité. Surpris des allures de cet animal, il voulut qu'à l'instant même deux de ses aides-de-camp, Leturq et Eugène Beauharnais, en fissent l'expérience. De retour au Kaire, il réfléchit long-temps sur sa découverte avant d'en faire l'essai ; mais l'impunité ayant rendu les Arabes plus audacieux que jamais, il fallut déployer contre eux tous les moyens de répression.

Un ordre du jour, daté du Kaire le 20 nivôse an VII, ordonna la création d'un régiment de dromadaires, composé de deux escadrons, chaque escadron de quatre compagnies. La force de ce régiment devait être de cinq cents hommes ; mais elle ne s'éleva pas d'abord au-dessus de trois cents. Ce fut un honneur que d'en faire partie, car, pour y entrer, chaque soldat devait joindre la vigueur du corps à celle de l'ame. Il fallait avoir moins de vingt-quatre ans, une taille de cinq pieds quatre pouces, être d'une bravoure reconnue, et pouvoir prouver plus de quatre années de service.

Par un arrêté spécial, le Général en chef accorda, comme une distinction, aux légions maltaise et nautique, le droit de fournir chacune dix hommes à ce corps nouveau.

Après en avoir ainsi relevé l'importance aux yeux des soldats, il en hâta l'organisation. Les premières réquisitions de dromadaires ayant été insuffisantes, on traita avec les Arabes, qui les vendaient de cent à deux cents francs chaque. Mais dès qu'il y eut cinquante hommes montés, on cessa de les acheter; on en compléta le nombre aux dépens des tribus ennemies.

L'équipement de l'animal consistait en une selle, un licou, un caveçon fixé par une chaînette à ses narines, et servant à le diriger; des sacoches doublées en basane de chaque côté de la selle, et destinées à porter les vivres; une petite outre pour l'eau, et un sabot en cuir où se posait la crosse de fusil du cavalier.

Celui-ci était armé comme l'infanterie; il

portait de plus une lance très-longue. Plus tard, l'expérience ayant introduit du perfectionnement dans le régiment des dromadaires, on abandonna l'usage de la lance, dont on reconnut l'inutilité : les officiers ne furent plus armés que d'un sabre et de quatre pistolets, dont deux placés au pommeau de la selle et les deux autres à la ceinture, tous les quatre retenus par des cordons de soie pour faciliter la manœuvre et se dispenser de les replacer dans les fontes après avoir tiré. Chaque cavalier portait avec lui cent cinquante cartouches, indépendamment de celles que contenait sa giberne.

Bonaparte avait ordonné qu'ils fussent habillés de gris, coiffés du turban et couverts du manteau arabe; après lui, Kléber, qui attachait un grand prix à la belle tenue des troupes, donna au régiment des dromadaires trois uniformes différens, qu'il se plut à dessiner et à colorier lui-même. Celui de grande tenue consistait en un dolman bleu de ciel et un pantalon rouge, des bottes à la hussarde, un turban blanc surmonté d'un haut panache jaune, et une ample dalmatique de couleur écarlate, sans collet et sans manches, fixée sur la poitrine par deux rangs de brandebourgs. Ce beau costume, calculé d'ailleurs d'après les lois de l'hygiène adaptées au climat, était à peu près celui que David a desssiné et fait exécuter pour l'école de Mars [1].

Les dromadaires se prêtèrent en peu de temps à toutes les manœuvres militaires. Dans les occasions importantes, et lorsqu'on voulait rapidement porter des forces sur un point menacé, ils portaient chacun deux hommes adossés et regardant l'un devant, l'autre derrière, et en outre des vivres et des munitions pour plusieurs jours. Le chef d'escadron Lambert fut chargé du commandement de ce corps, qui devint bientôt la terreur des Bédouins. Une tribu avait-elle échappé à la cavalerie, un escadron des dromadaires se mettait en marche pour en faire justice ; et comme cet animal peut fournir aisément une course de vingt-quatre heures sans s'arrêter, boire ni manger, il était rare que la peuplade fugitive échappât à cette poursuite. Le commandant était tou-

---

[1] Aussi ce grand artiste s'anima d'un vif intérêt, quand, dans les récits qu'il sollicita souvent de nous sur l'expédition d'Égypte, nous lui racontâmes l'effet produit par ce costume aux obsèques de Kléber.

(H. Desgenettes.)

jours muni d'une boussole, qui servait à diriger sa marche dans le Désert. Au signal de halte, le dromadaire s'agenouillait, se reposait sur le ventre, et ne bougeait plus. Alors les soldats descendaient, se formaient en bataillon, et faisaient tout le camp prisonnier, femmes, enfans et bestiaux. Si cependant le nombre des ennemis leur donnait l'avantage, et que les Français se vissent forcés de prendre la défensive, le détachement s'arrêtait, formait un carré avec ses dromadaires qu'il faisait coucher, et, placé au milieu d'eux comme dans une redoute vivante, il avait bientôt paralysé tous les efforts des Arabes.

Ceux-ci, trompés aussi par les différens costumes de rechange des cavaliers des dromadaires, s'exagéraient leur nombre, et croyaient que l'armée française, servie par de pareilles montures, s'était mise tout entière à leurs trousses.

L'occasion reviendra souvent, dans le cours de cette histoire, de signaler les services rendus par ce corps spécial. Nous le verrons, pendant la campagne de Syrie, fournir des détachemens pour éclairer les communications, intercepter les dépêches de l'ennemi, et porter en six jours de marche les ordres de Bonaparte de Saint-Jean-d'Acre au Kaire. Plus tard, changeant de destination, nous le verrons tour à tour manœuvrer en ligne avec la cavalerie, et la seconder par ses charges brillantes, ou bien, mettant pied à terre, s'organiser en bataillon d'infanterie, et briguer sa part de gloire et de danger dans les batailles les plus décisives.

Mais le but primitif de cette organisation avait été de tenir en respect les tribus libyques, et ce but fut bientôt rempli. Saisis au milieu de leur Désert, les Arabes doutèrent pour la premiere fois de son inviolabilité, et, frappés de stupeur, ils se résignèrent à se soumettre. On les accueillit avec bienveillance, et bientôt les cheyks les plus puissans se firent honneur d'être les alliés des Français.

Cependant aux environs du Kaire, et dans un rayon de trois à quatre lieues, quelques troupes de Bédouins isolés continuaient leurs déprédations. C'étaient pour la plupart des hommes désavoués par leurs peuplades, des aventuriers agissant pour leur compte et pillant en enfans perdus. Quelquefois, se divisant en petites bandes, ils venaient jusque dans le Kaire dévaliser les habitans, et s'enfuyaient ensuite chargés de leurs dépouilles. D'autres fois ils parcouraient les faubourgs, rançonnant les fellahs, et disparaissant à la première alerte. Pour imposer à ces forbans d'une nouvelle espèce, il fallait un homme de leur trempe, aimant à jouer avec des têtes sanglantes, robuste et féroce à la fois, propre tour à tour à une escarmouche et à une embuscade. Cet homme, Bonaparte le trouva dans Barthélemy le Grec.

Barthélemy le Grec, surnommé *Fart-ér-Roummán* (*Grain de Grenade*), semblait appartenir par ses formes à cette race d'athlètes dont la vigueur fabuleuse n'existe plus que dans nos traditions. Avec sa taille de géant, ses epaules larges et saillantes, sa figure maigre et musculeuse, on l'eût pris pour un de ces types herculéens consacrés par les sculpteurs antiques. Si l'on ajoute à ces proportions de colosse un œil de feu, un teint de bronze, une bouche au rire sardonique et cruel, on pourra se faire une idée assez précise de ce *Tristan* égyptien. On avait placé sous ses ordres une centaine de cavaliers grecs, maugrebins ou barbaresques, vigoureux chenapans, impitoyables comme leur chef.

Quand cette bande formidable sortait du Kaire par Bâb-êl-Fotouh (*porte de la Conquête*), c'était un spectacle à glacer les plus hardis. En tête du corps marchait Barthélemy, coiffé d'un immense turban blanc, qui tranchait avec le brun de son visage; une veste grecque, toute luisante de broderies, un ample pantalon flottant, une ceinture d'un rouge de feu, des bottes de maroquin, et par-dessus le tout une riche pelisse ornée des épaulettes de chef de brigade, voilà quel était le costume habituel de l'exterminateur des Bédouins. A ses côtés galopait sa femme, amazone aux formes sauvages, habillée comme lui, comme lui n'ayant peur ni du sang ni des batailles. Derrière eux se rangeaient à la file leurs farouches cavaliers, agens subalternes de la police des environs.

Les fonctions spéciales de cette troupe étaient de mettre les alentours du Kaire à l'abri de toute agression imprévue, soit d'une tribu entière, soit d'un corps isolé d'Arabes; mais Barthélemy comprenait d'une façon si singulière ce qu'on attendait de lui, qu'il se croyait obligé de marquer chacune de ses excursions par des résultats positifs. Rentrer au Kaire les mains vides lui eût paru une honte et une forfaiture : aussi se faisait-il toujours précéder par cinq ou six têtes fichées sur de hautes piques. C'était, à l'entendre, celles des Arabes qu'il avait combattus : il racontait même à la foule assemblée comment et de quel côté il avait eu affaire à diverses tribus réunies, combien de têtes il avait fait voler d'un seul coup de damas, enfin quel danger il serait résulté pour la population du Kaire s'il n'était pas demeuré vainqueur. A vrai dire, ces pompeux récits n'étaient pour la plupart que d'insignes mensonges. Il arrivait souvent que, dans ses excursions lointaines, Barthélemy le Grec ne trouvait pas d'Arabes sur son chemin. Alors, pour ne pas laisser ses piques triomphales veuves de leurs trophées habituels, il faisait ruer ses gens contre de malheureux fellahs, coupait leurs têtes, et les baptisait du nom d'une tribu voisine. D'autres fois, quand la chasse était heureuse, et qu'il y avait surabondance de butin, Barthélemy entassait les têtes décollées dans un sac et les destinait en hommage aux autorités françaises. Un jour, entre autres, le commandant de la place, Dupuy, avait réuni dans un brillant déjeuner l'élite de l'état-major, de l'Institut et des savans, lorsque Barthélemy se fit annoncer, prétextant une mission pressée : « Qu'il entre! » dit Dupuy. Barthélemy entra, un sac à la main, et, le vidant sous la table, il fit rouler au loin une douzaine de têtes encore saignantes. Les convives, saisis d'horreur, tressaillirent sur leurs siéges. Dupuy, furieux, fit jeter Barthélemy à la porte avec son sac et son butin; mais le Grec impassible fut long-temps à concevoir pourquoi une offrande si flatteuse avait pu provoquer un semblable accueil. Cependant il ne garda point rancune, et chaque fois qu'on eut besoin d'un bourreau, on retrouva Barthélemy le Grec.

Pour tempérer ces mesures de rigueur, qui jetaient l'effroi dans le Désert, Bonaparte ouvrit de nouveau la voie aux négociations et aux traités d'alliance. Muni de ses instructions, le commissaire des guerres Arnaud s'embarqua à Alexandrie sur le brick *le Lodi*, qui mettait à la voile pour Derne. Cet envoyé devait aller dans ce port de la côte pour lier quelques relations avec les tribus qui peuplent cette région libyque.

En même temps, le Général en chef entrait lui-même en pourparlers avec les peuplades plus voisines de la capitale égyptienne. Vers les derniers jours de vendémiaire, les Arabes Billys, campés sur la route de Belbéys, demandèrent à faire leur soumission. Jusqu'alors l'inondation les ayant mis à couvert de toutes représailles, ils avaient insulté les convois français, égorgé des soldats isolés; mais la retraite des eaux les avait ramenés à des dispositions meilleures. Bonaparte leur reprocha violemment leur conduite; ils s'excusèrent, rejetèrent les excès commis sur quelques mauvais sujets de leur tribu, et finirent par promettre monts et merveilles. Bonaparte voulut cependant stipuler : il demanda que la tribu des Billys se portât responsable de la sûreté du chemin entre Belbéys et le Kaire. A cette condition la paix fut signée; le Général en chef et le cheyk rompirent ensemble le pain du traité.

A quelques jours de là, une seconde audience d'Arabes eut lieu dans le palais de Bonaparte. Cette fois, il s'agissait d'une tribu plus lointaine, se présentant dans des vues à la fois pacifiques et commerciales. Les Arabes du mont Sinaï et de Gebel-êl-Tor avaient, de temps immémorial, l'habitude d'approvisionner de charbons la ville du Kaire. L'entrée des Français suspendit pour quelques mois ce commerce; mais rassurés peu à peu par la sagesse des nouveaux conquérans, les habitans du mont Sinaï s'étaient décidés à renouer leurs anciennes relations. Une caravane de cinq cents hommes, suivis d'autant de chameaux, venait en effet d'arriver au pied du Mokattam, et vingt-quatre députés se présentèrent à Bonaparte pour lui demander la permission de vendre leur marchandise dans la ville. Le Général en chef ayant consenti à les recevoir, ils entrèrent.

Ces Arabes avaient dans leur physionomie et leurs allures ce type commun à tous les Arabes errans, type qu'on retrouve depuis la lisière orientale du Désert syrien jusqu'aux derniers confins des sables libyques. Leur vêtement était misérable : composé de bandes de diverses couleurs grossièrement cousues les unes aux autres, il formait une espèce de chemise d'une étoffe crue, descendant jusqu'au jarret, et serrée au-dessus des hanches par une longue ceinture. Les plus aisés portaient sur cette draperie une pièce tenant lieu de manteau, et passant par un double tour d'une épaule à la hanche opposée. Ainsi drapés, ils avaient de loin une tournure étrange et pittoresque ; mais un examen détaillé leur était peu favorable.

A peine introduits dans la salle d'audience, ils mirent au pied du Général en chef le présent obligé : ils consistait en raisins et en fruits de leur pays. Cette formalité orientale une fois accomplie, ils expliquèrent et le but de leur voyage et la faveur qu'ils attendaient des conquérans du pays.

Quand ils eurent fini de parler, un moine, qui les avait accompagnés à l'audience, présenta à son tour une requête au nom des religieux du couvent de Sainte-Catherine, établi sur le mont Sinaï depuis les premiers siècles du christianisme. Il demandait au Général en chef de confirmer les priviléges que tous les souverains musulmans avaient accordés à leur monastère, depuis Mahomet jusqu'au sultan qui régnait alors. Bonaparte fit droit à sa requête ; il signa l'acte qui lui était présenté, acte qui portait en tête le nom d'Aly, gendre de Mahomet, et qui se terminait par celui du jeune conquérant.

Les députés arabes furent accueillis avec la

même faveur. Le Général consentit à toutes leurs demandes, et leur proposa même de s'établir sur le Nil auprès de Boulaq; mais, habitués à la défiance dans leurs rapports avec les beys, les députés arabes préférèrent se tenir beaucoup plus éloignés de la ville, prêts, en cas de malencontre, à regagner promptement le Désert. Toutefois, leur séjour au Kaire, et la protection qu'on leur accorda, produisirent le meilleur effet sur ces nomades commerçans : de retour dans leurs contrées, ils racontèrent aux tribus arabiques l'accueil bienveillant que leur avaient fait les nouveaux maîtres de l'Égypte; ils dissipèrent beaucoup de fausses terreurs, neutralisèrent les calomnies semées par les Mamlouks, et bientôt de nombreuses caravanes, se croisant sur cette route, donnèrent un nouvel élan au commerce du Kaire.

C'était par de tels moyens que Bonaparte cherchait à coloniser sa conquête : ferme et bienveillant à la fois, il entrait dans les mœurs du pays, et cherchait à les tempérer par un mélange progressif de notre civilisation. Sans doute de grands obstacles attendaient ses projets de réforme : il avait à lutter non-seulement contre des intérêts matériels, contre des routines impérieuses, mais encore contre des préjugés fanatiques. Heureusement, nul ne savait mieux que lui deviner le côté faible des masses; et si quelques faibles rayons des lumières européennes se sont depuis fait jour au milieu des ténèbres de l'Orient, c'est à Bonaparte seul, à sa patiente intervention, qu'il faut rapporter la cause première de ce progrès. Ce qu'il avait semé à la fin du siècle passé, vingt ans plus tard, le siècle actuel l'a recueilli.

CHAPITRE V.

Causes de mécontentement. — Firman du Grand-Seigneur. — Symptômes d'insurrection. — Révolte du Kaire.

L'occupation du Kaire datait déjà de trois mois, et les habitans paraissaient avoir accepté leurs nouveaux maîtres avec une paisible résignation. Leur attitude extérieure était bienveillante : rien n'y trahissait de fâcheux symptômes d'irritation ; la ville subissait la loi de sa police nouvelle, et à peine quelques désordres individuels, promptement réprimés, venaient-ils faire diversion à cette monotone tranquillité.

Le calme, néanmoins, n'existait qu'à fleur d'eau : au fond des esprits fermentait un levain d'insurrection ; de sourdes rumeurs circulaient dans la populace. On se parlait tout bas d'un jour, d'une heure mystérieuse ; on se racontait tous les griefs que les Français amassaient sur leurs têtes.

Parmi ces griefs, il en était de réels, et touchant à des intérêts positifs que la nouvelle administration avait froissés ; mais il s'en trouvait d'autres imaginaires, forgés par la malveillance et grossis par la haine. Au nombre des premiers, on peut citer les précautions exigées contre la peste, le sérénage des effets, les fumigations, toutes mesures antipathiques au fanatisme oriental ; puis l'arrêté du Général en chef sur la cocarde tricolore, et par-dessus tout les droits nouveaux de timbre et d'enregistrement. Outre ces vexations capitales, les Égyptiens avaient dû se résigner à des vexations secondaires plus poignantes peut-être. Avant l'entrée des Français, le Musulman jouissait de divers priviléges attachés à sa croyance : seul il avait le droit de porter le turban blanc, de prendre la droite du chemin, etc., etc. Jaloux de ces prérogatives, jamais il n'eût souffert qu'un Grec, un Juif, un Cophte ou un chrétien osât les empiéter ; mais quand la tolérance des Français eut nivelé ces petites distinctions religieuses, une réaction se fit sentir.

Les Cophtes et les Juifs, long-temps vexés, relevèrent la tête ; d'opprimés ils se firent oppresseurs. Non contens de se vêtir à l'égal des Musulmans, ils voulurent affecter sur eux un ton de supériorité. En leur qualité de percepteurs d'impôts, ils les taxèrent à leur fantaisie, joignant parfois l'ironie à l'injustice. Si le Général en chef avait été informé de pareils abus, il y eût mis fin par un exemple sévère ; mais les plaintes des contribuables, étouffées par les interprètes [1], commentées par ceux qui les provoquaient, n'arrivaient jamais jusqu'aux autorités supérieures.

A ces motifs de mécontentement venaient se joindre les instigations secrètes des ambitieux, et les menées sourdes des agens mamlouks. Il existait en effet au Kaire, dans la grande mosquée d'*él-Azhar* (*des Fleurs*), un comité conspirateur, ralliant autour de lui les passions et les haines de tous les partis. Là, près des émissaires de Mourad et d'Ibrahim, se groupaient tous les cheyks dont Bonaparte

---

[1] Au nombre de ces interprètes on n'en comptait pas un seul qui fût musulman, car le Koran défend à ses adeptes l'usage des langues étrangères.

n'avait pas accepté les services, et qui conspiraient par désappointement. La tactique des conjurés fut d'abord de jeter de la défaveur sur les membres du Divan qu'on supposait les plus dévoués à l'influence française. Ils y parvinrent si bien, que l'un d'eux se vit chassé par les fidèles de la mosquée dont il était chef. Ce n'était pas tout : il fallait donner du cœur au peuple, le faire revenir peu à peu de ses impressions premières, lui prouver qu'il était possible de vaincre une armée victorieuse des Mamlouks. Pour arriver à ce résultat, des machinations de toute espèce furent mises en œuvre. Tantôt le bruit se répandait que Bonaparte avait résolu de convertir tous les Musulmans à la foi chrétienne, et d'employer la rigueur envers ceux qui refuseraient d'abjurer ; tantôt on parlait d'une armée nombreuse d'Osmanlis et de Mamlouks qui venait d'aborder sur la côte égyptienne. Un jour, c'était Mourad qui avait refoulé les soldats de Desaix jusqu'à Gizéh ; une autre fois, Ibrahim avait campé à Belbéys avec ses cavaliers. Enfin il n'était sorte de fable qu'on ne fît circuler pour pousser à la révolte un peuple disposé au repos : scrupules religieux, susceptibilités personnelles, chances de triomphe, perspective de pillage, rien ne fut oublié pour mettre en jeu toutes les haines, et pour brusquer une explosion. Les imams, les muphtis eux-mêmes, ne craignirent pas de pousser à la révolte, soit par des influences occultes, soit par des prédications publiques.

Jusqu'alors pourtant la population n'avait répondu à ces appels réitérés que par un mécontentement sympathique. Prête à éclater, elle se prenait à douter de ses forces, et n'osait s'aventurer dans une lutte dont son instinct lui laissait prévoir le résultat. Elle se défiait d'ailleurs de ces auxiliaires du dehors, dont on lui annonçait la venue. Bonaparte s'était donné, dans ses proclamations, pour l'ami et l'allié du Sultan ; il avait reconnu le kyaya du pacha comme l'envoyé et le représentant de la sublime Porte. Jusqu'à preuve contraire, cette assertion subsistait : pour la détruire, il fallait une armée ottomane, ou au moins une pièce officielle qui la démentît. Cette pièce ne tarda pas à paraître. Vers les derniers jours de vendémiaire, on répandit à profusion dans la ville un manifeste du Sultan contre les Français. En voici la teneur :

Firman de la Porte-Ottomane.

« Au nom de Dieu clément et miséricordieux,

» Gloire au Seigneur, maître des mondes;

» Salut et paix sur notre prophète Mahomet, le premier et le dernier des prophètes, sur sa famille et sur les compagnons de sa mission.

» Le peuple français (Dieu veuille détruire leur pays de fond en comble, et couvrir d'ignominie leurs drapeaux) est une nation d'infidèles obstinés et de scélérats sans frein. Ils nient l'unité de l'Être-Suprême, qui a créé le ciel et la terre; ils ne croient point à la mission du Prophète, destiné à être l'intercesseur des fidèles au jugement dernier, ou, pour mieux dire, ils se moquent de toutes les religions; ils rejettent la croyance d'une autre vie, de ses récompenses et de ses supplices; ils ne croient ni à la résurrection des corps ni au jugement dernier, et ils pensent qu'un aveugle hasard préside à leur vie et à leur mort; qu'ils doivent leur existence à la pure matière, et qu'après que la terre a reçu leurs corps, il n'y a plus ni résurrection ni compte à rendre, ni demande ni réponse.

» En conséquence, ils se sont emparés des biens des temples, ils ont dépouillé les croix de leurs ornemens; et ils ont chassé leurs khalyfes (vicaires de Dieu), leurs prêtres et leurs religieux.

» Les livres divins, inspirés aux prophètes, ne sont, à leur dire, que mensonge et imposture, et ils regardent le Koran, le Pentateuque et l'Évangile comme des fables. Les prophètes, tels que Moïse, Jésus et Mahomet, ne sont, selon eux, que des hommes comme les autres, qui n'ont jamais eu de mission, et qui n'ont pu en imposer qu'à des ignorans. Ils pensent que les hommes, étant nés égaux, doivent être également libres; que toute distinction entre eux est injuste, et que chacun doit être le maître de son opinion et de sa manière de vivre.

» C'est sur d'aussi faux principes qu'ils ont bâti une nouvelle constitution, et fait des lois auxquelles a présidé un esprit infernal. Ils ont détruit les fondemens de toute religion; ils ont légitimé tout ce qui était défendu; ils ont laissé un libre cours aux désirs effrénés de la concupiscence; ils se sont perdus dans un dédale d'inextricables erreurs, et en égarant la vile populace, ils en ont fait un peuple de pervers et de scélérats.

» Un de leurs principes diaboliques est de souffler partout le feu de la discorde, de mettre la désunion parmi les souverains, de troubler les empires, et d'exercer les sujets à la révolte par des écrits mensongers et sophistiques, dans lesquels ils disent avec impudence : « Nous sommes frères et amis; les mêmes in- » térêts nous unissent, et nous avons les mê- » mes opinions religieuses. »

» Ensuite viennent de faciles promesses ou des menaces inquiétantes; en un mot, ils ont appris à distiller le crime et à se servir habilement de la fraude et du parjure; ils se sont réunis sous les drapeaux du démon, et ils ne se plaisent que dans le désordre, ne suivant que les inspirations de l'enfer. Leur conscience n'est jamais troublée par les remords et la crainte de faire du mal. Aucun dogme, aucune opinion religieuse ne les réunit; ils regardent le larcin et le pillage comme un butin légal, la calomnie comme la plus belle éloquence, et ils ont détruit tous les habitans de la France qui n'ont pas voulu adopter leurs nouveaux et absurdes principes.

» Toutes les nations européennes ont été alarmées de leur audace et de leurs forfaits; et alors ils se sont mis à aboyer comme des chiens, à hurler comme des loups, et, dans leur rage, ils se sont jetés sur tous les royaumes et sur toutes les républiques pour détruire leurs gouvernemens et leurs religions, pour enlever leurs femmes et leurs enfans. Des rivières de sang ont abreuvé la terre, et les Français ont enfin réussi dans leurs criminels desseins vis-à-vis de quelques nations qui ont été forcées de se soumettre.

» Mais en preuve de leurs trahisons et de leurs noirs projets contre le peuple musulman, on peut citer une lettre adressée à Bonaparte, général en chef de leurs armées réprouvées, par les directeurs de leur infâme république : l'un de nos agens secrets nous en a envoyé une copie, et nous allons vous la traduire littéralement, en vous invitant à la bien méditer.

« Vous n'ignorez pas combien les Musul-
» mans tiennent à leur religion : lorsque vous
» aurez pénétré sur leurs terres, il faut vous

» faire un plan de conduite adapté à leurs for-
» ces, à leurs préjugés et à leurs mœurs. Vis-
» à-vis des faibles, vous emploierez les armes,
» les massacres et le pillage; quant à ceux qui
» ont les moyens de résister, vous vous servi-
» rez des moyens de la fourberie pour les em-
» pêcher de nuire, en respectant leur religion,
» leurs femmes et leurs propriétés, jusqu'à ce
» que vous en soyez entièrement maîtres, et
» que vous puissiez disposer de leur sort à vo-
» tre gré.

» Un bon moyen encore à employer, c'est
» de semer adroitement les haines, les dissen-
» sions et les guerres intestines parmi les di-
» verses peuplades qui habitent les pays de
» l'islamisme. Vous exciterez les mauvais su-
» jets et la vile populace contre les chérifs et
» les gens vertueux. Vous inspirerez partout
» l'esprit de rébellion aux bons et aux mé-
» chans, et surtout aux tribus arabes, à leurs
» cheyks, et à ceux parmi eux qui font métier
» de détrousser les voyageurs. Vous ferez aussi
» vos efforts pour allumer le feu de la discorde
» civile parmi les khans de la Perse et parmi
» leurs sujets. Vous tâcherez de les engager à
» des agressions contre les Ottomans. Les que-

» relles, les désordres, les guerres, les com-
» bats, sont utiles et même nécessaires à nos
» vues. Dans cet état de choses, les gens puis-
» sans s'accoutument à secouer le joug ; les su-
» jets n'obéissent plus à leurs commandans. De
» cette manière, les liens de la discipline se
» rompent et l'État se dissout. Lorsqu'il n'exis-
» tera plus d'union entre eux, et que leurs
» biens et leurs trésors seront épuisés, alors il
» vous sera aisé de les assujettir et d'asservir
» leur pays.

» Dans les momens où les dissensions de la
» guerre seront allumées entre eux, il faut que
» les Français prêtent main-forte aux faibles,
» parce que, lorsque les puissans seront écra-
» sés, et qu'il ne restera plus que des gens fai-
» bles, ceux-ci seront bien aisément nos vic-
» times.

» Mais attendu que nous avons secoué le
» poids de tout préjugé religieux, que nous
» avons foulé aux pieds les lois divines et hu-
» maines, et que nous ne pourrions jamais
» compter sur les Musulmans, qui sont si zélés
» pour leur religion ; dès que nous les aurons
» domptés par les moyens de ruse indiqués ci-
» dessus, alors nous détruirons la Mecque et

» la Kaabah, Médine et le mausolée de leur
» Prophète, Jérusalem, toutes les mosquées,
» tous les lieux de leur vénération. Ensuite,
» nous ordonnerons un massacre général, et
» nous n'épargnerons que les jeunes filles et les
» jeunes garçons; après quoi nous partagerons
» entre nous leurs dépouilles et leurs terres.
» Quant à ce qui restera de ce peuple, il nous
» sera aisé alors de lui faire adopter nos
» principes, notre constitution et notre lan-
» gue. L'islamisme et ses lois disparaîtront de
» dessus la terre, dans les quatre parties du
» monde. »

» C'est ainsi que finit cette lettre infâme, et puisse le Dieu puissant que nous adorons tourner contre eux leurs diaboliques desseins! Nous vous avons fait une peinture fidèle des Français, de leurs ruses, de leurs fourberies, et des moyens qu'ils emploient pour vous perdre. Jugez donc maintenant si tout Musulman, si tout homme qui professe l'unité de Dieu, n'est pas tenu de prendre les armes contre ces insignes athées.

» O vous donc, défenseurs de l'islamisme! ô vous, héros protecteurs de la foi! ô vous,

adorateurs d'un seul Dieu, qui croyez à la mission de Mahomet fils d'Abd-Allah! réunissez-vous et marchez au combat sous la protection du Très-Haut! Ces chiens enragés s'imaginent sans doute que le peuple vrai croyant ressemble à ces infidèles qu'ils ont combattus, qu'ils ont trompés, et à qui ils ont fait adopter de faux principes; mais ils ignorent, les maudits! que l'islamisme est gravé dans nos cœurs, et qu'il circule dans nos veines avec notre sang. Nous serait-il possible d'abandonner notre sainte religion, après avoir été éclairés de la divine lumière? Non, non, Dieu ne permettra pas que nous soyons un instant ébranlés; nous serons fidèles à la foi que nous avons jurée. Le Très-Haut a dit dans le livre de la vérité :
« Les vrais croyans ne prendront jamais les » incrédules pour amis. »

» Soyez donc sur vos gardes, méfiez-vous des piéges et des embuches qu'ils vous tendent, et ne soyez effrayés ni de leur nombre ni de leurs vêtemens hideux. Le lion ne se met point en peine du nombre des renards qui méditent de l'assaillir, et le faucon ne s'effraie pas d'un essaim de corbeaux qui croassent contre lui. Soyez unis, prêtez-vous aide et assistance les uns aux autres. « Le fidèle, selon l'expression de notre divin Prophète, doit être l'appui des fidèles comme les murs d'un édifice qui se soutiennent l'un par l'autre. »

» Oubliez surtout tout sujet de querelle et de dissension qui pourrait exister parmi vous : que les intérêts de la cause du ciel changent cette haine en bonne harmonie. Chassez loin de vous, quelque part que vous soyez, ceux qui se plaisent à semer la médisance et la calomnie ; mais n'éloignez pas, sans raison légitime, le Musulman étranger qui vient se réunir à vous de bonne foi, car l'islamisme fait de tous les fidèles une même famille.

» Cependant, ne cessez pas d'avoir les yeux ouverts et d'observer tout ce qui se passe autour de vous ; car les perfides Français pourraient bien, à force d'argent, chercher à gagner ceux dont la foi est faible, l'esprit léger et le caractère factieux. Ils essaieront sans doute de lancer de pareils traîtres au milieu de vous ; et alors il est de votre devoir de vous empresser de les éloigner, ou plutôt de les exterminer.

» En un mot, ne formez qu'un faisceau, pour raffermir et faire triompher notre sainte religion, et soyez toujours sur vos gardes contre les piéges et les embuches que vous tendront ces infidèles ; car il est clair et très-prouvé que tous les malheurs qu'a essuyés l'islamisme depuis quelque temps ne viennent que d'eux seuls.

» Mais, grâce au ciel, vos sabres sont tranchans, vos flèches aiguës, vos canons ressemblent à la foudre, et toutes sortes d'armes meurtrières, maniées par d'habiles cavaliers, sauront bien atteindre l'infidèle et le précipiter dans les flammes de l'enfer. N'en doutez pas, le ciel est pour vous ; l'œil de Dieu veille à votre conservation et à votre gloire ; et avec la puissante protection du Prophète, ces armées d'athées se dissiperont devant vous et seront exterminées. Cette heure va bientôt sonner.

» Nous avons eu ordre de la sublime Porte de rassembler les troupes de toutes les provinces de l'empire, et dans peu des armées aussi nombreuses que redoutables s'avanceront par terre, en même temps que des vaisseaux aussi hauts que des montagnes couvriront la surface des mers ; des canons qui lancent l'éclair et la foudre, des héros qui méprisent la mort pour le triomphe de la cause de leur Dieu, des guerriers qui par zèle pour leur religion savent affronter le fer et le feu, vont se mettre à leur poursuite; et il nous est, s'il plaît à Dieu, réservé de présider à leur entière destruction : ils seront comme la poussière que les vents dispersent et dissipent. Il ne restera plus aucun vestige de ces infidèles; car la promesse de Dieu est formelle : « L'espoir du » méchant sera trompé, et les méchans péri» ront. »

» Gloire au Seigneur des mondes ! »

Ce manifeste, qui faisait mentir toutes les proclamations de Bonaparte, devint une arme puissante entre les mains des conspirateurs. Ils s'en servirent pour rallier à leur parti tous les Égyptiens qui reconnaissaient encore la suzeraineté de la Porte. A cette classe de mécontens se joignit bientôt une classe plus nombreuse, froissée chaque jour davantage par la mise en œuvre des innovations fiscales. Des architectes et ingénieurs venaient en effet de recevoir l'ordre de soumettre à un cadastre régulier toutes les propriétés égyptiennes. Cette opération nécessitait des visites domiciliaires, insupportables aux Musulmans, et souvent il fallut user de violence pour leur faire subir cette inquisition à la fois morale et matérielle. Les premiers murmures se firent entendre parmi les grands propriétaires : l'impôt pesait sur eux d'une manière si exorbitante et si nouvelle, qu'on avait dû prévoir ce résultat; mais ce qui n'avait pas été suffisamment calculé, c'est que ces hommes, peu disposés à s'aventurer eux-mêmes dans une émeute, tenaient sous leur patronage une foule de prolétaires avides de pillage et de bouleversemens.

Les plaintes de l'aristocratie du Kaire eurent donc d'énergiques échos dans la populace : pour combler la mesure, il suffisait que les imams vinssent mettre en contact ces colères privées avec le vieux levain des rancunes religieuses. Ils n'y manquèrent pas. Vers les derniers jours de vendémiaire, leurs prédications étaient devenues furibondes : ils ne se donnaient plus la peine d'envelopper leurs provocations de saintes allégories, ils appelaient franchement, ouvertement le peuple à la révolte. Du haut des minarets, les mouezzins eux-mêmes, chargés de rappeler aux fidèles l'heure de la prière, leur annonçaient en même temps de se tenir prêts pour *la guerre sacrée.* Le chef des aveugles de la grande mosquée, Ismayl-êl-Gizaouy, dirigeait la conspiration sacerdotale, et réchauffait tout de son fanatisme.

Les conspirateurs sentirent que l'heure était venue d'exploiter ces divers élémens d'insurrection. Un rendez-vous fut donné pour la nuit du 29 au 30 vendémiaire an VII (20 au 21 octobre 1798 — 10 au 11 gemady-êl-aouél 1213). Trente cheyks, divers émissaires mamlouks, le chef des aveugles de la grande mosquée, et à leur suite un petit nombre d'agens dévoués, entrèrent en séance. Il s'agissait de s'entendre sur la marche à suivre pour rendre la révolte générale et efficace. On parla, on discuta long-temps sans pouvoir rien conclure : enfin il fut résolu que le mouvement aurait lieu le jour suivant. D'après le plan convenu, on devait empêcher d'abord l'ouverture des boutiques, puis diriger vers l'état-major plusieurs milliers de pétitionnaires contre les nouveaux droits d'enregistrement.

En effet, le 30 vendémiaire (21 octobre), à la pointe du jour, on pouvait déjà s'apercevoir que la capitale égyptienne n'avait pas sa physionomie accoutumée. Des groupes étranges et menaçans se formaient de toutes parts : des orateurs passionnés haranguaient la foule avec véhémence; la foule leur repondait par des murmures confus ou par de bruyantes approbations. Les passans qui se croisaient dans les rues échangeaient entre eux tantôt de vives paroles, tantôt des mots mystérieux. Il y avait dans les intentions de ces masses quelque chose de vague et d'insaisissable ; cependant, aux longs regards de colère qu'ils jetaient sur les Français, aux gestes significatifs des meneurs, il était facile de deviner des hostilités naissantes.

Ce peuple, d'ailleurs, accouru de tous côtés sur les places publiques, avait été visiblement arraché à ses habitudes. Dans ses mains point d'ustensiles de travail, des armes seulement, cachées ou apparentes. Un parti paraissait pris à l'avance, celui de ne pas faire de cette journée-là une journée ordinaire. En effet, une première démonstration eut lieu contre les boutiques : de gré ou de force on les fit fermer à mesure qu'elles voulaient s'ouvrir.

Bientôt les groupes se grossirent de tous les

oisifs et de tous les mécontens du Kaire : les faubourgs avec leur populace, les fellahs venus aux bazars, les marchands arrachés à leurs affaires, tout se heurta pêle-mêle sur la voie publique. Alors éclatèrent les cris d'anathême contre les Français, contre le nouvel impôt, contre Bonaparte ! C'était un tumulte, des clameurs, des hurlemens à faire frissonner le plus brave : on ne pouvait s'y méprendre, l'insurrection était commencée, il ne s'agissait plus que de lui donner une direction.

Séïd-Bedr Mokdessi (c'est-à-dire natif de Jérusalem) arriva pour se mettre à la tête des rebelles ; réunissant autour de lui les plus déterminés, il marcha droit à la maison du kady Ibrahim-Ekhtem-Effendy. Ibrahim était un vieillard que les habitans avaient appris à chérir depuis longues années; respectable par ses mœurs et son caractère, il comptait au Kaire de nombreux partisans. Séïd-Bedr se présente à lui avec une députation de vingt personnes choisies dans la foule qui l'entourait. « Nous » voulons aller chez Bonaparte, disaient les ré» voltés, nous voulons qu'il rapporte son ar» rêté sur les droits d'enregistrement ; montez » à cheval, venez avec nous. » Et de gré ou de force, ils entraînèrent le vieillard qui se débattait. Cependant, lorsque franchissant le seuil de la porte, le kady vit affluer devant lui cette populace menaçante, il comprit la portée de ces démonstrations, et voulut reculer devant le danger. Saisissant un prétexte, il fit dire au peuple que ce n'était pas dans une attitude pareille, et en pareil nombre, que l'on présentait une pétition. En même temps il descendit de cheval pour rentrer chez lui ; mais arrivée à ce point d'effervescence, la multitude n'était guère disposée à se payer d'excuses dilatoires : « Chez Bonaparte ! » cria-t-on de toutes parts, « le kady chez Bonaparte ! » Et comme Ibrahim n'en tenait compte, plusieurs centaines de furieux se jetèrent sur lui et ses gens, les assommèrent à coups de bâtons ou de pierres, puis complétèrent leur vengeance par le pillage de sa maison.

Ce premier succès mit en goût les rebelles. S'exaltant les uns les autres, ils se persuadèrent qu'ils allaient en finir avec les Français comme avec les gens du kady. Les chefs des conspirateurs, cheyks ou imams, répandus dans la foule, soufflaient partout l'esprit de désordre et prêchaient le massacre au nom d'Allah ! En même temps, la voix des mouezzins entonnait l'hymne de guerre du haut des minarets, et dans le sein des groupes circulait cette ivresse électrique qu'engendre toujours un grand froissement d'hommes. Remuée par tant d'émotions puissantes, la populace ne se contint plus : elle eut soif de carnage, et crut l'instant propice pour consommer ses *Vépres égyptiennes*.

Trompées sur l'esprit de la population, les autorités françaises n'avaient rien fait pour prévenir une révolte éventuelle. Ce jour-là même, soldats, officiers et savans circulaient paisiblement dans la ville pour vaquer à leur service ou à leurs travaux. Aussi, lorsque le peuple, quittant la maison du kady, se rua dans tous les quartiers du Kaire avec des idées de sang, son premier bond fut aussi terrible qu'imprévu. Çà et là des victimes isolées, sans défense, tombaient sous le poignard de ces impitoyables égorgeurs. Les négocians européens établis au Kaire ne trouvèrent pas grâce auprès d'eux : leurs khans furent assiégés, leurs caisses pillées, et quelques-uns périrent en se défendant. Ceux même parmi les Musulmans qui s'étaient montrés dévoués aux Français, n'échappèrent à la rage des révoltés que par la fuite. Le cheyk êl-Sadat, saisi par eux, se vit outrageusement rasé, revêtu de l'habit d'un soldat assassiné, et vendu au bazar pour treize piastres.

Une des premières maisons saccagées par la populace fut celle de Caffarelli. Fort heureusement, ce général était sorti dès le matin pour aller, avec Bonaparte et l'état-major, visiter l'île de Roudah. La maison était donc presque déserte, lorsqu'un attroupement considérable se présenta devant ses portes. Deux ingénieurs des ponts-et-chaussées, Thévenot et Duval, s'y trouvaient seuls, et rassemblant à la hâte les domestiques du général, ils défendirent le terrain avec un courage opiniâtre; mais acculés jusque dans les derniers appartemens, les ingénieurs et leurs auxiliaires furent hachés en morceaux. Cette vengeance ne suffit pas à la populace. Ne voyant plus d'ennemis vivans autour d'elle, dans son stupide vandalisme, elle se jeta sur les instrumens de physique et de mathématiques, déposés dans la maison de Caffarelli, brisa et dispersa cette collection venue de si loin et si précieuse pour la science.

Non loin de là succombait M. Testevuide,

chef des ingénieurs-géographes. Parti le matin de l'Institut, il se rendait chez le général Caffarelli, qui l'avait fait appeler, lorsqu'au détour d'une rue voisine, une bande fanatique immola ce vieillard inoffensif [1]. M. Jomard devait l'accompagner dans cette course, mais le hasard fit qu'il le quitta en route, et cet incident le sauva. Le dessinateur Duperrès fut moins heureux; il périt les armes à la main. L'ingénieur De la Roche en fut quitte pour une blessure à la tête.

Une demi-heure s'était à peine écoulée depuis l'explosion de la révolte, et déjà toute la ville était en feu. Les postes disséminés dans des quartiers populeux avaient été égorgés. Des flots de peuple s'étaient jetés vers l'avenue du trésor public, et ce fut à grand'peine que les braves grenadiers de la 32ᵉ demi-brigade parvinrent à le sauver du pillage. L'hôpital lui-même s'était vu attaqué : Roussel et Mongin, chirurgiens de première classe, avaient payé de leur vie l'inviolabilité de cet

[1] M. Testevuide avait alors soixante-trois ans. Auteur du cadastre de la Corse, il venait de le terminer quand il passa en Égypte. Là, il s'occupait du travail préparatoire de la carte d'Égypte, lorsqu'une mort prématurée vint l'arracher à ses travaux.

asile. L'Institut et le palais de Kassim-Bey, occupé par la commission des sciences et arts, venaient d'essuyer une alerte terrible. Situées dans un faubourg de la ville, ces deux habitations avaient à redouter les attaques d'une population fanatique et celles des Arabes venus des environs. Pour faire face à tant de dangers, nos savans étaient seuls et sans sauvegarde militaire. Leur énergie pourvut à tout : aidés par quelques domestiques, et à l'abri de barricades improvisées, les membres de la commission repoussèrent à diverses reprises leurs farouches assaillans. L'Institut lui-même s'était mis en état de siége. Le corps scientifique avait fait ses dispositions militaires : les terrasses démolies lui promettaient des armes contre ceux qui tenteraient d'enfoncer les portes ; l'escalier devait être au besoin une machine de guerre prête à crouler sur l'ennemi. Enfin le bataillon académique était organisé, les chefs élus, les mousquetons chargés ; mais toutes ces dispositions furent inutiles : après quelques balles échangées, l'attroupement prit une autre direction.

A l'intérieur de la ville, le drame se compliquait. D'après les premiers rapports, vagues et incomplets, le général Dupuy, commandant du Kaire, s'était fait illusion sur le caractère de l'émeute : « C'est une échauffourée, » dit-il, et il se contenta d'ordonner quelques patrouilles ; mais lorsque, coup sur coup, on lui annonça les progrès de la révolte et les excès déjà commis, il comprit que l'événement avait quelque chose de sérieux et de prémédité. Alors il monta à cheval, accompagné du capitaine Maury, son aide-de-camp, du négociant Baudeuf, qui s'offrit pour lui servir d'interprète, et sous l'escorte d'un simple piquet de dragons. En même temps, il fit passer à la 32ᵉ demi-brigade, casernée sur la place de Birket-êl-Fil, l'ordre de prendre les armes et de se tenir prête à marcher.

Ces mesures une fois combinées, il piqua droit vers le principal théâtre des attroupemens. Chargeant et sabrant tout devant lui, il parvint jusqu'à la demeure du kady, entra dans la cour, et demanda des renseignemens sur la direction qu'avaient prise les révoltés. On lui indiqua le grand cimetière, appelé la *Ville des Tombeaux* : il en prit la route. Mais, dans l'intervalle, la foule avait grossi à tel point que chaque rue n'offrait plus qu'une surface mouvante de têtes et de turbans. Tantôt, hurlant la menace, cette tourbe hideuse se jetait au-devant des chevaux ; tantôt, foulée aux pieds et livrant passage, elle allait se briser contre les parois des murs. Ce fut au milieu d'une haie pareille, et sous une grêle de pierres ou de solives lancées des maisons, que Dupuy se fit jour jusqu'à l'entrée du quartier des Francs. Il allait pénétrer dans la rue des Vénitiens, lorsqu'un groupe plus déterminé se mit en travers de la rue, et parut décidé à se maintenir dans cette position. Vainement l'interprète Baudeuf voulut-il essayer quelques paroles de paix; on lui répondit par des imprécations. A la vue de cette attitude hostile, Dupuy n'hésita plus. Sans tenir compte du nombre, il se mit à la tête de ses dragons et chargea les révoltés. Le premier choc fut heureux; les chevaux labourèrent les groupes, et le sabre fit justice des plus mutins. Mais cet engagement avait lieu dans une rue étroite où les dragons ne pouvaient se déployer, où les insurgés eux-mêmes, acculés, pressés de toutes parts, n'étaient pas libres de battre en retraite.

Cette circonstance fut fatale à Dupuy : à

peine s'était-il frayé une route violente au sein des masses refoulées, que, par un mouvement élastique, elles se reployèrent sur lui, et l'enveloppèrent. La situation était critique. Elle le devint davantage encore lorsque Barthélemy le Grec, qui venait à deux cents pas derrière avec une escouade de police, tira un coup de tromblon sur le groupe le plus acharné. A cette détonation, la rage populaire ne connut plus de bornes : une centaine de furieux se précipitèrent sur les Français; des pierres, des bâtons, des meubles, tombèrent au milieu de l'escorte, pendant que le général se voyait entouré d'une ceinture de piques, de sabres et de poignards. Du même coup-d'œil, Dupuy vit le danger et le moyen d'en sortir; mais au moment où une charge nouvelle venait de le dégager, un coup de lance l'atteignit à l'aisselle gauche et lui coupa l'artère axillaire : « Je suis perdu! » dit-il à Baudeuf. Au même instant, Maury, qui cherchait à parer les coups portés à son général, fut lui-même démonté : Dupuy, quoique blessé à mort, eut encore la force de se baisser pour tendre la main à son aide-de-camp; mais ce mouvement détermina une violente hémorragie ; le sang jaillit par bouillons de la plaie, et bientôt, expirant, affaibli, le général tomba sans connaissance. Cependant les dragons étaient parvenus à disperser les assaillans ; la rue était presque libre, et l'on put s'occuper du blessé. Le chirurgien en chef Larrey venait d'arriver, après avoir percé le plus épais des groupes ; il arrêta l'hémorragie par une forte compression, et fit transporter le mourant chez l'aide-de-camp Junot, son ami. Là, malgré tous les soins qui lui furent prodigués, Dupuy expira après quelques minutes d'agonie.

Quand l'assassinat du commandant fut connu de toute la ville, il y eut dans la population un élan d'ivresse triomphale ; dans l'armée, un sentiment de douleur et de colère. La mort d'un officier supérieur fut regardée par les rebelles comme un gage de victoire ; ils prirent foi dans leurs forces, et marchèrent vers de nouveaux combats avec une insolente confiance. Excités par l'exemple, les habitans paisibles s'en mêlèrent. De toutes parts surgirent des barricades, à l'abri desquelles commença une fusillade meurtrière : les portes de Nasr, de Foutouh et de Berhachiéh furent occupées par le peuple, et garnies de retranchemens improvisés. Cependant la canaille de la ville, lie impure qui surnage en des jours de trouble, songeait, comme de coutume, à exploiter utilement le désordre. Grâce à son intervention, la révolte changea bientôt de caractère : ce ne fut plus une lutte, mais un pillage. Les maisons des riches, sans distinction de croyances, furent tour à tour saccagées. Le quartier des Francs, ceux des Juifs, des Grecs et des Cophtes, se virent pendant une heure à la merci de ces bandes vagabondes. Femmes, filles, argent, meubles, bijoux, tout fut de bonne prise pour elles.

A ces pillards de l'intérieur vinrent bientôt se joindre quelques tribus arabes, jalouses de leur part au butin. Prévenues d'avance de l'insurrection, on les vit accourir du pied des pyramides et des carrières du Mokattam. L'une d'elles, préludant par un lâche assassinat, assaillit aux portes du Kaire, et sur la route de Belbéys, un convoi de malades de la division Reynier. L'escorte, trop faible pour résister, se dispersa au premier choc, et tous ces soldats, blessés ou infirmes, furent massacrés jusqu'au dernier.

Les choses en étaient là, quand le canon d'alarme se fit entendre. Les généraux français avaient enfin compris que, pour répondre à une attaque aussi générale, il fallait de l'unité et de la vigueur dans la défense. En l'absence de Bonaparte, Bon prit le commandement des troupes qui se rassemblaient de toutes parts. Par ses ordres, de nombreux détachemens d'infanterie balayèrent les rues principales au moyen de vives fusillades, ou délogèrent à la baïonnette les tirailleurs égyptiens abrités derrière leurs barricades. Ce mouvement, combiné de manière à nettoyer toutes les avenues du quartier-général, obtint un résultat complet. Les rebelles, refoulés en masse au sein d'un seul quartier, furent obligés de se jeter pêle-mêle dans la grande mosquée d'êl-Azhar. Quinze mille d'entre eux, et en général les plus déterminés, y prirent position. Ivres de sang et de fanatisme, ils firent le serment de s'y défendre jusqu'à la mort. En quelques minutes, la mosquée et ses dépendances furent mises à l'abri d'une surprise : des barricades protégèrent les avenues, et bientôt cette position devint le foyer central de la révolte.

C'était l'instant où Bonaparte faisait sa rentrée au Kaire. Averti par le canon d'alarme et par les exprès qu'on lui avait envoyés, il était parti en toute hâte de l'île de Roudah avec ses guides et son état-major. Arrivé à la porte du Vieux-Kaire, un rassemblement nombreux lui avait coupé le passage ; un obstacle pareil obstruait celle de l'Institut; mais, plus heureux une troisième fois, il venait de pénétrer en ville par la porte de Boulaq.

A peine eut-il mis pied à terre, qu'il regarda autour de lui et donna ses premiers ordres. Dans ce moment-là, toute communication étant coupée entre les divers quartiers, Bonaparte s'occupa d'organiser d'abord ce qui se trouvait à sa portée. Sur son ordre, Junot prit le commandement des troupes campées au milieu de l'Ezbékiéh : des postes nombreux surveillèrent les abords de la place, et de fortes patrouilles furent détachées en reconnaissance. Avant la chute du jour, on réussit également à mettre des canons en batterie à l'entrée des rues principales.

La nuit ramena le calme : le tumulte de la ville fit place peu à peu à un bourdonnement sourd, et bientôt à un silence profond interrompu seulement par le *qui vive* des factionnaires. Ce repos complet, après une journée si chaude, n'était que le résultat d'un préjugé commun aux Orientaux. Soit par pratique religieuse, soit par habitude, les Musulmans se seraient fait un scrupule de guerroyer après le coucher du soleil. Aussi les combattans se dispersèrent-ils d'eux-mêmes : les uns regagnèrent leurs demeures ; les autres, retranchés dans la grande mosquée, restèrent inoffensifs durant tout le cours de la nuit.

Mais quoique inactifs en apparence, les deux partis songeaient au lendemain. Bonaparte profita de cette courte trève pour concentrer ses troupes éparpillées, et pour organiser son plan d'attaque. Muni de ses instructions, le général Dommartin partit du Kaire à minuit, pour aller établir sur le revers du Mokattam, entre la Qoubbéh et la citadelle, une batterie qui dominait à cinquante toises de la grande mosquée.

Les rebelles, de leur côté, avaient mis en campagne de nombreux émissaires, chargés d'appeler aux armes tous les environs. Ces agens frappèrent aux cabanes des fellahs, et poussèrent leurs courses jusqu'aux tentes des

Arabes : aux uns comme aux autres, ils parlèrent de la religion menacée, du triomphe de la veille, du pillage qui les attendait, et grâce à des séductions si diverses et si puissantes, ils entraînèrent plusieurs milliers d'hommes vers les remparts du Kaire.

Le 1er brumaire (22 octobre), aux lueurs de l'aube, les faubourgs de la capitale avaient recommencé leur mouvement, et maîtres de plusieurs issues, ils en ouvrirent les portes à leurs auxiliaires des environs. Alors se précipitèrent dans les rues des flots de paysans et de Bédouins, armés de bâtons, de piques, de sabres, de poignards, de pistolets et de fusils. Des houras de guerre bruyans ou confus, des hurlemens sauvages mêlés à des cris de femmes, tout cet appareil et ce tumulte d'un combat populaire, contribuaient à jeter dans la ville de profondes impressions de terreur.

Bonaparte voulut, avant d'agir, apprécier nettement les divers élémens de la révolte, les suivre dans leurs progrès, afin de ne pas user ses forces en répressions partielles; mais ayant appris que plusieurs milliers d'insurgés avaient occupé le grand cimetière, il fit marcher contre eux une colonne entière d'infanterie. L'engagement fut vif et le résultat complet : l'ennemi, taillé en pièces, dispersé dans toutes les directions, chercha vainement à se rallier dans sa défaite.

Dans le même moment, une attaque avait lieu au coin de la grande rue, dite *Du Petit-Thouars* en mémoire de l'une des victimes d'Aboukir. Au débouché d'une ruelle conduisant sur la place Ezbékyéh, se trouvaient placées une compagnie de grenadiers et deux pièces d'artillerie. Le premier coude était court, et si les insurgés avaient voulu tenter une attaque de front, la mitraille aurait réprimé leur témérité; mais, plus adroits, ils essayèrent de tourner cette position formidable. Se glissant au travers des maisons, des cours et des jardins, ils réussirent à s'installer dans une petite mosquée, d'où ils faisaient feu presqu'à bout portant sur les grenadiers et les artilleurs. Il fallut, pour se débarrasser de leur mousqueterie, enfoncer à coups de hache les portes de la mosquée, et déloger ces invisibles tirailleurs. Un grand nombre d'entre eux périt dans cet assaut, et ce qui put échapper aux baïonnettes des soldats vint tomber dans la rue sous le feu roulant de la batterie.

Pendant que ces premiers succès signalaient la défense intérieure, au dehors de la ville d'autres attaques faisaient une diversion utile. Sortis à la pointe du jour, les généraux Lannes, Vaux et Alexandre Dumas avaient échelonné autour du Kaire de nombreux détachemens d'infanterie et de cavalerie. Chaque parti de fellahs ou d'Arabes qui se présentait, trouvait sur son chemin des troupes françaises, et battu, dispersé par elles, il fuyait en désordre. Par cette mesure prudente, on parvint à isoler l'insurrection du Kaire de celle des environs.

Chargé d'une mission semblable, le chef de brigade Shulkowski, aide-de-camp de Bonaparte, était parti le matin, avec un détachement de guides, pour éclairer la route de Belbéys. Sa mission avait été heureuse : les tribus d'arabes campées dans cette direction avaient tourné bride devant lui ; mais à quoi devait lui servir ce dernier triomphe! Aux portes du Kaire, une fatalité l'attendait, pressante, irrévocable. Il allait y pénétrer par Bâb-él-Nasr, quand la populace de ce faubourg s'ameuta pour lui disputer le passage. Trop brave pour compter ses ennemis, le jeune Polonais s'élança sur eux avec sa faible escorte : déjà il s'était fait jour, le sabre à la main, au travers des groupes les plus épais, lorsque, glissant sur des cadavres, son cheval s'abattit et le renversa. Shulkowski, souffrant encore de ses blessures récentes, n'eut ni le temps ni la force de se relever. En butte à toutes les fureurs de la populace, il fut massacré avant que ses guides pussent venir à son secours.

Ainsi périt Shulkowski, officier de la plus grande espérance, si vaillant et si capable à la fois, que Bonaparte ne craignit pas de constater ses regrets personnels dans une dépêche officielle. Exilé volontaire, il avait quitté sa patrie, après avoir vainement combattu pour elle sous Judycki et Kosciuszko. Depuis lors, son bras s'était voué à la défense de la république française, sa patrie adoptive. Distingué par Bonaparte au siége de Mantoue, nommé son aide-de-camp, il partagea jusqu'à sa mort les destinées du Général. Nourri d'études fortes, et doué d'une sagacité peu commune, Shulkowski avait su relever encore sa gloire militaire par des titres scientifiques. Membre de l'Institut du Kaire, il s'était fait un devoir de justifier cette nomination par des travaux et des recherches laborieuses. Du reste, bon vivant et bon camarade, pétulant sans étourderie, courageux sans bravade, l'aide-de-camp de Bonaparte avait conquis, au sein de l'armée et des savans, les plus honorables amitiés. La carrière était belle devant lui, lorsque tout cet avenir de jeune homme vint se briser contre une échauffourée populaire.

Quand la nouvelle de cet événement parvint au Général en chef, il fut saisi de douleur et de colère. Se promenant à grands pas dans son appartement : « Quoi ! disait-il, serons-nous le » jouet de quelques hordes de vagabonds, de » ces Arabes que l'on compte à peine chez » les peuples civilisés, et de la populace du » Kaire, canaille la plus brute et la plus sau- » vage qui existe au monde ! » Ces paroles, accompagnées de ces gestes brusques si familiers à Bonaparte, trahissaient une émotion qui lui était peu habituelle.

Il se maîtrisa pourtant quand on lui annonça que les membres du Divan venaient se mettre à sa disposition. Sur son ordre, ils furent introduits. Il faut rendre cette justice à l'assemblée égyptienne, que, loin d'être hos-

tile aux Français, ses cheyks les plus influens firent preuve en cette occasion de dévouement et de fidélité. Mais, prévenu contre eux, Bonaparte les accueillit d'abord avec humeur et défiance : « Que venez-vous chercher ici ? leur
» dit-il ; ne savez-vous rien de ce qui se passe
» au-dehors ? On égorge les Français dans les
» rues, et vous demeurez tranquilles specta-
» teurs de ces massacres ? Êtes-vous le Divan
» égyptien, ou non ? Que signifie un Divan qui
» ne peut rien faire ni rien empêcher ? »

Cependant, après quelques explications, le Général en chef s'adoucit : il prit confiance dans la bonne foi des cheyks, et voulut l'éprouver dans une démarche caractéristique. Résolu à épuiser toutes les voies de conciliation avant d'en venir à des mesures extrêmes, il exigea que le Divan lui-même allât porter aux révoltés ses dernières paroles de paix. En même temps, et pour tout prévoir, il expédiait une ordonnance au général Dommartin pour lui enjoindre de se tenir prêt à faire feu au premier signal.

Grâce aux manœuvres actives des brigades françaises, presque tous les quartiers du Kaire étaient alors libres d'ennemis, et la révolte se trouvait cernée dans la grande mosquée ; mais elle s'y perpétuait redoutable et tumultueuse. De nombreux renforts accourus de toutes parts, des armes distribuées à propos, avaient doublé le courage et l'insolence de ces masses fanatiques. Les imams, les mollahs, renfermés dans la même enceinte, les chefs conspirateurs qui voyaient leurs têtes compromises, tenaient en haleine l'irritation populaire, et la rendaient inaccessible à toute influence pacifique.

Aussi lorsque le Divan, les cheyks et les docteurs de la loi se présentèrent aux barricades pour parlementer, ils n'obtinrent pour toute réponse que des coups de fusil. Il y eut même alors dans le quartier insurgé un nouvel accès d'exaltation frénétique. Cette démarche du Divan, commentée par les chefs de la révolte, fut donnée en preuve de la faiblesse des Français, et la populace accueillit avec un enthousiasme crédule cette complaisante interprétation. On parlait déjà dans la mosquée de faire une sortie générale, d'aller surprendre les infidèles dans leurs quartiers, et de les exterminer tous, officiers et soldats.

Mais cette ivresse dura peu : au moment où elle était à son comble, un obus, parti du Mokattam, vint tomber au milieu des rebelles. C'était le début du bombardement. A quatre heures précises, le général Dommartin et le gouverneur de la citadelle avaient reçu l'ordre de démasquer leurs batteries. Pour rendre cette mesure plus efficace, des compagnies de grenadiers s'emparèrent des avenues qui conduisaient à la grande mosquée, et coupèrent aux insurgés toute voie de retraite. Alors éclatèrent les bombes, alors sifflèrent les boulets, pleuvant par milliers sur ce foyer central de la rébellion. La mosquée, percée à jour par les projectiles, menaçait d'engloutir sous ses ruines la foule campée dans son enceinte. Bientôt tout le quartier environnant n'offrit plus qu'une scène de dévastation : on n'y voyait qu'édifices incendiés, que maisons renversées de fond en comble : du sein de ces décombres, où des familles entières périssaient écrasées, on entendait sortir des cris horribles ou de sourds gémissemens. Les dépendances de Gamè-êl-Azhar, les rues Gouryéh et Sanatyéh, point de mire des batteries françaises, furent le principal théâtre de ces désastres.

Il était alors six heures, et, par un phénomène assez rare en Égypte, le tonnerre venait de mêler ses éclats bruyans aux détonations de l'artillerie. Il n'en fallut pas davantage pour jeter dans l'esprit des Égyptiens une terreur superstitieuse. Les quartiers de la ville que le canon ne foudroyait pas abjurèrent à l'instant toute disposition hostile : les rebelles eux-mêmes, frappés de ces signes célestes, se débattant sous les débris de la mosquée, demandèrent à se soumettre et à capituler ; mais Bonaparte ne crut pas la leçon suffisante. Le sang français fumait encore, et d'ailleurs il fallait prévenir par des rigueurs immédiates le retour de nouvelles insurrections : « Non, répondit-il aux parlementaires, vous avez refusé ma clémence quand je vous l'offrais, l'heure de la vengeance est sonnée ; vous avez commencé, c'est à moi de finir. »

Réduits au désespoir, les rebelles cherchèrent à se faire jour les armes à la main ; mais toutes les issues étaient hérissées de baïonnettes devant lesquelles leurs efforts vinrent se briser.

Cette agonie dura long-temps encore. Enfin, vers les huit heures du soir, les chefs de l'insurrection, se dévouant au salut commun, marchèrent désarmés vers les soldats, et se jetèrent la face contre terre en criant *amman !* miséricorde ! Bonaparte se laissa fléchir ; il fit cesser le feu et publier le pardon dans les rues. Dans le premier moment, les habitans ne purent y croire : frappés de terreur, ils s'imaginaient entendre toujours gronder à leurs oreilles le canon du Mokattam.

Seuls, repoussant les bienfaits de l'amnistie, quelques convulsionnaires frénétiques s'obstinaient à tenir dans la grande mosquée. Des grenadiers marchèrent sur eux, au travers d'une vive fusillade, et emportèrent à la baïonnette le sanctuaire religieux. Long-temps encore la lutte se prolongea au sein de la mosquée : du haut des galeries intérieures partaient des coups de feu qui frappaient à bout portant, et il fallut escalader ces retraites aériennes pour y tuer un à un ces tirailleurs acharnés.

Au milieu d'un pareil désordre, quand les balles des assiégeans et des assiégés, se croisant dans toutes les directions, frappaient un ami ou un ennemi, qui eût pu supposer que, dans les rangs des soldats, se trouvait un homme inoffensif, accouru là dans l'intérêt de la science, risquant sa vie pour arracher aux flammes quelques pages arabes? Le fait eut lieu pourtant. L'orientaliste Marcel se hasarda au plus fort de la mêlée, dans le seul espoir de conquérir quelques-uns des précieux manuscrits dont la mosquée était dépositaire. Son attente ne fut pas trompée : il eut le bonheur de sauver, entre autres, un *Koran* d'un format gigantesque, écrit sur peau de chameau, monument magnifique de calligraphie arabe, orné sur sa couverture de compartimens et de méandres élégans.

Une fois débarrassés de leurs ennemis, les grenadiers s'arrangèrent pour camper cette nuit dans le lieu saint des Musulmans, et, s'il faut en croire Abd-êr-Rahman, ils y menèrent une vie tant soit peu profane : « Ils attachèrent » leurs chevaux au *kiblah* [1], dit cet historien ; » ils passèrent dans les portiques sacrés, cas- » sèrent les lampes, effacèrent les inscriptions » religieuses, jetèrent par terre les livres et le » Koran, et crachèrent dessus. »

Ainsi finit la révolte du Kaire, où trois cents Français tombèrent sous les coups du fanatisme arabe. Parmi ces victimes, on comptait

---

[1] Niche vers laquelle on se tourne pour faire la prière.

des savans, des ingénieurs, des officiers du plus grand mérite : le reste se composait de vaillans soldats dont la mort faisait dans les cadres de l'armée un vide irréparable. En expiation de ces pertes douloureuses, quatre mille cadavres d'Égyptiens encombraient la grande mosquée et les rues du Kaire. Une morne stupeur régnait dans la ville; et la puissance des armes françaises venait de se révéler tout entière dans un fait terrible.

CHAPITRE VI.

Châtiment des coupables. — Traits d'humanité musulmane. — Intervention des cheyks. — Leurs circulaires. — Exécution des conspirateurs. — Nouveau Divan. — Proclamation de Bonaparte. — Installation du Divan. — Fortifications du Kaire, d'Alexandrie, etc. — État du pays. — Aérostat.

Après l'action du glaive venait l'action de la justice. Là, il fallait faire une distinction entre les coupables instigateurs et les coupables égarés. Il eût été impolitique, en effet, de vouloir faire peser sur la population une complicité solidaire. Ce système, d'ailleurs, eût manqué de vérité. Si la lie du peuple, quelques grands, et la secte des dévots, avaient signalé leur présence dans la révolte par de lâches atrocités, la classe moyenne s'était montrée à la fois plus prudente et plus humaine. Elle seule avait jeté au milieu des massacres du 3o vendémiaire quelques épisodes de générosité individuelle. Presque tous les Français qui se réfugièrent dans les maisons turques, y trouvèrent sécurité complète et franche hospitalité. Dans le quartier de l'Institut, une vieille dame, dont le logement était contigu à la demeure de nos savans, leur fit dire qu'en cas d'attaque ils n'avaient qu'à jeter bas le mur mitoyen, et qu'elle les cacherait dans son harem. Un voisin, sans en être prié, leur envoya des provisions, au risque d'en manquer bientôt lui-même; il fit disparaître tous les signes qui pouvaient trahir, aux yeux de la populace, une habitation de Français; et, pour mieux donner le change, il vint fumer devant la porte de l'Institut, afin d'en écarter les assaillans.

Ailleurs, deux jeunes gens, poursuivis dans une rue, se virent enlevés par des personnes étrangères, et portés de force dans une maison : persuadés qu'on les réservait à une mort plus cruelle, ils se débattaient contre leurs ravisseurs, lorsque ceux-ci, désespérant de se faire comprendre avec des paroles, allèrent chercher leurs enfans, et les livrèrent aux prisonniers comme un gage de leurs bienveillantes intentions. Une foule de traits semblables révélèrent, dans la classe moyenne des habitans du Kaire, des sentimens d'humanité d'autant plus appréciables, qu'ils avaient à lutter chez eux contre les impressions du fanatisme.

La prudence et la justice commandaient donc de ne pas sévir indistinctement : malgré l'avis de quelques généraux, qui appelaient des exécutions militaires, Bonaparte adopta le premier système. Les instigateurs de la révolte furent seuls mis en accusation, et l'agha de la police eut l'ordre de les arrêter. Toutefois, la ville fut frappée d'une contribution extraordinaire, imposée à la fois comme indemnité et comme châtiment.

Le surlendemain, 3 brumaire (24 octobre), le peuple était tranquille, et à le voir reprendre ses travaux, on eût pu douter du terrible événement de la veille. Seulement, à chaque coin des rues, la foule se pressait pour lire une proclamation arabe qui s'y trouvait affichée. C'était une circulaire que le corps des ulémas (gens de loi et chefs de la religion), spontanément assemblé, adressait aux habitans des provinces :

« Nous supplions le Dieu tout-puissant, di-

» sait cette pièce, de vous préserver du feu de
» la sédition, et de tout désordre, soit caché,
» soit public : que sa main protectrice éloigne
» vos cœurs de ceux qui cherchent à faire le
» mal sur la terre.

» Nous faisons savoir aux habitans de votre
» province, à tous en général et en particulier,
» qu'il est arrivé quelque désordre dans la ville
» du Kaire (que Dieu très-haut la garde et la
» conserve). Ce désordre a été causé par la
» vile populace et par des méchans qui se sont
» mêlés avec elle. Ils ont mis la désunion entre
» les troupes françaises et les sujets : ils ont
» ainsi occasioné la mort d'un grand nombre
» de Musulmans et le pillage de quelques mai-
» sons de la ville.

» Mais la main secourable et invisible du
» Dieu très-haut est venue bientôt apaiser ces
» troubles, et mettre fin à la sédition. Par no-
» tre intercession auprès du Général en chef,
» les malheurs qui devaient suivre la révolte
» ont été arrêtés : il a empêché ses troupes de
» piller la ville et de la brûler, car ses yeux
» sont éclairés par la sagesse et son cœur est
» plein de miséricorde envers les Musulmans;
» il est le protecteur particulier des pauvres et

» des malheureux : sans lui, tous les habitans
» du Kaire n'existeraient plus.

» Ainsi donc, gardez-vous bien d'exciter le
» désordre dans vos pays, afin que vous puis-
» siez jouir pleinement dans vos demeures de
» la tranquillité et de la sécurité.

» Fermez vos oreilles aux conseils des mé-
» chans et aux instigations perverses des sédi-
» tieux : gardez-vous d'être du nombre de ces
» malheureux insensés qui ne savent point pré-
» voir les conséquences des démarches qu'ils
» hasardent dans leur imprudence.

» N'oubliez pas que *Dieu donne l'empire à*
» *qui il veut*, qu'il ordonne ce qu'il lui plaît, et
» que rien n'arrive en ce monde que suivant
» les arrêts de sa sage prévoyance.

» Quant à nous, nous avons vu périr tous
» ceux qui ont été les auteurs du désordre, et
» cette terre en a été heureusement délivrée.

» Nous vous conjurons donc de prendre
» garde à ne point vous jeter dans le précipice,
» qui vous dévorerait sans ressource. Occu-
» pez-vous des moyens de gagner votre vie et
» des devoirs qui vous sont imposés par notre
» sainte religion. C'est cette sainte religion qui
» nous oblige à donner ces conseils utiles au

» peuple, que nous sommes chargés d'éclairer
» et de conduire dans le droit chemin.
» Salut, etc. »

Cette circulaire était signée par les cheyks êl-Bekry, êl-Cherqaouy, êl-Saouy, êl-Mohdy, êl-Fayoumy, êl-Damanhoury, êl-Sersy, êl-Sadat, et par les autres membres du Divan. Répandue dans les provinces, elle empêcha que la sédition n'y devînt contagieuse.

Mais un ferment de discorde existait encore, tant que le manifeste du Sultan de Constantinople et les proclamations des agens mamlouks trouveraient de la sympathie dans les masses. Il fallait discréditer toutes pièces de ce genre, faire nier leur origine, et neutraliser leurs effets en semant à leur égard la défiance et l'incrédulité. Les cheyks du Kaire se chargèrent de ce rôle. Ils adressèrent au peuple d'Égypte, contre ces écrits provocateurs, une protestation officielle dans laquelle ils accusaient Ibrahim-Bey et Mourad-Bey d'avoir répandu dans toute l'Égypte des écrits tendant à exciter le peuple à la révolte, en supposant frauduleusement que ces écrits venaient du Sultan et de quelques-uns de ses visirs.

Ces chefs des Mamlouks, disaient les cheyks, s'étaient proposé par là de jeter des semences de méfiance et de désordre parmi les habitans du Kaire et l'armée française, afin de se venger de ceux qui n'avaient pas voulu, pour les suivre, abandonner leur patrie et leur famille.

Ils déclaraient que, s'il était vrai que ces écrits vinssent de la part de Sa Majesté Impériale, le sultan des sultans, ils eussent été apportés authentiquement par ses aghas.

Mais les Français, ajoutait cette pièce, ne s'étaient-ils pas montrés de tout temps, parmi toutes les nations européennes, les seuls amis des Musulmans et de l'islamisme, et les ennemis des idolâtres et de leurs superstitions? Fidèles alliés du Sultan, ils aiment ceux qu'il aime, et sont les ennemis de ses ennemis.

Toujours, et suivant la proclamation, cette amitié était la cause de la haine existante entre eux et les Russes, qui méditaient la prise de Constantinople, et employaient tous les moyens que la ruse et l'astuce pouvaient leur fournir pour envahir le pays de l'islamisme; mais l'attachement des Français pour la sublime Porte et leurs puissans secours devaient confondre leurs mauvais desseins. Les Russes désiraient s'emparer de Sainte-Sophie et des autres temples dédiés au culte du vrai Dieu, pour en faire des églises consacrées aux exercices profanes de leur perverse croyance; mais, s'il plaisait au ciel, les Français aideraient le Sultan à se rendre maître de leur pays et à exterminer leur race.

Les cheyks invitaient donc les habitans de l'Égypte à ne point se livrer à des projets de désordre, de révolte et de sédition; à ne point chercher à nuire aux troupes françaises, le résultat d'une conduite contraire à leurs conseils devant attirer sur la ville les malheurs, la mort et la destruction; à ne point écouter les discours des méchans et les insinuations perfides de ces gens turbulens et factieux qui ne se plaisent que dans les excès et dans les crimes, sans quoi ils auraient lieu de s'en repentir.

Ils terminaient en leur recommandant de payer les droits et les impositions dûs au gouvernement et aux propriétaires des terres, afin de jouir au milieu de leur famille, et dans le sein de leur patrie, du repos et de la sécurité; le Général en chef Bonaparte ayant promis de ne jamais inquiéter personne dans l'exercice de l'islamisme, de ne rien faire de contraire à ses saintes lois, d'alléger les charges du peuple, de diminuer les impositions, et d'abolir les droits arbitraires que la tyrannie a inventés.

Dans les premiers jours qui suivirent la pacification du Kaire, les agens de la police turque s'occupèrent de l'arrestation des cheyks coupables. Déjà quelques-uns d'entre eux étaient tombés entre les mains des soldats, à l'attaque de la grande mosquée; d'autres, comme Séïd-Bedr-Mokdessy, avaient fui à l'instant même, prévoyant enfin le résultat de la révolte. Le chef des aveugles de la grande mosquée, Ismayl-êl-Gizaouy, voulut au contraire jouer de ruse. Quelques momens avant la capitulation des rebelles, il se rendit au quartier-général comme ami et partisan des Français. Mais les autres cheyks, loin de se prêter à ce stratagème, firent éclater à sa vue toute leur indignation. Ils le désignèrent au Général en chef comme le grand moteur de l'insurrection, et, sur leur demande, Ismayl-êl-Gizaouy fut arrêté.

Quatorze cheyks ou gens de loi étaient dénoncés par la voix publique comme les instigateurs les plus actifs des deux sanglantes journées. Sur ce nombre, cinq seulement avaient pu être saisis. C'étaient les cheyks Yousouf-êl-Mousalhy, Abd-êl-Ouahab êl-Chebraouy, Souleyman-êl-Giousaqy, êl-Séïd Abd-êl-Kérim, et Ahmed-êl-Cherqaouy; les autres étaient en fuite. On instruisit le procès de tous les coupables, et le kady prononça la sentence que Bonaparte ratifia. Onze cheyks, présens ou contumaces, étaient condamnés à mort: leurs biens, meubles et immeubles, devenaient la propriété de la république. Sur ce nombre, six seulement se trouvaient sous les verroux.

Leur exécution eut lieu le 14 brumaire an VII (4 novembre 1798). Vers les huit heures du matin, ils sortirent de leur prison, escortés par un peloton de soldats et par une escouade du corps barbaresque, à la tête de laquelle figurait Barthélemy le Grec. Arrivés sur la place de la citadelle, on leur donna lecture du jugement qui les condamnait à mort, et Barthélemy, les faisant mettre tour à tour à genoux, fit voler ces six têtes d'hommes de six coups de cimeterre.

Les exécutions se bornèrent là : il y eut amnistie pour les coupables subalternes, et ceux même qui avaient été pris les armes à la main furent mis en liberté. Ibrahim-Effendi, écrivain de la marine, accusé d'avoir soulevé la populace de Boulaq, obtint sa grâce par l'intercession des cheyks du Divan. Mais lorsque la clémence française couvrait ainsi le passé d'un pardon complet, l'avarice juive et cophte n'était pas si facile à désarmer. Se prévalant des pertes que leur avait causées le pillage, ces hommes se présentèrent au Général en chef avec des listes de dénonciation. Sur leurs instances, des visites domiciliaires furent autorisées, soit pour rechercher les effets volés, soit pour désarmer les habitans. Ces mesures, mises en œuvre par la police barbaresque et par les Cophtes, se ressentirent de l'intervention de pareils agens. Exploitant à leur profit les terreurs individuelles, ils organisèrent un système d'avanies et de spoliation réglée.

L'occasion les servait d'autant mieux en cela, que les Égyptiens n'avaient alors aucun moyen de recours contre un acte tyrannique. Le Divan avait compté dans son sein un ou deux partisans des rebelles : Bonaparte venait de le dissoudre, et de soumettre la province à un gouvernement militaire. Cette absence de toute autorité indigène frappait de stupeur la population musulmane. Elle ne se regardait plus que comme un troupeau d'esclaves livré à la merci d'un conquérant. Encore sous l'impression de la canonnade récente, les habitans n'osaient pas courir les chances d'une nouvelle révolte; mais à leurs regards sombres et farouches, à des menaces mal comprimées, les Français pouvaient juger facilement qu'ils devaient tout à la force, rien à la sympathie.

Cet état d'hostilité permanente ne pouvait se prolonger sans péril : il donnait naissance à des assassinats, à des vengeances isolées. D'ailleurs, il fallait reprendre le travail du cadastre, asseoir les bases du droit d'enregistrement, et terminer la reconnaissance des propriétés. De pareilles opérations ne pouvaient se faire sans la coopération des cheyks musulmans : sans eux, il était fort difficile de fixer et de percevoir les impôts. Les commandans français, ignorant la langue et les usages, ne savaient plus à quels intermédiaires ils devaient avoir recours.

Ce fut alors que l'on sentit l'utilité d'une autorité mixte entre les Français et la population égyptienne. Plus d'une fois, on regretta que le Divan eût été frappé de dissolution, et Bonaparte fut le premier à sentir le besoin de ce rouage administratif. Il patienta d'abord, espérant que les Égyptiens s'habitueraient à des rapports directs avec les autorités militaires; mais quand il vit que l'antipathie allait toujours croissant, il résolut de revenir à son premier système, et de rendre à l'Égypte son assemblée nationale. Il se garda bien toutefois de laisser deviner que cette mesure était une nécessité pour lui; il la présenta, au contraire, comme une faveur, comme une concession émanée de sa haute clémence. Voici en quels termes il annonçait au peuple sa détermination :

« Au nom de Dieu clément et miséricor-
» dieux, le 18 regeb de l'an 1213 [1] ;
» De la part de Bonaparte, Prince des troupes
» françaises, aux habitans de l'Égypte, tant en
» particulier qu'en général :
» Nous vous faisons savoir que quelques
» hommes, privés de lumières et attachés aux
» préjugés anciens, ont causé des troubles et
» des désordres parmi la population du Kaire :

[1] Cette proclamation importante, jusqu'à présent défigurée dans les diverses relations, est ici traduite textuellement de l'original arabe.

» or, Dieu les a perdus par leurs propres ac-
» tions, et leur crime est retombé sur eux;
» mais ce Dieu créateur, très-haut et seul di-
» gne de louanges, m'a ordonné le pardon et
» la clémence envers ses créatures : j'ai exé-
» cuté ses ordres, et j'ai été clément envers
» vous : je vous ai pardonné.

» Cependant j'avais dû ressentir un vif cha-
» grin de ces désordres; en conséquence, le
» Divan établi par moi pour administrer le
» pays et régler vos affaires fut supprimé. Cette
» suppression a déjà duré deux mois : mainte-
» nant, notre bienveillance envers vous nous
» ramène au dessein de rétablir ce Divan tel
» qu'il était d'abord, parce que votre bonne
» conduite, et les bons sentimens que vous
» avez manifestés durant cet espace de temps,
» nous ont fait oublier vos fautes précédentes
» et la révolte qui avait antérieurement agité le
» peuple.

» O ulémas, chérifs, chefs du peuple, dites
» bien à vos populations, à vos amis, à vos pa-
» rens, que celui qui se soulèvera contre moi
» et m'attaquera ne fera rien autre chose que
» prouver le délire de son esprit, et qu'il ne
» trouvera ni appui ni asile qui le défende

» contre moi dans ce monde, et que Dieu lui-
» même livrera les révoltés entre mes mains :
» qu'on sache que nous ne faisons rien que ce
» qui est fixé par la prédestination de Dieu, par
» sa haute prévoyance et par ses arrêts irrévo-
» cables. Celui qui en formerait le moindre
» doute montrerait combien il est aveugle et
» plongé dans les profondeurs des ténèbres de
» l'ignorance.

» Instruisez aussi vos populations que Dieu
» est puissant pour perdre les ennemis de l'is-
» lamisme, pour disperser par mes mains les
» partisans de l'erreur : il a montré cette puis-
» sance en me faisant venir des extrémités de
» l'Occident vers la terre d'Égypte, afin de
» détruire ceux qui y avaient établi l'oppres-
» sion et la tyrannie ; il a dicté lui-même les
» arrêts de sa justice que mon bras a exécutés.

» Tout homme doué d'intelligence peut-il
» douter un seul instant que les événemens
» miraculeux dont vous avez été témoins ne
» sont que les effets des hautes destinées arrê-
» tées par Dieu, de ses volontés suprêmes et
» de ses arrêts irrévocables.

» Instruisez encore vos populations que le
» noble Koran, en beaucoup de ses versets,

» voue à l'exécration les révoltes telles que
» celle qui a eu lieu; qu'en d'autres versets il
» prescrit la fidèle obéissance à ceux qu'il a
» placés à la tête des peuples : les paroles de
» Dieu dans son livre sont la justice et la vé-
» rité; elles sont immuables.

» Lorsque vous aurez établi ces vérités et
» répandu ces paroles parmi les habitans de
» vos juridictions, les peuples reviendront à
» l'ordre légitime, et leur bonheur sera as-
» suré.

» Si parmi vous il en est qui s'abstiennent
» de me maudire et de manifester leurs inimi-
» tiés, seulement par la crainte de mes armes
» et de mes vengeances, ne savent-ils pas que
» Dieu révèle tous les secrets, qu'il connaît à
» la fois ce qui est apparent aux yeux et ce qui
» se cache au fond des cœurs. Agir ainsi, ce
» serait se révolter contre ses jugemens, ce se-
» rait répandre contre Dieu même les malédic-
» tions et les blasphêmes. Dieu saura bien dé-
» voiler leurs secrets.

» Sachez aussi que je puis lire ouvertement
» ce qui est dans les cœurs de chacun de vous,
» car je connais l'état de vos ames, ce qu'elles
» désirent, ce qu'elles espèrent. Je sais, quand

» vous parlez, si vos discours sont conformes
» à vos pensées. Il viendra un jour et une
» heure où vous serez enfin convaincus que
» tout ce que j'ai fait, tout ce que j'ai ordonné,
» était l'ordre divin; vous serez convaincus
» que, quand tous les hommes se réuniraient
» pour s'y opposer, ils ne pourraient arrêter
» l'exécution des arrêts de ce Dieu qui a remis
» entre mes mains sa force et sa puissance.
» Heureux, alors, ceux qui se seront soumis
» fidèlement et qui se seront réunis à moi pour
» le bon ordre, le bonheur et le salut com-
» mun.

ARTICLE I.

» En vertu de notre ordre, il y aura dans la
» ville du Kaire un Divan composé de soixante
» membres.

(Suivent les noms des membres nommés.)

ARTICLE II.

» Il y aura dans ce divan : 1° un commis-
» saire français, et nous nommons à ce sujet le
» citoyen Gloutier; 2° un commissaire musul-
» man, qui sera l'émir Zoulfyqâr, kiahyâ.

ARTICLE III.

» Le gouverneur du Kaire réunira toutes
» les personnes qui composent le Divan géné-
» ral le 7ᵉ jour du mois de nivôse, qui corres-
» pond au 18 du mois de regeb, et l'assemblée
» commencera ses opérations le même jour.

ARTICLE IV.

» Les membres choisiront entre eux le pré-
» sident du Divan et deux secrétaires, à la
» majorité relative des suffrages, parmi les
» personnages les plus recommandables.

ARTICLE V.

» Ils choisiront et proclameront quatorze
» membres, qui se réuniront en Divan perma-
» nent : ce choix aura encore lieu à la majo-
» rité relative. La séance du Divan général
» ne durera que trois jours seulement, ensuite
» il se séparera, et ses membres ne se rassem-
» bleront en Divan général que d'après une
» convocation spéciale.

ARTICLE VI.

» Lorsque le Général en chef aura approuvé

» la nomination de ceux qui auront été ainsi
» choisis par le Divan général pour composer
» le Divan permanent, les quatorze membres
» de ce Divan éliront parmi eux un président
» et un secrétaire aussi pris dans leur sein ; ils
» éliront aussi deux interprètes pris en dehors
» du Divan, un tchâouych (huissier ou mes-
» sage), un moqaddem (appariteur), avec dix
» qaouâs (porteurs d'ordres, archers, ou bâ-
» tonniers).

ARTICLE VII.

» Il est enjoint aux quatorze fonctionnaires
» du Divan permanent de se rassembler cha-
» que jour, et d'employer leurs connaissances
» et leurs lumières à tout ce qui peut concou-
» rir au bien des populations du pays et de la
» république française, à la justice, à l'union,
» et à la bonne intelligence entre tous.

ARTICLE VIII.

» Les émolumens du président du Divan
» permanent seront chaque mois de cent ryâls
» de France (cinq cents francs) : les treize au-
» tres membres du Divan recevront chacun

» quatre-vingts ryâls de France (quatre cents
» francs); les deux interprètes auront chacun
» vingt-cinq ryâls de France (cent vingt-cinq
» francs); le tchâouych (huissier) sera payé
» soixante parahs par jour (deux francs quinze
» centimes); le moqaddem (appariteur) qua-
» rante parahs (un franc cinquante centimes);
» et chacun des qaouâs (porteurs d'ordres)
» quinze parahs (cinquante centimes). »

Cette proclamation fut suivie de la réunion du Divan général, dit le *grand Divan*, et le 7 nivose (27 décembre) de la formation du Divan permanent, nommé vulgairement le *petit Divan*. Voici quelle fut la composition du dernier :

Cheyks : Abd-allah-êl-Cherqâouy, Mohammed-êl-Mohdy, Moustafa-Sâouy, Khalil-êl-Bekry, Souleymân-êl-Fayoumy.

Négocians : Ahmed-êl-Mahrouky, Ahmed-ebn-Mohram.

Chrétiens cophtes : êl-Maallem Loutf-Allah êl-Masry, êl-Maallem-Ibrahym Gerr-êl-Ayt.

Syriens : Youssouf-Farhât, Mykhâyl-Kéhyhal.

Un Suédois (médecin) : Wolmar.

Deux Français (négocians de Marseille) : Baudeuf et Caffe.

Le cheyk êl-Cherqâouy fut nommé président, et le cheyk êl-Mohdy secrétaire-général.

Ainsi organisés, le grand et le petit Divan furent convoqués en séance générale pour discuter des statuts qui furent imprimés en français et en arabe.

Quand la nouvelle se répandit dans la ville que Bonaparte avait rendu à l'Égypte sa représentation nationale, des transports de joie éclatèrent de toutes parts. On s'embrassait, on se complimentait dans les rues, et lorsque vint la nuit, des illuminations spontanées constatèrent l'allégresse générale. Dès ce jour, les symptômes de mécontentement, les indices de sourde rancune devinrent moins universels et moins caractéristiques. Il était visible que cet acte d'adroite politique avait été l'occasion d'un rapprochement entre le peuple et les Français.

Mais, décidé à prévenir le retour de sanglantes émeutes, Bonaparte ne se fiait qu'à demi à ces garanties morales. Il connaissait toute la mobilité d'une populace ardente, il savait quel était l'ascendant d'une voix fanatique sur ces masses impressionnables, et il voulut avoir des garanties matérielles d'obéissance et de tranquillité.

C'est dans ce but qu'il résolut d'entourer le Kaire d'une ceinture de forts qui tinssent en bride l'exaltation populaire. Le général Caffarelli fut chargé de reconnaître le terrain et de diriger les travaux préparatoires. Bientôt toutes les avenues du Kaire se hérissèrent d'ouvrages retranchés. Des mosquées furent abattues, des palmiers coupés, des jardins nivelés; et, en six semaines, on vit surgir autour de la ville une chaîne de forts, de bastions et de redoutes.

Le premier de ces forts fut établi sur un monticule situé entre le faubourg de Boulaq et le Kaire. On l'appela le *fort Camin*, du nom de l'adjudant-général que nous avons vu tomber sous les coups des Arabes, à la suite du naufrage de *l'Anémone*. Sur la droite de cet ouvrage, et vers l'endroit où l'aide-de-camp Shulkowski avait été tué, on mit en état de défense l'ancienne mosquée du sultan Dâher-Beybars, qui dominait cette partie de la ville, dont elle était isolée de toutes parts. On lui donna le nom de *fort Shulkowski*. Près de là, s'élevèrent aussi les *forts Grézieu* et *Venoux*, qui servaient de chaînons à ce système de retranchemens. Des redoutes furent construites sur l'emplacement des batteries qui avaient foudroyé la grande mosquée, et non loin de ces redoutes fut élevé un nouveau fort qu'on appela *fort Dupuy*, en mémoire du général de ce nom, première victime de la révolte du Kaire.

Ces travaux terminés, Caffarelli songea à ceux de la citadelle : toutes les constructions inutiles qui l'environnaient furent abattues. Des batteries furent placées sur la tête de l'aqueduc, qui se prolonge depuis le Vieux-Kaire jusqu'à la ville proprement dite, et son flanc fut appuyé par le fort *Muireur* placé sur le monticule de *Touloun*, et commandant le quartier de ce nom, le plus insouciant de la ville.

Entre l'Institut et l'hôpital de la ferme d'Ibrahim-Bey, s'élevait un monticule sur lequel un nouvel ouvrage fut construit, et nommé *fort de l'Institut*. Dans le but de protéger les communications de la ville à la ferme d'Ibrahim-Bey et à Boulaq, on traça une route militaire et une chaussée défendue par de larges fossés entre Boulaq et le Kaire, à gauche du fort Camin, et protégée par le *fort Conroux* ou du *Signal du général*. La place Ezbékiéh se vit à son tour débarrassée de toutes les petites constructions qui en obstruaient les avenues. L'entrée principale, agrandie et déblayée, présenta bientôt une issue facile aux mouvemens militaires.

Deux ponts de bateaux furent aussi établis, l'un de la ferme d'Ibrahim-Bey à Raoudah, l'autre de Raoudah à Gizéh. L'île de Raoudah fut défendue par deux batteries placées à chacune de ses extrémités, et qui rendaient les Français maîtres de la navigation du fleuve. Enfin Gizéh, que les beys avaient fait ceindre de murs, fournit à peu de frais une bonne place forte : les tours furent remplies de terre et transformées en batteries; quelques travaux accessoires complétèrent son système de défense, et cette place, isolée sur l'autre rive du Nil, devint une position forte et respectable.

Tels furent les premiers travaux que la prévoyance du Général en chef coordonna autour de la capitale égyptienne; d'autres ouvrages, exécutés dans la suite, vinrent se lier à cette enceinte de forts et de redoutes, au point de la rendre presque inexpugnable. Ces nouveaux retranchemens reçurent, comme ceux que nous venons de décrire, des noms d'officiers supérieurs morts dans le cours de la campagne.

Pendant que le Kaire s'armait ainsi contre ses ennemis intérieurs et extérieurs, les côtes de la Méditerranée et les villes frontières se couvraient de fortifications semblables.

Alexandrie surtout, tenue sur le qui-vive par l'escadre louvoyant à ses portes, avait besoin de batteries imposantes pour tenir l'ennemi au large.

Le général Kléber avait imprimé à ces travaux de défense la plus grande activité. Mais quand des tracasseries de détail l'eurent engagé à solliciter son retour au Kaire, ce fut le général Marmont (déjà nommé commandant de la ville à la place de Manscourt) qui fut chargé de mener à bonne fin les ouvrages commencés. Sous ses ordres, l'ingénieur Crétu, auquel on devait le plan général de ces fortifications, apportait à leur exécution un zèle infatigable et une rare sagacité.

Indépendamment des retranchemens informes qui existaient avant la conquête, divers forts s'étaient groupés autour de la ville : l'un d'eux s'élevait sur la batterie dite des *Bains de Cléopâtre*, un second sur la montagne dite *d'Observation*, un troisième à la colonne de Pompée, un quatrième à la hauteur de Cléopâtre, un cinquième à la tour du Marabout, un sixième au Pharillon. Une muraille, partant de la montagne *d'Observation* jusqu'à la mer, mettait à l'abri de toute insulte les troupes et les magasins, et des retranchemens couvraient la montagne dite du *Général*. Sur la pointe la plus avancée de l'île de Pharos, des batteries avaient été placées pour défendre les passes du Port-Vieux : elles se composaient de canons servis à boulets rouges, et de mortiers à la Gomère portant leurs bombes à plus de dix-neuf cents toises.

Tous ces divers ouvrages, redoutes, forts ou bastions, n'étaient pas soumis à un système de fortifications uniformes, système inapplicable à la ville d'Alexandrie; mais les positions choisies se soutenaient mutuellement avec tant de précision, elles étaient si bien liées l'une à l'autre par le jeu correspondant de leurs batteries, que la ville n'eût pas été plus forte avec des retranchemens tout-à-fait réguliers.

Des travaux du même genre rendirent le château d'Aboukir inattaquable; des redoutes protégèrent la presqu'île et le passage du lac Madiéh.

L'entrée de la Bouche Bolbitine (Rosette) fut défendue par le vieux fort de Rachid, réparé et pourvu de son matériel; celle de la Bouche Phatnitique (Damiette) par une batterie placée à la tour du Boghaz, et par une ligne de redoutes tracées au village d'Esbéh.

Outre ces moyens de défense permanente contre les attaques maritimes, des canonnières armées croisaient sur les lacs et aux diverses embouchures du fleuve. Mais d'autres précautions avaient été prises pour mettre les frontières syriennes à l'abri d'incursions armées.

La clef de l'Égypte, du côté de l'isthme de Suez, était Salahiéh, qui avait déjà fixé l'attention de Bonaparte. Par ses ordres, on l'avait fortifié de telle manière qu'une garnison de quinze cents hommes aurait pu y neutraliser les efforts d'une armée entière. Des magasins considérables, défendus par une puissante artillerie, avaient été concentrés dans cette place forte, et l'impulsion donnée à ces travaux pouvait faire deviner d'avance que le Général en chef se préparait à son expédition syrienne.

Près de là, et sur la route du Kaire, se trouvait la ville de Belbéys, capitale de la province de Charkiéh. Second boulevard de la capitale, on dut l'entourer de retranchemens capables d'y arrêter dans sa marche une invasion ennemie.

Dans la Haute-Égypte, à peine conquise, on n'avait encore aucun plan général de fortifications. Cependant, à dix lieues du Kaire, se trouvaient déjà deux postes retranchés ; l'un était le fort de Torrah, placé sur la rive droite du Nil, l'autre le couvent d'Abou-Seyfeny, situé sur la rive gauche. Ils servaient tous les deux à protéger d'une manière efficace la navigation du fleuve.

D'autres projets avaient été mis sous les yeux du Général en chef pour défendre le territoire égyptien contre les violations journalières des Arabes du Désert. On proposait d'échelonner sur toute la lisière libyque une foule de petits postes militaires retranchés ; mais l'exécution en parut trop difficile et trop chanceuse : on se borna pour le moment à fortifier quelques points le long du canal qui portait les eaux du Nil à Alexandrie.

Grâce à ces précautions défensives, et aux sages mesures des généraux français, l'Égypte respira bientôt libre d'attaques au dehors et d'insurrections à l'intérieur. La révolte du Kaire mourut sans écho dans les provinces; Alexandrie, Damiette, Rosette, n'en ressentirent aucun contre-coup. Les Arabes seuls, comptant sur l'impunité, multiplièrent leurs incursions; mais ils trouvèrent partout nos soldats sur leurs gardes. Ainsi, les tribus repoussées du Kaire ayant voulu tenter un coup de main sur Belbéys, le général Reynier, qui n'avait avec lui qu'un bataillon de la 9ᵉ demi-brigade, quelques hussards et sapeurs, une seule pièce de trois, et fort peu de munitions, marcha à la rencontre de trois mille assaillans, les chassa dans le Désert, et leur tua une trentaine d'hommes et de chevaux.

Dans le même moment, le général Lanusse terminait avec un succès égal une opération semblable. Depuis long-temps, il n'était bruit dans le Delta que des brigandages d'un cheyk indépendant. Son nom était *Abou-l-Chaïr*. Long-temps fermier de Mourad-Bey, cet homme avait subi avec répugnance la loi du nouveau conquérant. Retiré dans une espèce de château-fort, il en sortait pour battre la campagne et piller la contrée; puis, à l'approche de forces supérieures, en vrai seigneur du moyen-âge, il se retirait dans son manoir, et semblait de là défier la vengeance des Français. Le général Lanusse, qui commandait dans le Delta, songeait depuis long-temps à réduire le cheyk rebelle. Mais Abou-l-Chaïr était possesseur de vingt villages; il avait de l'or, de l'argent à sa disposition; il pouvait en un jour rallier sous ses ordres douze cents cavaliers, tandis que Lanusse, avec des troupes éparpillées sur un territoire remuant, était dans l'impossibilité de déplacer sans danger des forces suffisantes pour dompter son ennemi. Il fallut jouer de ruse. On épia le moment où, tranquille dans son château, Abou-l-Chaïr n'avait que cent affidés autour de lui. Cent trente hommes de la 25ᵉ demi-brigade marchèrent, sous les ordres du général lui-même, sur le village de Karf êl-Chaïr, résidence du cheyk. Bientôt on se trouva en face du château, petite forteresse garnie de quelques pièces de canon et d'une trentaine de fusils de rempart. Un parlementaire, envoyé par Lanusse, ayant été accueilli par une vive fusillade, l'assaut fut ordonné, et les soldats s'élancèrent à l'escalade. Quand Abou-l-Chaïr vit que l'attaque était sérieuse, et qu'il allait être fait prisonnier, il voulut chercher son salut dans la fuite; mais reconnu, poursuivi, il fut tué au moment où il s'élançait pour traverser à la nage le canal qui baignait le pied de sa maison. Cette mort délivra le Delta d'un despote avide et barbare. Pour frapper de terreur ses complices, la tête du cheyk fut promenée dans tous les villages de son domaine.

On trouva dans le château d'Abou-l-Chaïr trois canons, quarante tromblons, des caisses remplies d'argent monnoyé, et trente-cinq chevaux de main complètement harnachés. Parmi les effets saisis chez lui, on en reconnut beaucoup qui avaient appartenu à des Français. A la suite de cette expédition, le général Lanusse fit sa rentrée à Menouf à la tête de son détachement.

Pendant que les provinces voyaient ainsi disparaître un à un tous les élémens de révolte, le Kaire se dépouillait aussi de cette sombre physionomie qui avait survécu aux journées de vendémiaire. Le rétablissement du Divan, donné et reçu comme un gage de paix, avait provoqué un premier retour vers des relations plus amicales. La conduite du Général en chef à l'égard des coupables, sa justice, sa clémence, avaient fait le reste. A part la secte des dévots, rancuneuse et impitoyable, tous les habitans désiraient alors vivre en bons rapports avec les conquérans. Un essai malheureux venait de leur prouver que le joug ne pouvait être secoué par la voie des armes : force était donc de s'y résigner et de le rendre le moins onéreux possible.

D'ailleurs, quelque ignorans qu'ils fussent, les Égyptiens commençaient à comprendre en partie les bienfaits industriels importés par la civilisation européenne. Des usines en tout genre venaient d'être fondées, et déjà de leurs ateliers sortaient des canons, des boulets, de l'acier manufacturé, des instrumens de mathématiques, des draps, des toiles vernissées, du carton, du papier, enfin une foule de produits inconnus aux populations orientales. Ces améliorations introduites par la conquête, ces arts naturalisés comme par enchantement, devaient à la longue faire impression sur les esprits les plus prévenus. Il en ressortait d'ailleurs une foule de jouissances nouvelles, propres à convaincre ceux qui ne se laissaient toucher que par des résultats.

Les Français, de leur côté, semblaient mettre une espèce de coquetterie à faire ployer l'orgueil musulman devant la supériorité européenne. Ce succès d'amour-propre, ils le cherchaient non-seulement dans les objets utiles, mais encore dans ceux de pur agrément. C'est dans ce but que plus d'une fois ils donnèrent aux habitans du Kaire le spectacle de l'enlèvement d'aérostats. Quelques jours après la révolte, une montgolfière s'éleva de la place Ezbékiéh; et pour que ce phénomène étrange pour les Égyptiens produisît sur eux un effet politique, des proclamations arabes, descendues par milliers de l'aérostat, tombèrent au milieu de la foule étonnée. Pour donner une idée fidèle de l'impression qu'elle éprouva, il faut laisser parler l'historien arabe témoin de cette scène :

« Le 22 djémady-êl-thâny [1], dit Abd-êr-rah-
» man, à deux heures après midi, le peuple et
» beaucoup de Français s'assemblèrent à Ezbé-
» kiéh. Je me trouvai de ce nombre. Je vis une
» toile comme une tente, suspendue à un mât.
» Cette toile était tricolore. Il y avait une

---

[1] Correspondant au samedi 11 frimaire an VII, 1 décembre 1798.

» grande tasse dans laquelle se trouvait une mè-
» che. Cette tasse était suspendue à un mât par
» une chaîne. En haut était un anneau attaché
» avec des cordes, dont on tenait les bouts
» dans diverses maisons. A quatre heures, on
» alluma la mèche. La fumée entra dans la toile
» et la gonfla. Elle devint une grande coupole.
» La fumée voulait s'élever plus haut, mais elle
» n'avait pas d'issue ; elle gonfla la toile, qui
» s'arrondit comme une balle. On coupa les
» cordes, et le ballon monta aux cieux en sui-
» vant tout doucement la direction du vent.
» Quelque temps après, la tasse tomba avec
» une grande quantité de proclamations. On
» comprit l'intention des Français. Ce n'est pas
» un bâtiment pour voyager d'un pays à l'au-
» tre, mais une espèce de cerf-volant. »

CHAPITRE VII.

Occupation de Suez. — Projets de Bonaparte. — Jonction des deux mers. — Départ du Général en chef. — Départ de Suez. — Note sur la ville. — Visite de Bonaparte aux sources de Moïse. — Dangers qu'il court. — Reconnaissance de l'ancien canal. — Bonaparte y préside. — Description de l'Isthme de Suez. — Bivouac à Adjeroud. Travaux de nivellement exécutés par les frères Le Père et par Saint-Genis. — Les Lacs amers et l'Ouâdy-Toumylât.

Une des grandes pensées de Bonaparte dans son expédition, était l'abaissement de la suprématie anglaise, soit maritime, soit commerciale. Dans ses heures d'exaltation, il se prenait à rêver une marche militaire au travers des déserts arabiques et de l'empire persan, pour aller jusque dans le Bengale frapper au cœur l'ennemi juré de la République. En d'autres instans, renonçant à ces projets gigantesques, il organisait des plans d'attaque moins directs et non moins efficaces. Telle était entre autres la création d'un canal qui, coupant l'isthme de Suez, eût réuni les eaux de l'Océan-Indien à celles de la Méditerranée.

D'antiques traditions disaient qu'aux jours

florissans de l'Égypte, cette jonction avait été pratiquée, et que d'infaillibles vestiges en faisaient foi. Sous les Pharaons, sous les Ptolémées, plus tard même sous les premiers kalifes et jusqu'au temps de la domination des Fatimites, un canal s'étendait, disait-on, du Nil à la Mer-Rouge. Mais si les historiens tombaient d'accord sur son existence, les géographes ne pouvaient s'entendre de la même manière sur son gisement. Les uns le tiraient en droite ligne de la branche pélusiaque à Qolzoum; les autres précisaient son embouchure à Suez sans pouvoir saisir son cours et son point d'attache avec le fleuve; enfin tous les renseignemens fournis jusqu'alors résultaient plutôt d'hypothèses arrangées dans le cabinet, que d'observations prises sur les lieux.

Divers intérêts venaient donc se combiner pour reporter sur ce point de l'Égypte l'attention du Général en chef. L'histoire y cherchait un fait, la géographie un relèvement, le commerce français une conquête. Il fallait donc constater l'existence du canal, le suivre dans ses développemens, et profiter ensuite de ces données antiques pour en faire sortir rajeunie une grande création moderne.

Voilà sous quels rapports complexes Bonaparte avait embrassé cette large question : les travaux ordonnés par lui, les longues recherches de nos hydrographes, n'étaient pas purement spéculatives ; derrière elles se trouvait un but, une pensée de génie, et si cette pensée avorta dans son exécution, c'est que celui qui l'avait conçue n'eut pas le temps de la féconder.

Pour que la science pût opérer en toute sûreté sur ce terrain nouveau, une conquête préparatoire était néanmoins nécessaire. Suez et les déserts qui l'entourent se trouvaient peuplés d'Arabes indépendans, mal famés parmi les caravanes voyageuses. Retranchées au milieu de leurs sables, ces tribus semblaient s'être réservé un droit de péage sur tout ce qui traversait l'Isthme ; les pélerins de la Mecque, quoique nombreux et bien armés, étaient obligés de marchander annuellement leur passage à ces douaniers nomades qui avaient un pied en Afrique, l'autre en Asie. Quand la besogne manquait dans le Désert, ces peuplades se rapprochaient de la lisière cultivée, et le général Reynier s'était vu plusieurs fois obligé d'envoyer des soldats pour les chasser de la province de Charkiéh. Il était donc essentiel d'occuper la ville et le port de Suez, soit comme comptoir de commerce, soit comme position militaire.

Le général Bon fut chargé de cette expédition. Il partit du Kaire le 12 brumaire (2 novembre), ayant sous ses ordres deux bataillons de la 32ᵉ demi-brigade, une compagnie turque formée au Kaire, un petit détachement de sapeurs, deux pièces d'artillerie, et dix matelots sous la conduite de l'enseigne Collot. Le général était en outre accompagné de l'aide-de-camp de Bonaparte, Eugène Beauharnais, de deux officiers du génie, d'un dessinateur, et d'un maallem ou intendant cophte.

Escortée par un convoi de chameaux, cette colonne arriva le 17 brumaire (7 novembre) à Adjeroud, où elle passa la nuit. Ce fut de là que le général Bon annonça son arrivée aux habitans de Suez, en leur conseillant de se soumettre. Cette invitation produisit son effet. Le lendemain, une députation arriva au camp français, dans une attitude suppliante, et à dix heures l'avant-garde, commandée par Beauharnais, prenait possession de la ville.

Les plus riches habitans l'avaient abandonnée. Ils avaient emmené avec eux leurs femmes et les ouvriers du port, ne laissant à Suez que les familles pauvres et les marchands du petit commerce. On y trouva néanmoins quelques canons en mauvais état, quatre ou cinq bâtimens désarmés, des approvisionnemens considérables en farines, légumes, cordages et gréemens de marine.

Plus d'un mois s'était écoulé depuis l'occupation de Suez, lorsque Bonaparte, jaloux de concourir lui-même à cette reconnaissance géographique, manifesta l'intention de s'y rendre de sa personne. Il partit, en effet, du Kaire le 4 nivôse (24 décembre), accompagné d'un nombreux état-major, et de plusieurs membres de l'Institut d'Égypte. Monge, Bertholet, Bourrienne, Costaz, Le Père, Berthier, Caffarelli, le contre-amiral Gantheaume, étaient du voyage, ainsi que plusieurs Turcs de distinction, entre autres Ahmed El-Marouky et Ibrahim-Effendy, secrétaire de la marine. L'escorte se composait des guides à cheval. Comme elle était nombreuse et sûre, plusieurs négocians que des affaires de commerce appelaient à Suez, s'empressèrent de profiter de cette occasion. Le soir même on campa à Birket-êl-Haggi, ou lac des Pélerins.

Le lendemain, après deux heures de marche dans une plaine aride, la caravane longea pendant la matinée une chaîne de collines blanches en forme de dunes, qu'on appelle *Damah*, et parvint au sommet du mont que les Arabes nomment *él-Báb*. De ce point élevé, la vue se promenait dans une steppe immense, sillonnée par des ravines d'eau pluviale, et coupée çà et là par quelques bouquets d'arbustes. Des autruches, des gazelles, des perdrix, des alouettes hupées, peuplaient le vallon, tandis que les aigles, les vautours et les pélicans habitaient la chaîne montagneuse.

La halte du soir se fit au pied de l'arbre dit *Hamrá*. Le 6 (26 décembre), on reconnut le puits *Byr él-Beytar*, et plus loin l'arbre *ex-voto* nommé *Gemà él-Charamy*, c'est-à-dire l'*Amas de haillons* : c'était un vieil acacia tout couvert de lambeaux de vêtemens que les pieux pélerins y suspendent à leur retour de la Mecque, en accomplissement d'un vœu fait à leur départ.

Bientôt on se trouva à la hauteur du fort d'Adjeroud. Quoique cette position se trouvât hors de la route, Bonaparte voulut néanmoins la visiter. Ce fort consistait en deux enceintes carrées, flanquées de tours; celle de l'ouest renferme un puits profond avec roue à chapelet et quelques logemens; celle de l'est contient un caravenserai et une mosquée pour abriter les voyageurs, ou pour satisfaire à la piété des *haggy*.

Enfin au débouché d'une longue vallée, on aperçut dans un découvert de plusieurs lieues la plaine et le port de Suez que la Mer-Rouge bordait à l'horizon. Bonaparte y fit son entrée dans l'après-midi, et consacra deux jours à reconnaître la ville et son littoral.

Suez est située à l'ouest et à deux mille cinq cents toises environ au sud du fond du golfe Arabique : sa position, d'après les observations astronomiques de M. Nouet, répond en longitude à 30° 15' 35"; sa latitude boréale est de 29° 58' 37" : sa distance du Kaire à l'ouest pour 1° 15' 54" de différence de longitude est de vingt-sept lieues et demie en ligne directe.

Située dans une plaine rase et stérile, la ville de Suez a succédé à celle de Qolzoum, l'ancienne *Klysma*, dont les ruines existent à peu de distance au nord : elle reçut, sous les Ptolémées, le nom d'*Arsinoë* ou de *Cléopâtris*, et elle prit, sous les Arabes, celui de *Qolzoum*, comme on le voit dans Maqryzy, et depuis celui de *Soueys* dont nous avons fait *Suez.*

Dans les premiers jours de l'ère chrétienne, l'emplacement de Suez se trouvait occupé par de misérables cabanes de pêcheurs; mais la situation de ce port de mer, l'activité de ses habitans, en firent bientôt une ville considérable. Sous les rois grecs et sous les kalifes arabes, elle acquit ou conserva une grande importance commerciale. Ebn-Khordadéh et Ebn-êl-Tobayr, historiens arabes, signalent tous les deux les avantages qu'elle tirait de sa situation. « Les marchands d'Occident, » disent-ils, abordaient à êl-Faramâ, et fai- » saient transporter leurs marchandises sur des » bêtes de somme jusqu'à Qolzoum. »

Aujourd'hui, Suez ne présente plus que l'aspect de la misère et de l'abandon. Cependant les établissemens à l'usage de la marine, divers okels et un grenier public, attestent l'opulence des temps passés : quoique dégradés, ces édifices offrent le caractère de bonnes constructions qu'on ne retrouve que dans peu de villes de l'Égypte.

Le coup-d'œil général de Suez et de ses environs a quelque chose de monotone et de triste.

Du haut des terrasses calcinées par le soleil, la vue ne découvre rien sur quoi elle aime à se reposer. Autour de soi des masures ruinées, un aspect de délabrement, une végétation rare; au loin, la mer avec ses reflets fatigans, ou le Désert avec sa cristallisation alcaline; une plaine d'eau verdâtre ou des sables jaunes, voilà tout ce que Suez offre au voyageur avide de fraîcheur et de verdure. Une source, une seule pourvoit aux besoins des habitans, et l'eau en est tellement saumâtre, que les Européens ne pourraient la supporter sans mélange.

Le port de Suez est un mauvais quai au pied duquel les chaloupes mêmes ne peuvent aborder à marée basse; on a donc recours aux allèges pour charger ou décharger, au large et en rade, les navires qui y sont ancrés.

Cette rade, vaste, offrant un mouillage sûr, excepté contre les vents du S. O. qui y soufflent assez rarement, est éloignée du port d'un quart de lieue environ; elle communique avec lui par un chenal qui a de cinquante à soixante toises de largeur, sur un fond inégal.

Dénuée de tout, aujourd'hui Suez n'offre aucun genre d'industrie; la pêche même, considérée sous ce rapport, y est complètement nulle; la difficulté des transports empêche les Arabes de s'y livrer.

A d'autres époques, les constructions navales y occupèrent un grand nombre de bras, et les Vénitiens y créèrent des comptoirs pour gérer des armemens maritimes. Aujourd'hui, quelques *zaïmes*, grosses chaloupes non pontées, sortent seules des chantiers de Suez pour le cabotage de la Mer-Rouge. Le peu d'affaires qui s'y traitent sont monopolées par des agens grecs ou barbaresques. Le commerce de la Mer-Rouge entre Geddah et Suez se fait au moyen de trente à quarante *zaïmes*, bâtimens qui peuvent porter deux mille *fardes* de café, ou environ quatre cents tonneaux. Les objets d'exportation consistent en grains de toute espèce, en fer, cuivre, étain et plomb, en étoffes, en draps d'Europe, en productions égyptiennes, et pour le complément des achats en espèces métalliques, telles que piastres, talaris et sequins. Ces marchandises arrivées dans les ports de Geddah et de Moka, s'y échangent contre les cafés d'Yémen, les mousselines, les châles et les épiceries de l'Inde, les perles, les gommes et les parfums d'Arabie. Ces importations s'élevaient, en 1790, à plus de vingt millions.

Quoique Suez, à l'époque de l'expédition française, eût à décompter sur cette somme de prospérité commerciale, néanmoins sa position entre deux mers pouvait lui créer un avenir qui aurait éclipsé les plus belles traditions de son existence ancienne. Bonaparte avait jeté les yeux sur son port, sur sa rade; Suez était pour lui le chiffre connu d'une équation gigantesque : il voulait, par une création merveilleuse, creuser sur cette terre égyptienne le tombeau du commerce anglais. « La chose est » grande, disait-il aux savans qui l'accompa- » gnaient : forcez le gouvernement turc à » trouver dans l'exécution de ce projet et son » intérêt et sa gloire. »

Animés par ces paroles puissantes, les membres de l'Institut, les géographes et les artistes qui avaient accompagné le Général en chef dans cette excursion, commencèrent leurs premiers travaux de reconnaissance et de nivellement. Bonaparte voulut présider à leur ouverture; après avoir pendant deux jours ordonné tout ce que pouvaient exiger les besoins de la place sous les divers rapports de la défense, du commerce et de la marine, il commença les explorations scientifiques par une visite aux sources de Moïse, situées sur la côte à trois lieues sud-est de Suez, dans l'Arabie-Pétrée. C'était là que se trouvaient, suivant les traditions du pays, les rochers que le législateur du peuple juif frappa de sa baguette pour en faire sortir des eaux vives et limpides. Bonaparte partit de Suez le 8 nivôse (28 décembre) pour se rendre à la fontaine miraculeuse. Il passa la Mer-Rouge à un gué praticable pendant la marée basse. Arrivé sur les lieux, il reconnut cinq sources qui s'échappaient en bouillonnant de petits monticules de sable; l'eau en était potable, mais un peu saumâtre. Non loin de là quelques vestiges indiquaient un aqueduc moderne qui conduisait cette eau à des citernes ou aiguades situées sur le bord de la mer.

Cette reconnaissance faite, Bonaparte et son escorte reprirent le chemin de Suez. La marée ayant cru dans l'intervalle, il était impossible de repasser la Mer-Rouge au même gué que l'on avait franchi le matin; et force fut d'aller chercher dans le fond du golfe un terrain moins submergé. Mais les guides du pays, peu habitués à ce nouveau passage, firent tomber la caravane dans des haut-fonds. Pendant quelques minutes, le Général en chef et son escorte se trouvèrent avec de l'eau jusqu'à la ceinture. Le péril était imminent. La nuit qui survenait rendait la situation plus critique encore : la terre était loin ; la marée ne décroissait pas, et Bonaparte se voyait au moment de périr englouti avec les siens, comme l'armée des Pharaons. A ses côtés, Caffarelli, Berthier, tremblaient pour lui pendant que lui-même s'occupait du salut de tous. Dans un des momens les plus critiques, ses guides s'approchant pour le soutenir, « Non, non, leur dit-il, allez vers Caffarelli; » avec sa jambe de bois, il risque plus que » nous : laissez-moi faire, je m'en tirerai. » Puis s'apercevant que l'eau gagnait de plus en plus sur eux, il fit grouper en cercle autour de lui toute la caravane, ordonna une halte, et détacha ensuite, comme des rayons partant d'un centre commun, une dizaine de guides, chargés de rendre compte de la profondeur de l'eau qu'ils avaient trouvée devant eux. Par ce moyen ingénieux, on s'assura de la route la plus directe pour regagner le rivage. Enfin, après un long tâtonnement sur cette plage marécageuse, Bonaparte put rentrer à **Suez** vers le milieu de la nuit.

Le 9 nivôse (29 décembre), le Général donna ses derniers ordres au sujet des fortifications. Il indiqua même la place où l'on devait élever une batterie pour protéger le mouillage de la rade. En même temps, il prit quelques mesures qui tendaient à rassurer le commerce local : une nouvelle douane, à la tête de laquelle fut placé M. Parseval de Grandmaison [1], devait y protéger, dans une proportion égale, les droits du fisc et les intérêts des négocians. Les tarifs furent réduits à des taux moins onéreux, et la liberté des communications garantie par des postes militaires échelonnés sur la route.

Après avoir apporté dans ces détails d'organisation son esprit d'ordre et son coup-d'œil de maître, Bonaparte se mit en route avec la colonie savante pour procéder à la reconnaissance du canal. La caravane sortit de Suez le 10 nivôse (30 décembre), et se dirigea vers l'intérieur de l'Isthme.

---

[1] Aujourd'hui membre de l'Académie française.

Quoique dans le voyage rapide du Kaire aux bords de la Mer-Rouge, on eût pu se former une idée de cette steppe inhabitable, cependant il était utile qu'un séjour et un examen plus longs fissent mieux connaître une langue de terre qui sert comme de prélude aux déserts arabiques.

Tant qu'on ne quitte pas l'Égypte, malgré les feux d'un soleil ardent, on a sous les yeux une plaine rafraîchie, traversée de tous côtés par des eaux courantes, ombragée de palmiers, revêtue de verdure, de fleurs ou de riches moissons, une contrée riante et animée, où tout n'offre à la vue, ne rappelle à l'esprit que des idées d'abondance et de fécondité. Mais une fois engagé dans l'Isthme, sous le même ciel, à la même latitude, tout change, tout se décolore : nulle trace de culture, nul vestige d'habitation; point d'ombrages, point de verdure; jamais d'eaux vives; en un mot, rien de ce qui peut récréer, rafraîchir des êtres vivans. A mesure que l'on s'avance, on cherche avec inquiétude dans l'éloignement quelques portions de terre plus heureuses; mais l'œil parcourt en vain la morne étendue de l'horizon; jusqu'aux deux mers, c'est toujours un pays sec et inanimé, des rochers dépouillés, des plaines nues, des sables brûlans.

Peu élevé au-dessus du niveau de la mer, l'isthme de Suez n'est qu'une plaine rase dont les couches solides se dessinent à peine sous les sables par de légères ondulations; quelquefois néanmoins plus saillantes et rompues de distance à autre, elles se montrent à découvert comme de grands degrés; ou bien s'élevant, se prononçant davantage, elles forment de véritables collines qui se prolongent au loin, toujours escarpées d'un côté, et de l'autre s'unissant à la plaine.

Dans l'intérieur de l'Isthme, et loin des routes suivies par les caravanes, se trouve une vaste plaine toute hérissée de dunes de deux ou trois mètres de hauteur, fixes, quoiqu'en partie sablonneuses, et au milieu de cette nudité générale toutes couronnées d'un peu de végétation. Par-delà, vers l'orient, c'est un terrain plein d'aspérités, entrecoupé de collines arides; et en déclinant vers le sud, on voit l'Isthme dans l'éloignement borné par un long rideau de montagnes blanches : mais vers le nord, jusqu'aux rivages de la Méditerranée, ce ne sont que des sables mobiles, que les vents soulèvent et déplacent sans cesse; et dans les lieux les plus bas, quelques lagunes et quelques lacs d'eau saumâtre.

Parmi ces lacs, il en est d'une grande étendue, dont les traces sont visibles dans le centre de l'Isthme. Les flaques d'eau qui y séjournent sont plus salées qu'aucune des deux mers; le terrain des environs, couvert d'un amas de sel, fait entendre sous les pieds des sons caverneux et retentissans. Ailleurs on se trouve arrêté par une terre friable et sèche à la surface, mais spongieuse et toute imbibée d'eau à l'intérieur, sorte de marais mouvans qui s'ouvrent sous les pieds, cèdent pour ainsi dire sans fin, et où les hommes et les animaux finiraient par s'engloutir s'ils venaient à s'y engager.

Tel est entre autres le vaste bassin intérieur, connu sous le nom de Lacs amers, *Lacus amari* des Latins, *Birket-Temsáh* des Arabes (ou mer du Crocodile); et enfin, de nos jours, *Cho' eyb* ou *Bahr-Ebn-Meneggy* (mer d'Ebn-Meneggy). Situé à cinq lieues au N. O. de Suez, ce bassin ne se trouve séparé de la Mer-Rouge que par un terrain peu élevé. Sa plus grande profondeur est inférieure au niveau de la mer de quarante à cinquante pieds; sa plus grande largeur est de cinq à six mille toises. En des temps plus éloignés, tout indique que les Lacs amers étaient navigables, et qu'ils servaient même de point intermédiaire au canal des deux mers; mais de nos jours, ce vaste bassin est presque entièrement desséché. A peine existe-t-il vers le centre quelques cunettes remplies d'eau extrêmement salée et amère. Ces flaques sont d'un accès très-difficile, à cause des boues molles et salines qui s'étendent assez loin sur leurs bords. On y remarque un plateau élevé de cinq à six pieds, et plus ou moins épais, recouvrant un fond vaseux, et qui, percé sur quantité de points, laisse voir des précipices à huit et dix pieds de profondeur. Dans ses parties supérieures, ce vaste plateau est rompu, et ses débris dispersés offrent le spectacle de la débâcle d'un fleuve qui aurait déposé des glaçons sur une plage très-aride.

Tel était l'aspect général de l'Isthme que nos savans devaient arpenter dans toutes ses directions. Leur premier travail eut lieu sous le regard de Bonaparte; ce fut lui-même qui signala les premières traces du canal au groupe dont il faisait partie.

En effet, pendant que le gros de la caravane se dirigeait sur Adjeroud, le Général en chef, suivi de quelques cavaliers, se porta au galop vers le nord, dans l'espoir de découvrir au fond du golfe l'objet de ses investigations. Sa course ne fut pas vaine : il retrouva la tête des digues, peu sensibles à leur naissance, à cause des sables qui les avaient comblées dans quelques parties. Il en suivit les traces pendant environ cinq lieues ; c'était là le terme de leurs vestiges, parce qu'à cette distance le canal débouchait dans les Lacs amers. Satisfait de cette découverte, Bonaparte se porta à l'ouest du Désert, dans la direction présumée d'Adjeroud, accompagné du général Berthier, et suivi de deux guides à cheval seulement. Il fit un nouveau trajet de trois lieues, et rejoignit heureusement la caravane chargée de l'eau et des vivres. Il fit allumer des feux et tirer le canon pour signaler sa présence et le lieu du bivouac aux officiers qui étaient restés en arrière dans l'obscurité de la nuit. Le Général en chef eût lui-même alors couru de grands dangers si la nouvelle de son voyage à Suez n'eût écarté les Arabes de ces parages.

La coopération personnelle de Bonaparte

aux travaux des géographes ne se borna pas là. Le 14 nivôse (3 janvier 1799), se trouvant à Belbéys, il voulut aussi reconnaître l'autre extrémité du canal : il se porta dans ce but jusqu'à dix lieues dans l'Ouâdy-Toumylât, où il en trouva de nouvelles traces sur plusieurs lieues d'étendue.

Mais avant de se séparer, il avait donné ses dernières instructions à la commission savante chargée du nivellement. MM. J.-M. Le Père, Gratien Le Père et Saint-Genis devaient mettre en commun leur zèle et leurs lumières pour donner à cette reconnaissance un caractère sérieux et incontestable.

De grands obstacles se présentèrent d'abord à nos ingénieurs. Les instrumens qu'ils avaient sous la main se trouvant insuffisans, il fallut faire un voyage au Kaire pour réparer cet oubli. Mais là même on ne trouva qu'une portion de ce qui était nécessaire pour ce grand ouvrage. La collection d'instrumens achetés à Paris était incomplète : le vaisseau *le Patriote*, qui en portait une partie, avait fait naufrage; l'autre partie, déposée dans la maison du général Caffarelli, avait été pillée dans la révolte du Kaire. Il était donc impossible d'opérer sur ce terrain par une triangulation continue, et, pour y suppléer, il fallut multiplier les observations astronomiques.

Du 1ᵉʳ au 12 pluviôse (20 au 31 janvier), les recherches des ingénieurs se portèrent sur les aiguades des environs de Suez, sur les sources de Moïse, et sur le régime des marées de la Mer-Rouge. Ce ne fut que le 12 (31 janvier), qu'après s'être adjoint comme quatrième opérateur l'ingénieur Dubois, ils partirent de Suez sous l'escorte de douze sapeurs et de quarante hommes de la légion maltaise commandés par M. Lapanouze.

La première reconnaissance eut lieu dans cette portion du canal déjà inspectée par le Général en chef lui-même ; son lit fut découvert dans une largeur de trente-cinq à quarante mètres. Sa profondeur variait davantage, le canal étant encaissé dans quelques endroits de quatre à cinq mètres, y compris la hauteur des digues. Cette profondeur avait dû s'accroître jusqu'à sept et huit mètres en s'éloignant du golfe.

En constatant pas à pas le gisement du canal, nos ingénieurs arrivèrent dans une vallée où ils en perdirent totalement les traces. Cette vallée était le bassin des Lacs amers. Là, dans une vaste étendue d'eau, le lit s'effaçait entièrement. Il fallait donc tourner le lac et retrouver à son extrémité opposée le second point d'attache du canal. Mais quoique jaloux d'accélérer les résultats de leur mission scientifique, nos ingénieurs se virent obligés de suspendre leurs opérations, parce qu'ils manquaient d'eau, et ils se dirigèrent vers l'Ouâdy-Toumylât, où ils espéraient trouver à la fois des provisions et des guides.

Il fallut monter de plus de cent pieds avant d'atteindre la base de la montagne où s'ouvrait la route frayée de Suez vers l'Ouâdy. Nos savans gravissaient lentement cette côte sablonneuse, quand ils aperçurent à l'ouest une caravane considérable escortée par des Arabes. C'était la tribu des Ouetouât, qui, peu de jours auparavant, avaient enlevé un convoi et quelques hommes aux environs d'Adjeroud. Comme le mirage empêchait de prendre une idée exacte du nombre de ces cavaliers, M. J.-M. Le Père se détacha avec quelques sapeurs pour aller les reconnaître. Les Arabes de leur côté, par un mouvement simultané, envoyèrent quelques vedettes dont la manœuvre et la contenance trahissaient les intentions. La vue de l'escorte empêcha seule une escarmouche d'avant-garde. On s'observa de part et d'autre pendant que le convoi filait dans les gorges. Cette espèce de qui-vive dura jusqu'à ce que la caravane française eût fait sa jonction : alors les cavaliers arabes, voyant qu'on marchait vers eux, s'éloignèrent au galop, et bientôt on les perdit de vue. Cette alerte fut la seule qui vint troubler nos ingénieurs. Après dix heures de marche, ils parvinrent dans l'Ouâdy, où ils trouvèrent des puits d'eau potable. Après une halte nécessaire, pendant laquelle ils prirent divers renseignemens auprès des fellahs, ils reconnurent la nécessité de faire une recherche préalable des vestiges du canal dans l'Ouâdy. Cette découverte eut lieu sur le côté nord de la vallée, où existaient des traces profondes encore de l'ancien canal. Nos savans les suivirent pendant cinq heures jusqu'à Abbassèh, situé à l'entrée de l'Ouâdy : ce village occupait le centre d'une première digue transversale, qui avait sans doute pour objet de limiter l'expansion des crues dans la partie la plus fertile de la vallée.

Plus loin se trouvaient d'autres canaux d'irrigation : celui de *Bahr-él-Baqár*, qui devait faire partie du canal dérivé de la branche Pélusiaque; celui de *Bahr-Abou-Admed*, qui semble appartenir au canal *du Prince des Fidèles* dont la prise était auprès du Vieux-Kaire; mais comme il était impossible de suivre, dans une plaine sillonnée de fossés et de criques, le développement de tous ces canaux, nos ingénieurs reprirent à Belbéys la route du Désert, et se rendirent au Kaire pour se mettre de nouveau en mesure de continuer les nivellemens. Arrivés là le 21 pluviôse (9 février 1799), ils y rencontrèrent des empêchemens nouveaux; l'expédition de Syrie, absorbant toutes les forces militaires, ne laissait plus pour la science d'escorte disponible, et il fallut ajourner la reconnaissance définitive du canal jusqu'au mois de vendémiaire an VIII. Les travaux accomplis jusqu'alors avaient néanmoins résolu le problème de son existence; il était prouvé qu'en des siècles antérieurs, les hommes avaient creusé dans l'isthme de Suez une route marine qui joignait la Mer-Rouge à la Méditerranée.

CHAPITRE VIII.

Hostilités. — Occupation d'El-Arych par Djezzar, Pacha d'Acre. — Négociations antérieures. — Vues de Bonaparte. — Missions de Beauchamp, de Mailly, de Beauvoisins. — Désappointement. — Conduite de la Porte. — Firman adressé à Ibrahim-Bey. — Préparatifs de guerre. — Expédition de Syrie. — Coup-d'œil sur cette contrée.

Bonaparte était encore à Suez lorsque des messagers lui annoncèrent que Djezzar, pacha de Syrie, venait de faire occuper par ses troupes la forteresse d'El-Arych. Ce mouvement offensif était le résultat d'un vaste complot d'attaque, ourdi depuis quelques mois entre la Porte et l'Angleterre. Pour l'embrasser dans tous ses développemens, il nous faut remonter aux premiers jours de la campagne égyptienne.

Quand Bonaparte organisa son expédition de concert avec le Directoire, une des clauses déterminantes de son départ fut la nomination de M. Talleyrand à l'ambassade de Constantinople. Le chargé d'affaires Ruffin, sur qui roulaient à cette époque tous les tracas de la légation, n'était pas un diplomate assez habile pour faire prendre le change au Sultan ottoman sur la conquête de l'une de ses provinces. A voir la chose nettement, il était même difficile, au cerveau le plus inventif, de colorer de prétextes suffisans ce paradoxe politique. M. Talleyrand le comprit : il ne voulut pas mettre à une loterie dont sa personne était l'enjeu ; il vit, dans cette mission hasardeuse, les Sept-Tours en perspective, et se renfermant dans un prudent égoïsme, il conserva tranquillement à Paris son portefeuille des affaires étrangères, tandis que Bonaparte le croyait depuis long-temps rendu dans le Bosphore.

Ce manque de parole fut un vrai désappointement pour le Général en chef. Sans trop se rendre compte de ses convictions à cet égard, il avait cru que le Divan se paierait de protestations pacifiques, et son plan de conduite, ses messages, sa correspondance avaient eu pour base cette pensée intime.

Attentif à ménager la Porte ottomane, et sans reconnaître sa suzeraineté d'une façon explicite, il avait installé, comblé d'honneurs un fantôme de délégué du Sultan. Partout ses agens étaient respectés, entourés d'égards; partout le pavillon turc flottait avec le pavillon français.

Dès les premières heures du débarquement sur la côte d'Alexandrie, l'occasion s'était offerte de déclarer que l'armée républicaine venait venger la Porte des usurpations des beys mamlouks. Se substituant aux droits de ces derniers, Bonaparte ajoutait qu'il n'empiéterait pas sur ceux de Sa Hautesse. Ce fut dans ce sens qu'il écrivit au commandant de la caravelle turque amarrée dans le Port-Vieux, en le chargeant d'en rendre compte à son souverain. A l'appui de cette première démarche, il adressa une dépêche au Grand-Vizir sous la date du 5 fructidor an VI (22 août 1798), pour lui renouveler ces protestations amicales.

Plus tard, ne recevant point de nouvelles de l'ambassade de Constantinople, il perdit par degrés la confiance qu'il avait eue dans cette combinaison. De toutes parts, d'ailleurs, lui parvenaient des nouvelles peu rassurantes sur les intentions de la Porte : ici c'étaient des voyageurs français arrêtés, des négocians frappés d'avaries; là des consuls, des agens de la République dont on avait méconnu l'inviolabilité.

Toutefois, comme ces rapports, parvenus au travers des croisières anglaises, ne portaient point de caractère officiel, Bonaparte voulut faire constater, par une mission spéciale, l'état des relations de la Porte avec la République française.

Sur son ordre, le général Marmont qui commandait à Alexandrie, fit disposer la caravelle turque mouillée dans le Port-Vieux, pour recevoir à son bord Beauchamp, membre de l'Institut et ancien consul à Mascate, que son long séjour dans diverses provinces de l'empire ottoman et dans la capitale rendait plus propre à cette mission délicate et difficile. Cet envoyé devait se rendre à Constantinople, s'aboucher avec l'ambassadeur français et le Grand-Vizir ; puis rendre compte du résultat de ses démarches, soit de loin par correspondance, soit verbalement à son retour. Les instructions que Bonaparte lui donna à son départ, étaient empreintes de toute sa sollicitude pour les intérêts nationaux que la Porte avait méconnus.

« A votre arrivée à Constantinople, y disait-

» il, vous ferez connaître à notre ministre
» notre situation dans ce pays. De concert,
» vous demanderez que les Français qui ont
» été arrêtés par divers gouverneurs soient mis
» en liberté, et vous ferez ressortir le con-
» traste de cette conduite avec la nôtre.

» Vous ferez connaître à la Porte que nous
» voulons être ses amis; que notre expédition
» d'Égypte a eu pour but de punir les Mam-
» louks, les Anglais, et d'empêcher le partage
» de l'empire Ottoman que les deux empereurs
» d'Allemagne et de Russie ont arrêté; que
» nous lui prêterons secours contre eux, si elle
» le croit nécessaire, et vous demanderez impé-
» rativement et avec beaucoup de fierté, qu'on
» relâche tous les Français qu'on a arrêtés;
» vous prostesterez qu'autrement cela serait
» regardé comme une déclaration de guerre;
» vous ajouterez que j'ai écrit plusieurs fois
» au Grand-Vizir sans avoir eu de réponse, et
» qu'enfin la Porte peut choisir et voir en moi
» ou un ami capable de la faire triompher de
» tous ses ennemis, ou une ennemi aussi re-
» doutable que tous ses ennemis.

» . . . .
» Enfin le but de votre mission est d'arriver à

» Constantinople, d'y demeurer et de voir nos
» ministres sept ou huit jours, et de retourner
» avec des notions exactes sur la position ac-
» tuelle de la politique et de la guerre de l'em-
» pire Ottoman.

» Si la Porte ne nous a point déclaré la guerre,
» vous paraîtrez à Constantinople comme pour
» demander qu'on relâche le consul français
» et qu'on laisse le commerce libre entre l'É-
» gypte et le reste de l'empire Ottoman.

» Si la Porte nous avait déclaré la guerre, et
» avait fait arrêter nos ministres, vous lui di-
» rez que je lui renvoie la caravelle, avec un
» riche présent, comme une preuve du désir
» qu'a le gouvernement français de voir se
» renouveler la bonne intelligence entre les
» deux États, et en même temps vous deman-
» derez notre ministre et les autres Français
» qui sont à Constantinople. Vous lui ferez
» plusieurs notes pour détruire tout ce que
» l'Angleterre et la Russie pourraient avoir
» imaginé contre nous, et vous reviendrez. »

A ces instructions étaient jointes deux lettres, l'une pour le Grand-Vizir, et l'autre pour
l'ambassadeur Talleyrand. Quelques retards
survenus dans cette mission empêchèrent la

caravelle d'appareiller d'Alexandrie avant la mi-frimaire.

Mais dans le même moment d'autres agens de Bonaparte accomplissaient sur d'autres points des missions corrélatives.

Celle de Mailly, envoyé à Lattakiéh et Alep, n'ayant qu'un but secondaire, demeura sans résultat caractérisé; mais le voyage de l'officier d'état-major Calmet-Beauvoisins, auprès du pacha d'Acre, fut marqué par des circonstances plus significatives.

Djezzar, c'était le surnom adopté par ce potentat turc, avait accueilli dans sa province Ibrahim-Bey et ses Mamlouks après l'affaire de Salahiéh.

Dès les premiers jours de son entrée au Kaire, Bonaparte voulut, pour compléter l'isolement des Mamlouks, rattacher à son alliance le gouverneur de Saint-Jean-d'Acre. Il lui écrivit donc, par Calmet-Beauvoisins, une lettre pacifique où il cherchait à lui faire envisager l'occupation de l'Égypte comme utile à son pachalik.

« Je ne suis point venu faire la guerre aux
» Musulmans, disait-il, mais je l'ai faite aux
» Beys, qui étaient tes ennemis. J'ai rassuré le

» peuple, protégé les muphtis...... Je t'envoie
» cette lettre par un officier qui te fera con-
» naître de vive voix mes intentions de vivre
» en bonne intelligence avec toi, en nous ren-
» dant réciproquement tous les services que
» pourront exiger le commerce et le bien de
» tes États. »

Muni de cette lettre, le chef de bataillon Beauvoisins s'embarqua à Damiette, et entra peu de jours après dans le port de Saint-Jean-d'Acre. Mais quelles que fussent ses instances auprès de Djezzar, il ne put obtenir de lui ni audience ni réponse : on le menaça de le décapiter s'il mettait pied à terre, et sur l'ordre exprès du Pacha, il fallut que le navire sur lequel il se trouvait remît à la voile le jour même de son arrivée. Aux détails de cette réception, Bonaparte ne put contenir sa colère : rejetant toute la faute sur l'officier chargé de la mission, il saisit le premier prétexte qui s'offrit pour destituer Beauvoisins et le renvoyer en France.

Depuis ce jour, Bonaparte couva sa rancune contre le pacha de Saint-Jean-d'Acre. Plus d'une fois il combina une expédition contre la Syrie ; mais soixante lieues de désert à parcourir, un territoire fraîchement conquis à maintenir dans l'obéissance, le manque d'argent, l'absence de flotte, tout se réunissait pour lui faire ajourner ce projet hasardeux. Effrayé de tant d'obstacles, il essaya une seconde fois encore les voies de négociation.

« Je ne veux pas te faire la guerre, écrivait-
» il à Djezzar, si tu n'es pas mon ennemi ; mais
» il est temps que tu t'expliques. Si tu conti-
» nues à donner refuge et à garder sur les
» frontières de l'Égypte Ibrahim-Bey, je re-
» garderai cela comme une hostilité, et j'irai à
» Acre. Si tu veux vivre en paix avec moi, tu
» éloigneras Ibrahim-Bey à quarante lieues des
» frontières d'Égypte et tu laisseras libre le
» commerce entre Damiette et la Syrie : alors
» je te promets de respecter tes États et de
» laisser la liberté entière au commerce entre
» l'Égypte et la Syrie, soit par terre, soit par
» mer. »

Cette dépêche était vive, pressante ; elle ne pouvait pas, comme la première, être répondue par le silence. Djezzar le sentit ; il donna une satisfaction à sa manière ; le porteur du message fut décapité.

On devait s'y attendre ; car depuis les premières démarches de Bonaparte, les événemens avaient pris une tournure décisive. Circonvenue par des agens anglais, la Porte ne s'était point prêtée aux fictions pacifiques qu'on voulait accréditer auprès de son Divan. Les ambassadeurs russe et britannique avaient fait aisément prévaloir dans son sein une plus hostile appréciation des choses. Il est même douteux, quoi qu'on en ait dit, que la présence de l'ambassadeur Talleyrand eût pu changer la détermination de Sélim III. Quoi qu'il en soit, les remontrances du chargé d'affaires Ruffin n'y réussirent pas. Cet agent français fut envoyé au château des Sept-Tours avec toute sa légation. La guerre était déclarée de fait entre la Porte et la République française.

Ainsi la mission de Beauchamp devait rester sans but possible. Il ne lui fut pas même donné de faire la moindre tentative, car devenu prisonnier des Anglais, il se vit livré par eux à la Porte qui l'envoya aux Sept-Tours tenir compagnie au chargé d'affaires français.

Sans que Bonaparte en eût reçu la déclaration officielle, la guerre était donc déclarée. Pour la soutenir avec plus d'avantage, Sélim sentit qu'il fallait rallier à lui tous les Musulmans, et couvrir d'un oubli complet toutes les rancunes passées. Ce fut dans ce but qu'il fit des avances à Djezzar, sauf à régler plus tard l'arriéré de leurs vieilles querelles. Les beys Mourad et Ibrahim furent aussi compris dans cette réconciliation générale en face de l'ennemi commun. Le firman que l'empereur adressa, dans cette occasion, à Ibrahim-Bey, est un monument d'histoire trop caractéristique pour être omis ici :

TRÈS-HONORÉ ET TRÈS-DISTINGUÉ BEY,

« Par la relation d'un des cheyks du Kaire,
» nommé ês-Seyd-Bar, qui a pris la fuite
» après la sédition arrivée au Kaire, relation
» que vous avez adressée au très-honoré vizir
» Ibrahim-Pacha, gouverneur de Damas et
» général des troupes contre l'Égypte, et que
» celui-ci a fait parvenir à la Sublime-Porte,
» nous avons été informés qu'un Mogrebin
» ayant été la première cause de la révolte,
» les habitans de quatre ou cinq quartiers du
» Kaire s'étaient réunis, et qu'il y avait eu un
» combat qui a duré quatre ou cinq heures;
» que dans ce combat, un général nommé

» Dupuy, choisi par le chef de l'armée fran-
» çaise, Bonaparte, pour commander la ville,
» avait péri avec environ mille Infidèles; que
» dans ce combat, deux ou trois cents Mu-
» sulmans avaient obtenu l'honneur de mou-
» rir pour la foi; que le susdit général en chef,
» étant survenu, avait pris des moyens de
» conciliation, dans l'embarras où il était de
» pouvoir venir à bout de la populace ameu-
» tée; que la crainte qui s'était emparée du
» cœur de ces Infidèles, leur avait fait con-
» cevoir le projet de se défaire de tous les
» cheyks et de tous les gens marquans, et
» qu'ils commençaient à le mettre à exécution
» en employant la plus affreuse tyrannie.

» La Sublime-Porte est également infor-
» mée, dans le plus grand détail, de la con-
» duite pleine de zèle que vous et Mourad
» avez tenue à l'arrivée des Français à Alexan-
» drie et à leur irruption en Égypte. Elle voit
» avec satisfaction que, sans faiblesse et sans
» découragement, vous continuez, tant vous
» que le Bey ci-dessus dénommé, à faire tous
» vos efforts pour chasser de l'Égypte ces In-
» fidèles, dignes de la malédiction du ciel;
» et elle est persuadée que, pour la délivrance

» de l'Égypte, ce qui est le vœu du plus
» grand des monarques, vous et Mourad vous
» emploierez fidèlement tous vos moyens et
» toutes les facultés qui sont en votre pouvoir.
» Nous avons été aussi instruits avant la
» révolte du Kaire, par la relation qui vous
» est parvenue de Mourad et que vous nous
» avez transmise, que dans le combat qu'il
» livra aux Français auprès d'êl-Lâoun (ba-
» taille de Sédyman), la victoire s'étant dé-
» clarée de son côté, il avait fait périr par le
» sabre de ses braves environ deux ou trois
» cents de ces Infidèles, voués aux flammes
» de l'enfer; c'est ce que le susdit bey nous
» a confirmé dans une supplique qu'il nous a
» fait parvenir par l'entremise du consul d'An-
» gleterre, et dans laquelle il engage la Su-
» blime-Porte à expédier elle-même une ar-
» mée contre ces mécréans; mais, par la de-
» mande qu'il a faite, il paraît que ce bey n'a-
» vait encore reçu aucun des firmans et aucune
» des lettres qui lui annonçaient les dispositions
» et les préparatifs que la Sublime-Porte fai-
» sait pour exterminer ces Infidèles et arracher
» l'Égypte de leurs mains impies, en même
» temps qu'elle lui recommandait de s'armer

» de courage et de zèle, en attendant l'arrivée
» des secours contre les Français.

» Maintenant je lui écris dans ce sens, et ma
» lettre lui parviendra par l'entremise du susdit
» consul. De votre côté, ayez soin de le tenir
» bien informé de tout ce que l'on se propose de
» faire. Quant à vous, ne laissez point abattre
» votre zèle, et attendez avec constance et
» fermeté le résultat des soins que prend la
» Sublime-Porte.

» Il me reste à vous entretenir de l'ex-pacha
» du Kaire, le très-honoré vizir êl-Hadjy-
» abou-Beker ; il ne doit pas regarder sa
» déposition comme une disgrâce. En effet sa
» maison a été divisée par l'événement du
» Kaire, et jusqu'à présent il lui est impossible
» de la refaire et de ramasser des troupes. Ce-
» pendant les circonstances dans lesquelles se
» trouve l'Égypte, exigent que ce gouverne-
» ment soit donné à un vizir qui ait un grand
» état de maison et de troupes ; ce qui a déter-
» miné la Sublime-Porte à donner l'Égypte au
» ci-devant gouverneur de Damas, le très-
» honoré êl-Hadjy-Abdallah-Pacha. Il est
» donc nécessaire que vous vous disposiez à
» marcher avec ce général, et que vous et

» Mourad-Bey, en vous réunissant à lui de
» cœur et d'esprit, vous combiniez ensemble
» les meilleurs moyens d'écraser ces Infidèles.
» Il lui a été recommandé en diverses occa-
» sions de bien s'entendre avec vous.

» Du côté de terre on envoie au susdit géné-
» ral de grandes armées qui se réuniront à cel-
» les qu'il a déjà, et par mer on lui fait passer
» toutes les provisions de bouche qui peuvent
» être nécessaires à la subsistance de ses
» troupes.

» Continuez donc avec zèle vos prépa-
» ratifs : excitez l'ardeur des beys et kachefs,
» des troupes et des Arabes, en leur faisant
» comprendre combien il est glorieux pour
» eux de combattre pour la cause de Dieu;
» entretenez une correspondance suivie soit
» avec le susdit général, soit avec Mourad-
» Bey; et à l'arrivée du Pacha généralissime,
» réunissez-vous à lui avec cette droiture,
» cette franchise, ce zèle qui vous caractéri-
» sent : partez ensemble pour le Kaire avec le
» corps de troupes qui vous reste, et avec cel-
» les que vous avez pu encore recueillir, ainsi
» qu'avec tous les beys, kachefs, et les cheyks
» arabes.

» C'est principalement pour vous dire que
» la Sublime-Porte attend de vous de nouvelles
» preuves de courage et de dévouement, que
» je vous ai fait et expédié cette lettre. S'il
» plaît à Dieu, à sa réception vous vous dis-
» poserez à faire tout ce qui est ici recom-
» mandé. »

Voilà par quels moyens la politique ottomane cherchait à réunir dans une ligue commune tous les ennemis de l'invasion française. Dans l'ensemble des mesures il était facile de reconnaître le doigt de l'Angleterre : sans cette active alliée, jamais la Porte, inerte dans tous ses plans, n'eût réuni en aussi peu de mois tant d'élémens d'attaque. Les vaisseaux britanniques croisaient alors la Méditerranée soit pour accélerer l'arrivée des firmans, soit pour jeter des troupes sur les plages de Syrie. Djezzar, pacha de Saint-Jean-d'Acre, était entouré d'agens anglais qui exploitaient son orgueil, sa méfiance naturelle et sa haine native contre les possesseurs de l'Égypte. L'influence de ce gouverneur turc avait fait entrer dans l'alliance générale les pachas d'Alep et de Damas, et toute la Syrie se voyait alors couverte de camps armés.

Les choses en étaient là, quand Bonaparte apprit à Suez l'occupation d'El-Arych. A défaut de renseignemens plus exacts, cet acte seul lui fit deviner et la déclaration de guerre de la Porte, et les menées sourdes des Anglais, et le vaste complot organisé contre lui. Il n'y avait pas un instant à perdre. El-Arych était situé à cinq journées de Kattiéh, dernier poste militaire des Français en Égypte. Il fallait se préparer à une agression ou la prévenir en attaquant soi-même. Sans doute une campagne en Syrie avait ses périls et ses inconvéniens. Pour l'entreprendre, Bonaparte se voyait obligé de diviser en deux une armée déjà réduite, de laisser la guerre en Afrique, pendant qu'il l'allait chercher en Asie, de soumettre et d'occuper avec trente mille hommes, quatre pachaliks syriens et toute la contrée égyptienne; mais d'un autre côté, en attendant la guerre sur les bords du Nil, on se privait de l'avantage que donne l'initiative; on laissait l'isthme de Suez ouvert aux hordes musulmanes; on donnait un aliment nouveau aux soulèvemens intérieurs rendus plus forts par des attaques limitrophes.

Ces divers motifs se combattirent dans la

tête de Bonaparte; mais peu habitué à temporiser, il se décida bientôt pour les moyens énergiques. Une invasion en Syrie fut résolue. Elle devait tout à la fois venger l'honneur français des insultes de Djezzar, anéantir les débris des Mamlouks, mettre en défaut la politique anglaise, et rendre aux Musulmans l'Égypte inabordable par la voie de terre. Le plan du Général en chef était de démanteler Jaffa, Saint-Jean-d'Acre, El-Arych et toutes les forteresses syriennes, de détruire les arsenaux et les magasins qui se trouvaient dans ce rayon, enfin de ravager les campagnes, afin que, perdue dans un désert de soixante lieues, une armée d'invasion ne pût pénétrer en Égypte que par une voie de misère et de mort.

Voici d'ailleurs ce que Bonaparte écrivait lui-même au Directoire, à propos de son expédition syrienne :

« J'ai dans l'opération que j'entreprends
» trois buts :
» 1°. Assurer la conquête de l'Égypte, en
» construisant une place forte au-delà du Dé-
» sert, et dès-lors éloigner tellement les armées
» de quelque nation que ce soit, qu'elles ne

» puissent rien combiner avec une armée eu-
» ropéenne qui viendrait sur nos côtes ;

» 2°. Obliger la Porte à s'expliquer, et, par-
» là, appuyer la négociation que vous avez sans
» doute entamée, et l'envoi que je fais à Cons-
» tantinople du citoyen Beauchamp sur une
» caravelle turque ;

» 3°. Enfin ôter à la croisière anglaise les
» subsistances qu'elle tire de Syrie, en em-
» ployant les deux mois d'hiver qui me restent
» à rendre, par la guerre ou par la diplomatie,
» toute cette côte amie. »

Dans ses confidences au Directoire, Bonaparte ne disait jamais toute sa pensée. Des paroles recueillies par ses intimes, des effusions
de bivouac donneraient lieu de soupçonner
qu'à côté de son plan avoué, le jeune conquérant nourrissait des projets d'une plus longue
haleine. Ce fut au commencement du siége de
Saint-Jean-d'Acre que le Général en chef, se
promenant d'un air pensif dans sa tente, où
étaient alors seulement Junot, Caffarelli et
Bourrienne, laissa involontairement échapper ces paroles énigmatiques : « Encore trois
» journées d'ici à Paris, Damas, Constanti-

» nople et Vienne!... » Ces mots furent suivis d'un long silence que personne n'osa interrompre par des questions indiscrètes; mais quelques jours après, au milieu d'obstacles sans cesse renaissans, Bonaparte fut entraîné à développer sa pensée intime dans un épanchement familier. « Si je réussis, disait-il, je
» trouverai dans la ville d'Acre les trésors du
» Pacha et des armes pour cent mille hommes.
» Je soulève alors et j'arme la Syrie, déjà in-
» dignée de la férocité de Djezzar. Je marche
» sur Damas et Alep. En avançant dans le
» pays, je grossis mon armée de tous les mé-
» contens; j'annonce aux peuples l'abolition de
» la servitude et des gouvernemens tyranniques
» des Pachas. J'arrive à Constantinople avec
» des masses armées. Je renverse l'Empire
» turc. Je fonde dans l'Orient un nouvel et
» grand Empire qui fixera ma place dans la
» postérité, et peut-être retournerai-je à Paris
» par Andrinople et par Vienne, après avoir
» anéanti la maison d'Autriche. »

D'autres fois, désespérant de pouvoir se frayer une route vers la France au travers du continent européen, il reportait vers l'Inde ses idées de conquête. De Suez même, il écrivit à

Typou-Saheb, sultan de Mysore, pour se ménager un allié intermédiaire.

« Vous aurez déjà été instruit, disait-il, de
» mon arrivée sur les bords de la Mer-Rouge
» avec une armée innombrable et invincible,
» remplie du désir de vous délivrer du joug de
» fer de l'Angleterre.

» Je m'empresse de vous faire connaître le
» désir que j'ai que vous me donniez, par la
» voie de Mascate ou de Mokha, des nouvelles
» de la situation politique dans laquelle vous
» vous trouvez. Je désirerais même que vous
» pussiez envoyer à Suez ou au Kaire quelque
» homme adroit qui eût votre confiance, avec
» lequel je pusse conférer. »

Ces premières lettres furent suivies d'autres missives qui furent interceptées par les Anglais, et qui les engagèrent sans doute à précipiter la chute du malheureux Sultan.

En même temps, Bonaparte envoyait des agens en Perse pour savoir si le Chah consentirait, moyennant un paiement fait d'avance, à laisser établir dans les lieux qu'il désignerait des magasins d'objets militaires, d'habillement et d'équipement. Dans ces plans conçus sur une vaste échelle, les distances à parcourir, le nombre des ennemis ne l'effrayaient pas; mais la faim au milieu des déserts, la misère, les privations lui semblaient des obstacles plus graves. Quelle que fût sa soif de gloire, il n'eût pas voulu, nouveau Cambyse, voir engloutir quinze mille compagnons d'armes au milieu des sables arabiques.

Quoi qu'il en soit de ces divers projets, vrais ou faux, sérieux ou vagues, ils étaient tous subordonnés au résultat futur de l'expédition syrienne. Déjà tous les préparatifs de cette expédition étaient arrêtés dans la tête du Général en chef. En passant à Salahiéh, il avait donné l'ordre au général Reynier qui s'y trouvait de se mettre en mouvement pour former avec sa division l'avant-garde de l'armée. A peine arrivé au Kaire, il compléta ces dispositions par un ordre du jour désignant le reste des corps qui devaient prendre part à cette campagne.

C'étaient quatre petites divisions d'infanterie et un détachement de neuf cents chevaux sous les ordres des généraux Reynier, Kléber, Bon, Lannes et Murat; le tout réparti de la manière suivante :

Les neuvième et quatre-vingt-cinquième demi-brigades de ligne composaient la division du général Reynier, ayant sous ses ordres le général de brigade Lagrange.

Le général Kléber, dont les généraux de brigade étaient Verdier et Junot, avait sous son commandement les deux premiers bataillons de la vingt-deuxième légère, des vingt-cinquième et soixante-quinzième de ligne.

La division du général Lannes comprenait les deux premiers bataillons de la deuxième légère, des treizième et soixante-neuvième de ligne. Ses généraux de brigade étaient Vaux et Robin.

Le général Bon avait sous ses ordres une partie de la quatrième demi-brigade légère, des dix-huitième et trente-deuxième de ligne, et les généraux de brigade Vial et Rampon.

Enfin, le général Murat commandait les détachemens des divers régimens de cavalerie de l'armée d'Égypte, au nombre de neuf cents chevaux.

Les généraux Dommartin et Caffarelli prirent eux-mêmes la direction de l'artillerie et du génie du corps d'armée de Syrie.

Le parc d'artillerie était formé de quatre pièces de 12, trois de 8, cinq obusiers et trois petits mortiers de cinq pouces. Chaque division d'infanterie avait en outre deux pièces de 8, deux obusiers de 6 pouces, et deux pièces de 3 ; le corps des guides à cheval et à pied du Général en chef, quatre pièces de 8 et deux obusiers de 6 pouces ; la cavalerie du général Murat, quatre pièces de 4.

Toutes ces forces réunies formaient un total d'environ treize mille hommes, dont le chiffre se subdivisait comme il suit :

Division Reynier.	2,160 h.
Division Kléber.	2,349
Division Lannes.	2,994
Division Bon.	2,449
Cavalerie de Murat.	900
Artillerie.	1,385
Génie.	340
Corps de guides.	400
Dromadaires.	88
Total.	13,065 h.

L'ordonnateur en chef d'Aure et le payeur général Estève devaient suivre l'expédition.

Une division de l'imprimerie nationale était attachée à l'état-major général pour l'impression des ordres du jour.

Le reste de l'armée, c'est-à-dire la demi-soixante-unième brigade en entier et les troisièmes bataillons de celles que nous venons de nommer, la légion nautique, les dépôts des régimens de cavalerie, la légion maltaise, fut ou resta réparti dans les villes du Kaire, d'Alexandrie, de Rosette, de Damiette et autres, soit pour composer les garnisons, soit pour former des colonnes mobiles contre les Arabes remuans de la Basse-Égypte. Desaix demeura dans le Saïd avec sa division intacte.

Par suite de ces nouvelles dispositions, il fallut faire plusieurs changemens dans les gouvernemens militaires de la contrée. La province du Kaire et toute la Basse-Egypte furent confiées au général Dugua, le commandement de la capitale au général Destaing; Menou, quoique désigné pour l'expédition, continua de fait à régir la province de Rosette et une partie des côtes de la Méditerranée; les généraux Belliard, Lanusse, Fugières, Zayonchek, Leclerc, et les adjudans-généraux Almeyras et Boyer commandèrent dans les autres provinces égyptiennes.

De tous ces postes, l'un des plus importans dans les circonstances actuelles, était celui d'Alexandrie qui se trouvait en butte aux croisières anglaises, et menacée d'un prochain bombardement. Il fallait donc y placer un officier qui réunît à la fois les connaissances de l'artillerie et du génie à celles exigées pour les autres armes. Bonaparte jeta les yeux sur Marmont. Déjà ce général avait remplacé Kléber et Manscourt dans le commandement de ce port méditerranéen, et sa capacité ne s'était pas montrée au-dessous de ce poste difficile. Pour ajouter à ses embarras, quelques symptômes de peste venaient de se manifester dans la ville, et des soins sanitaires compliquaient encore cette immense responsabilité militaire et administrative.

L'adjudant-général Almeyras, qui devait rester à Damiette en qualité de commandant, avait aussi une tâche laborieuse à remplir. Non-seulement il était chargé de presser les fortifications, de veiller à la sûreté des routes, mais encore, par mission spéciale de Bonaparte, c'était lui qui devait embarquer les vivres et les munitions pour l'armée de Syrie en profitant de la navigation du lac Menzaléh et du port de Tinéh, pour les transporter de-là dans les magasins de Kattiéh, à cinq heures de marche.

L'échelonnement des troupes, au milieu de pays dépourvus de tout, n'était pas la plus grave préoccupation du Général en chef. Dans sa campagne aventureuse, des places fortes devaient barrer sa route; Jaffa et Saint-Jean-d'Acre ne paraissaient pas disposées à capituler sur le premier mot d'un parlementaire. Pour les réduire il fallait un parc de siége, et le transport de pièces de gros calibre, au travers du Désert, était chose impraticable. A défaut de la voie de terre, s'offrait la voie de mer avec d'autres chances non moins hasardeuses. L'œil perçant des croiseurs anglais veillait sur les ports égyptiens; il s'agissait de les tromper ou de les vaincre, sous peine d'être capturé. Le contre-amiral Perrée fut chargé de cette épreuve hardie. Il choisit dans l'arsenal d'Alexandrie des pièces de siége, et les fit embarquer sur les frégates *la Junon*, *la Courageuse* et *l'Alceste* qu'il rallia sous son commandement. Avec cette escadrille il devait venir croiser devant Jaffa et se mettre en communication avec l'armée de terre à jour désigné.

Ces apprêts maritimes n'étaient qu'un incident au milieu du vaste appareil qui se déployait sur la route du Kaire à Salahiéh. Une armée traversant un désert de soixante lieues ne pouvait pas être laissée à la merci de ressources éventuelles. Eau, vivres, munitions, tout devait marcher à sa suite. Aussi fallut-il, au moyen de dures réquisitions, accaparer un grand nombre de chameaux et de mulets. Cette immense caravane se réunit d'abord au Kaire d'où elle s'achemina vers Kattiéh, lieu désigné pour le rendez-vous général. C'était là que la division Reynier, partie de Belbéys, que la division Kléber, faisant route par le lac Menzaléh, devaient être rendues le 16 pluviôse an VII (4 février 1799). Ces deux divisions, qui formaient l'avant-garde, étaient suivies par les autres échelonnées à un jour de distance.

Mais avant d'ouvrir le récit de cette campagne si riche de faits, il nous semble utile de devancer nos soldats dans la contrée qu'ils vont parcourir, et d'éclairer ce terrain nouveau par quelques aperçus géographiques.

Au-delà de l'isthme de Suez, à partir du point sablonneux qui cesse d'être Afrique pour devenir Asie, s'étend une vaste province turque que nous avons appelée *Syrie*, par dérivation grecque. Mais ce nom n'est pas celui qui est usité par les Arabes ; ils le remplacent par celui de *Barr-el-Chám* (Pays de la gauche), et par là désignent tout l'espace compris entre deux lignes tirées, l'une d'Alexandrette à Bir sur l'Euphrate, l'autre de Gaza ou Khan-Younes jusqu'au désert Arabique, ayant pour limites à l'est ce même désert, à l'ouest la Méditerranée. Cette dénomination *Pays de la gauche* semblerait indiquer une contrée centrale dont la Syrie avait été la gauche, l'Yémen la droite, car *Yemen* signifie *Pays de la droite*.

La Syrie peut avoir 5,250 lieues carrées à raison de 150 de longueur sur 35 de large; sa population est de deux millions trois cent cinq mille ames; d'où l'on tire le terme moyen de quatre cent soixante-seize habitans par lieue carrée. Cette population s'élève à un chiffre moindre que la moitié de celle qui était connue des anciens. On peut l'évaluer et la répartir de la manière suivante :

Pachalik d'Alep.	320,000
—— de Tripoli, non compris le Kesrouân.	200,000
—— d'Acre.	300,000
Pays des Druses.	120,000
Le Kesrouân.	115,000
Pachalik de Damas.	1,200,000
Palestine.	50,000
Total.	2,305,000

De quelque côté qu'on aborde en Syrie, soit par la côte, soit par le Désert, le premier point sur lequel la vue s'arrête à l'horizon est une longue chaîne de montagnes qui court nord et sud. Cette chaîne, serrant d'abord la mer entre Alexandrette et l'Oronte, cède passage à cette rivière, puis reprenant sa direction au midi, elle détache dans ce trajet une foule de collines qui vont mourir, les unes dans le Désert, les autres sur les bords de la Méditerranée. Cependant la ligne principale, se prolongeant par des sommets continus, parvient aux sources du Jourdain où elle se divise en deux branches pour enfermer, comme en un bassin, ce fleuve et trois lacs. Les pics les plus élevés de toute cette chaîne, sont le Liban, l'Anti-Liban et le Mont-Aqqâr. La hauteur du premier peut s'estimer à seize cents toises. Sa tête, couronnée de neiges jusque vers la fin d'avril, se distingue de la pleine mer dans un horizon de vingt lieues.

De ce point culminant, la vue embrasse un panorama que nul pinceau ne saurait reproduire, nulle langue décrire. C'est d'un côté une nappe de sables qui confine au golfe Persique, de l'autre une nappe d'eau qui va battre sur la plage européenne. Trois parties du monde, visibles par la pensée, semblent aboutir à ce haut belvédère. Mais quand on plonge autour de soi, quand on abaisse le regard sur le revers de ce pic abrupte, on s'étonne de voir si petits les objets que l'on a connus si grands. Les villages, les villes blanchissent à l'œil comme des blocs de rocher ; les coteaux, les champs d'oliviers, changés en points imperceptibles, nuancent la vallée de leurs couleurs diverses ; les bois de cèdres, si majestueux dans l'Écriture sainte, rampent sous les pieds comme de chétives bruyères.

Grâce à la disposition de son terrain, la Syrie est appelée à jouir de toutes les végétations et de toutes les températures. Les pachaliks littoraux étant placés sur le versant de la chaîne montueuse que nous avons décrite, il s'ensuit que dans une distance de quatre à cinq lieues, l'atmosphère varie suivant les hauteurs du sol, c'est-à-dire depuis le niveau même de la mer jusqu'à douze cents toises d'élévation.

Ainsi trois longues bandes de terrain semblent couper la Syrie dans son gisement du nord au midi.

La première, qui comprend tout le littoral

de la Méditerranée, est une vallée chaude et humide. La canne à sucre, le coton, le tabac, l'olivier, les orangers, et tous les produits des latitudes tropicales y croissent à souhait. Mais, prodigieuse dans sa fécondité, cette région est d'une salubrité douteuse. Les marécages, nés du mauvais aménagement des eaux, y jettent dans l'air des fièvres endémiques; la rosée des nuits et la chaleur étouffante des jours y causent des variations trop brusques dans l'état atmosphérique pour que l'économie animale n'en soit pas affectée.

La seconde région, montueuse et plus froide, se compose des plateaux cultivables qui s'étendent à la base même des pics granitiques. Là se cultivent, comme au sein des climats tempérés, le mûrier, le froment, le seigle, les vignes, le sésame (*semsem*); et tous les produits de ce sol ne le cèdent à aucuns de ceux que nous connaissons.

La troisième région forme le revers des montagnes à l'E. Brûlée par les vents du Désert, elle est plus salubre que le versant occidental, mais en même temps moins fertile.

Si maintenant, sans s'astreindre à des classifications toujours imparfaites, nous demandons compte à chaque localité des richesses de son territoire, la nomenclature varie alors à l'infini. Avec ses gradations d'atmosphère et de climats, la Syrie peut féconder les produits de toutes les latitudes. Le maïs prospère dans le sol léger de Balbek; le riz est cultivé sur les bords du marécage de Haoulé; la Palestine abonde en *dourrá* pareil à celui de l'Égypte; l'indigo croît sans art sur les bords du Jourdain au pays du Bisnâs; les coteaux de Lattaquiéh fournissent le tabac le plus estimé de tous ceux du Levant; à Antioche, à Ramléh, l'olivier croît à la hauteur des hêtres; à Tripoli la vigne élevée en échalas donne des vins rouges et blancs qui sont estimés en Europe; Jaffa cultive des limons et des poncires énormes; Ghazzah a des dattes et des grenades qui ne le cèdent pas à celles du littoral barbaresque; Beyrout a des figues comme la Provence et des bananes comme les Antilles; Alep se vante de ses pistaches supérieures à toutes celles connues, et Damas pourrait réunir dans ses jardins tous les fruits de nos provinces. La pomme de Normandie, la prune de Touraine, la pêche de Paris, s'accommodent également de son sol pierreux;

l'abricot y compte plus de vingt variétés.

Riche de tant d'avantages territoriaux, la Syrie passa en tout temps pour une contrée délicieuse. Les Grecs et les Romains, qui nommaient l'Égypte leur grenier, avaient appelé la Syrie leur jardin. Les Turcs eux-mêmes, ses maîtres actuels, la regardent comme une de leurs plus fertiles provinces. Volney nous raconte qu'un pacha interrogé sur ses préférences, répondit : *L'Égypte, sans doute, est une excellente métairie, mais la Syrie est une charmante maison de campagne.*

Quoique coupées par une multitude de ruisseaux ou torrens qui se précipitent de la chaîne Libanique, les provinces syriennes comptent peu de rivières que l'on puisse citer : les noms antiques dont elles se parent encore, relèvent celles qui y coulent et leur donnent à nos yeux une importance qu'elles n'auraient point sans cela. De ce nombre sont l'Oronte, le Jourdain, l'Adonis (maintenant *Narh-él-Kelb*, le fleuve du Chien).

L'Oronte et le Jourdain prennent tous les deux leur source dans les chaînes du Liban; mais se dirigeant en sens opposé, l'une de ces deux rivières court au N., et l'autre au S., de manière à former ensemble une ligne perpendiculaire qui baigne le versant oriental des montagnes syriennes. L'Oronte, après un cours de soixante-dix lieues environ, se jette dans la Méditerranée auprès d'Antioche. Le Jourdain, dont le cours est moins long d'un tiers, traverse le lac de Tabariéh (autrefois Tibériade), et va se jeter dans le lac Asphaltite ou mer Morte. Ce lac, dont les eaux sont plus âcres que celles de la mer, paraît être assis sur un fond de sel gemme. Le sol des environs est tellement mélangé de ce minéral, qu'aucune végétation ne peut résister à son activité corrosive. De là cet aspect de mort qui règne autour du lac, et qui, en le dotant de son nom, a pu accréditer une foule de traditions erronées sur ses funestes influences. Quoique le poisson ne puisse pas vivre dans ses eaux, il est faux que son air soit empesté au point d'asphyxier les oiseaux qui le traversent. Le sol et l'atmosphère du lac Asphaltite ne sont ni plus infertiles ni plus insalubres que ceux de nos marais salans.

On peut faire des peuplades de la Syrie trois classes principales qui se subdivisent ensuite en plusieurs autres.

1°. La postérité du peuple conquis par les Arabes, c'est-à-dire les Grecs du Bas-Empire, mêlés aux restes des colonies romaines, des anciennes peuplades syriennes, phéniciennes, etc.

2°. La postérité des Arabes conquérans, mêlés successivement aux Kourdes et aux Turkomans, lorsque ces peuples établirent leur domination en Syrie.

3°. Les Turcs ottomans.

De ces trois classes, les deux premières offrent des nuances diverses, surtout sous le rapport de la religion. Ainsi l'on doit diviser les chrétiens grecs de la première :

1°. En Grecs propres, dits vulgairement schismatiques ou séparés de la communion de Rome; 2° en Grecs latins réunis à cette communion; 3° en Maronites ou Chrétiens de la secte du moine Maroun, ci-devant indépendans des deux communions, aujourd'hui réunis à la dernière.

Il faut diviser les Arabes :

1°. En descendans propres des conquérans dont le sang s'est mélangé, mais qui forment encore la portion la plus considérable de la population; 2° en Motouâlis, distincts de ceux-ci par des opinions religieuses; 3° en Druses, également distincts pour une cause semblable; 4° enfin en *Ansariés* qui se sont aussi séparés de la religion commune des Arabes.

Si à ces peuples, qui sont les habitans agricoles et sédentaires de la Syrie, on ajoute encore trois autres peuples errans ou pasteurs, divisés en tribus indépendantes, savoir : les Turkomans, les Kourdes et les Arabes-Bédouins, on aura la nomenclature à peu près exacte des races répandues entre la mer et le Désert, depuis Ghazzah jusqu'à Alexandrette.

Quoique groupées sur le même territoire, ces diverses races d'habitans offrent entre elles des nuances bien distinctes.

Les Grecs proprement dits ou schismatiques forment la classe de laboureurs à la campagne, et de bas peuple dans les villes. Le pachalik de Damas est celui où ils se trouvent agglomérés en plus grand nombre. Ils y occupent des villages et des bourgs tout entiers.

Les Grecs latins, moins nombreux que les schismatiques, doivent à leur orthodoxie la protection des comptoirs *francs* (européens), auxquels ils servent de courtiers et d'interprètes. Leur siége habituel est dans les villes littorales, où leur activité trouve le plus d'aliment.

Les Maronites habitent le Kesrouân, pays montagneux situé à l'est de Tripoli et au pied même du Liban. Ils sont limitrophes des Druses au midi, au nord des Ansariés, et occupent toute la région comprise entre les fleuves *Nahr-él-Kelb* et *Nahr-él-Bareb*. S'il faut en croire la tradition, cette peuplade tire son nom de *Maroun*, moine célèbre au quatorzième siècle sur les bords de l'Oronte, et dont la vie fut un long jeûne. Sa sainteté lui ayant valu des disciples, il se fit chef d'une secte opposée aux schismatiques grecs, et comme tel il fut canonisé après sa mort. Plus tard, à la fin du septième siècle, un nommé *Jean*, surnommé aussi *Maroun*, compléta l'œuvre du premier; il réunit tous les latins ou partisans du pape dans une ligue contre les *Melkites* ou *royalistes*, c'est-à-dire partisans du schisme de l'empereur grec; avec eux il quitta la plaine pour fonder une colonie républicaine dans la chaîne du Liban. Grâce à Jean Maroun, ce peuple eut bientôt une organisation militaire; non-seulement il défendit son territoire, mais encore il se rendit maître de toute la montagne jusqu'à Jérusalem. Depuis lors tantôt vaincu, tantôt vainqueur, il fut ou indépendant ou tributaire. Toutefois dans cette contrée, où passèrent tour à tour les Romains, les Grecs du Bas-Empire, les Sarrasins, les Croisés, les Mamlouks et les Turcs, on vit les Maronites, essuyant des fortunes diverses, se perpétuer avec leur nationalité de caste, leurs habitudes, leurs mœurs et leur religion [1]. Aujourd'hui encore, libres sur un territoire montagneux, ils se rachètent du vasselage de la Porte Ottomane par un tribut qu'ils paient au pacha de Tripoli. On évalue le nombre des Maronites à cent quinze mille hommes, sur lesquels trente-cinq mille sont en état de porter les armes.

Les *Ansariés* ou Nasayriens occupent la chaîne de montagnes qui s'étend depuis *Antakiéh* (Antioche) jusqu'au ruisseau dit *Nahr-êl-Kébir* ou la Grande-Rivière, l'ancien *Eleutherus Fluvius*. Assemani rend ainsi compte, dans sa Bibliothèque orientale, de l'origine singulière de ce peuple :

« L'an des Grecs 1202 (891 de J.-C.), il y
» avait dans les environs de Koufah, au village

---

[1] Leur rite est celui de la Cour de Rome, à part l'interdiction du mariage des prêtres.

» de Nasar, un vieillard que ses jeûnes, ses
» prières assidues et sa pauvreté faisaient pas-
» ser pour un saint : plusieurs gens du peuple
» s'étant déclarés ses partisans, il choisit parmi
» eux douze sujets pour répandre sa doctrine;
» mais le commandant du lieu, alarmé de ses
» mouvemens, fit saisir le vieillard et le fit
» mettre en prison. Dans ce revers, son état
» toucha une fille esclave du geôlier qui, pro-
» fitant de l'ivresse de son maître, lui enleva
» doucement ses clefs, ouvrit la porte au
» vieillard, et remit ensuite le trousseau en sa
» place. Le geôlier à son reveil ne trouva plus
» le prisonnier; stupéfait et craignant d'être
» puni, il s'empressa de dire qu'il avait été
» délivré par un ange. De son côté, le vieil-
» lard en dit autant et le bruit s'en accrédita.
» Libre, il continua ses prédications, et écri-
» vit un livre où on lisait : *Moi, un tel, du vil-*
» *lage de Nasar, j'ai vu Christ qui est la pa-*
» *role de Dieu, qui est Ahmed, fils de Moham-*
» *med, fils de Hanafah, de la race d'Aly, qui*
» *est aussi Gabriel, et il m'a dit : Tu es celui*
» *qui lit; tu es l'homme qui dit vrai; tu es le cha-*
» *meau qui préserve les fidèles de la colère; tu es*
» *la bête de charge qui porte le fardeau; tu es*

» *l'esprit, et Jean fils de Zacharie. Va, et prêche*
» *aux hommes qu'ils fassent quatre génuflexions*
» *en priant, savoir : deux avant le lever du soleil,*
» *et deux avant son coucher, en tournant le vi-*
» *sage vers Jérusalem; et qu'ils disent trois fois:*
» Dieu tout-puissant ! Dieu très-haut ! Dieu
» très-grand; *et qu'ils n'observent plus que la*
» *deuxième et la troisième fête; qu'ils ne jeû-*
» *nent que deux jours par an; qu'ils ne se la-*
» *vent point le prépuce, et qu'ils ne boivent*
» *point de bière, mais du vin tant qu'ils*
» *voudront; enfin qu'ils s'abstiennent de la*
» *chair des bêtes carnassières.* » Ce vieillard
» étant passé en Syrie, répandit ses opinions
» chez les gens de la campagne et du peuple
» qui le crurent en foule; et après quelques
» années il disparut sans qu'on ait su ce qu'il
» devint. »

Quelle que soit la croyance due à ce récit, on assure que de là vinrent les Ansariés ou Nasayriens qui, plus tard, se partagèrent en plusieurs sectes, les *Kelbiés* ou adorateurs du chien, les *Chemsiés* ou adorateurs du Soleil, enfin les *Qadmousiés* qui, s'il faut en croire Niébhur et Volney, comptent parmi les objets de leur culte les parties sexuelles de la femme.

Le pays des *Ansariés* est divisé en trois districts principaux que des *moqaddam* ou chefs tiennent à ferme moyennant une redevance qu'ils paient chaque année au pacha de Tripoli.

Les Druses ou *Derouz* sont limitrophes des Maronites; ils habitent depuis *Nahr-él-Kelb* jusque près de *Sour* (Tyr), entre la vallée de Beqaâ et la Méditerranée. Leur pays confine au sud le Kesrouân. Il est divisé en districts qui ont chacun leur caractère particulier. Tels sont El-Matnéh, riche en métaux; El-Gharb, couvert de beaux sapins; El-Saheb, fertile en mûriers; El-Chouf, renommé pour ses soies; El-Chakif, productif en tabacs. Le sixième district, El-Djourd, est situé dans la partie la plus froide de la contrée; c'est là que se retirent les troupeaux à l'époque des grandes chaleurs.

Le nom de ce peuple lui vient d'un chef de secte, *Mohammed-Ben-Ismayl*, qui portait le surnom d'*él-Dourzy*. Cet homme parut au commencement du cinquième siècle de l'hégire (onzième de notre ère), à l'époque où le troisième des khalifes fatimites qui régnèrent en Égypte, *Hakem be-amr-Illahs*, scandalisait les Musulmans par ses impiétés et ses extravagances. Pour plaire à ce souverain, Mohammed allait prêchant partout une religion relâchée. D'après lui, il était inutile de pratiquer le jeûne, la prière, la circoncision et le pélerinage de la Mecque; il soutenait que les prohibitions du porc et du vin étaient absurdes; que le mariage des frères et des sœurs, des pères et des enfans, était licite. Grâce à cette religion facile, Mohammed se fit de nombreux prosélytes; ses disciples se répandirent en Syrie et en Palestine où ils formèrent bientôt une peuplade. Persécutés, ils se retranchèrent, comme les Maronites, dans les montagnes du Liban. Amurat III, vers la fin du seizième siècle, parvint un instant à les rendre tributaires; réorganisés quelque temps après, ils secouèrent le joug de la Porte pour retomber plus tard sous le vasselage du pacha de Damas.

La religion actuelle des Druses est encore celle de leur chef de secte Mohammed êl-Dourzy. Seulement on ne voit plus chez eux d'alliance entre les enfans et les pères. A part la classe des *Oqqáls* (spirituels), le reste de la population n'a point de culte apparent. L'esprit des Druses est insouciant des choses religieuses : cette tolérance est même devenue abusive en ce sens que, sur le plus mince intérêt, ils se font adeptes hypocrites de toutes les croyances. Devant les Turcs, ils affectent les ablutions et la prière des mosquées; devant les Maronites, ils se mettent à genoux en se signant avec l'eau bénite. Il en est même qui, à peu d'intervalle, se sont fait baptiser et circoncire, et par un cumul de religions, se sont trouvés à la fois sectateurs de Ben-Ismayl, de Jésus-Christ et de Mahomet.

Belliqueux et hospitaliers, les Druses ont une organisation civile moins vicieuse que celle des autres provinces turques. La propriété se trouve libre chez eux de confiscations et d'avanies. L'impôt une fois payé, les paysans sont tranquilles dans leurs montagnes. Nous aurons plus tard, dans le cours de la campagne syrienne, l'occasion de revenir sur cette peuplade qui, de concert avec les Motouâlis, se déclara l'alliée des Français et resta fidèle à cette alliance.

Les Druses et les Motouâlis se touchent de territoire. Ces derniers habitent la vallée profonde de Beqaâ, qui sépare la région montueuse occupée par les Druses de la chaîne de collines qui va mourir à Damas. Cette tribu est la seule en Syrie qui observe le culte d'*Aly* comme les Persans, pendant ques les Turcs suivent celui d'*Omar* ou de *Moaouyah*. Ce schisme les fait désigner sous le nom de *Chiïtes* (sectaires schismatiques), par opposition à celui de *Sounnites* (orthodoxes) que porte le reste des Musulmans.

Les Motouâlis sont les guerriers les plus intrépides de toute la Syrie : presque toujours en guerre avec leurs voisins, les combats les ont décimés, au point que leur nombre se réduit aujourd'hui à cinq cents familles environ. Le Beqaâ et la vallée de Balbek (l'ancienne *Heliopolis*) où ils séjournaient ayant été envahis, ils se sont réfugiés dans l'Anti-Liban et dans le Liban des Maronites.

A côté de ces peuples de cultivateurs, nous avons encore à classer les tribus errantes qui voyagent sur toute l'étendue de la Syrie.

En premier lieu, il faut citer les Arabes-Bédouins qui croisent dans le grand Désert et occupent toute la lisière du pays cultivable. Nous avons déjà, dans une revue des tribus libyques, fourni des détails sur cette race d'hommes dont le type est le même en Asie et en Afrique. Leurs mœurs, leurs habitudes de pillage ne diffèrent entre elles que par d'imperceptibles nuances.

Les Turkomans et les Kourdes, pasteurs et vagabonds comme les Bédouins, ne se rapprochent d'eux que par une vie analogue. Leur origine, leur langue, leur religion sont différentes. Répandus au nombre de cent mille environ dans les pachaliks d'Alep et de Damas, ils habitent plus spécialement les montagnes qui s'étendent entre Alexandrette et l'Euphrate. Là, cachés au milieu des bois de chênes, d'ifs, de sapins, ils épient le passage des caravanes *franques* qui se rendent à Alep, et se précipitent au pillage de celles qui ne sont pas défendues par une escorte. Les plaines d'Antioche sont le domaine des Turkomans, le Kourdistan est la station favorite des Kourdes. Ces deux peuplades se composent en grande partie de cavaliers agiles et de soldats infatigables. Presque toujours en révolte ouverte avec les pachas, ils fatiguent leurs *Arnautes* par une guerre à la façon des Parthes.

Du reste peu soucieux de religion, ils ne sont Musulmans que pour la forme et ne s'astreignent à aucune des pratiques commandées par le Koran. On cite même une secte de Kourdes qui croient particulièrement au Christ; on les appelle *Yésides* ou Adorateurs de Jésus.

Tels sont les peuples de la Syrie. Jetés irrégulièrement sur toute sa surface, ils sont ou stationnaires ou nomades, suivant les localités. Beaucoup d'entre eux échappent à la suzeraineté de la Porte, et deviennent insaisissables pour l'impôt. Il est même étonnant qu'en l'absence d'une armée régulière, le Sultan ottoman puisse maintenir son autorité dans des provinces déjà fort éloignées du centre de l'empire. Ce résultat est dû sans doute à l'organisation et à la division des gouvernemens.

Aucun de nos États européens ne peut nous donner une idée exacte de l'administration ottomane. Chaque grande contrée est divisée en pachaliks que le Sultan loue à ferme à des pachas et vice-rois. Pourvu que le prix de ce fermage soit exactement payé, on s'inquiète peu à Constantinople si le gouverneur accable ses sujets d'impôts. Le Pacha est maître absolu dans tous les pays de son ressort; mais, pour parer aux inconvéniens de cette dictature, la Porte a le soin d'en limiter la durée. Elle délègue à un pachalik pour trois mois, six mois, un an au plus. Malgré cette précaution, des pachas ont su quelquefois, en si peu de temps, prendre assez de racine dans leur résidence pour braver la Porte et s'y perpétuer malgré elle.

La force armée des pachas est une garde soldée qui va de cinq cents à mille cavaliers, et un corps de janissaires dont le nombre varie suivant la population. Autrefois ces janissaires étaient astreints à une discipline et à des exercices réglés, mais depuis un siècle environ l'état militaire est tombé dans une telle décadence, que l'ancienne organisation est totalement perdue. Les janissaires n'ont plus rien du soldat; ce sont des ouvriers, des paysans, prolétaires indociles, toujours disposés à la révolte. Souvent ils déposent le délégué de la Porte, pour exercer eux-mêmes une souveraineté temporaire.

C'est pour tenir en bride les insurrections de janissaires que les pachas ont formé une garde à leur solde, composée de cavaliers et de piétons qu'ils recrutent à l'étranger. Dans les rangs de cette milice figurent des Arnautes ou Grecs, des Turkomans, des Kourdes et des Barbaresques. Leurs armes sont le sabre court, le *yatagán*, le *khandjár*, le pistolet, le fusil et la lance. Ces troupes, chargées de parcourir les campagnes pour y percevoir les impôts, sont l'effroi et la ruine des cultivateurs. Ils rançonnent et pillent ouvertement les villages, d'accord en cela avec leurs chefs qui s'entendent ensuite avec le Pacha.

Aussi, grâce à ce système spoliateur, les terres restent en friche, et le territoire offre l'aspect d'une vaste solitude. On dirait que, ligués pour contrarier la nature qui a fait cette contrée si féconde, les hommes se sont donné le mot pour la rendre improductive.

La Syrie se divise en cinq pachaliks, savoir :
Le pachalik d'Alep,
—— de Tripoli,
—— d'Acre,
—— de Damas,
Et la Palestine qui, bien qu'elle ait eu jadis un pacha résidant à Jera Salem (Jérusalem), est maintenant un district indépendant.

Sayde, l'ancienne Sidon, et la forteresse d'Adjeloun, près le lac de Tabariéh, ont été aussi les siéges de pachaliks.

Le pachalik d'Alep comprend le terrain qui s'étend de l'Euphrate à la Méditerranée, entre deux lignes tirées l'une d'Alexandrette à Bir par les montagnes, l'autre de la rivière de Belès, affluent de l'Euphrate, à la mer, par Marrah et le pont de Chagr (l'ancien *Seleucobelus*), territoire formé de deux plaines, l'une à l'Ouest, celle d'Antioche, l'autre à l'Est, celle d'Alep, qui reçoit son nom de la capitale du pachalik, située entre l'Oronte et l'Euphrate, à cinq journées dans l'intérieur des terres. La population d'Alep est de cent mille ames environ. Cette ville est plus propre et mieux bâtie qu'aucune des capitales turques. Elle est l'entrepôt de l'Arménie et de tout le Diarbekir. Elle reçoit des caravanes de Baghdad, communique au golfe Persique et à l'Inde par Basrah, à l'Egypte et à la Mecque par Damas, à l'Europe par Alexandrette et Lattaqiéh.

Le pachalik de Tripoli comprend le pays qui s'étend le long de la Méditerranée, depuis Lattaqiéh jusqu'à Nahr-êl-Kelb, en lui donnant pour limites à l'Est le cours de ce torrent et la chaîne des montagnes qui dominent l'Oronte. Les villes principales sont Tripoli, capitale, et Lattaqiéh (l'ancienne Laodicée), comptoir des facteurs européens. L'une et l'autre sont ports de mer.

Le pachalik de Damas occupe presque toute la partie orientale de la Syrie. Il s'étend au Nord depuis Marrah sur la route d'Alep, jusqu'à Habroun dans le Sud-Est de la Palestine. La ligne de ses limites à l'Ouest côtoie les montagnes des Ansariéh, celles de l'Anti-Liban et le cours supérieur du Jourdain ; puis traversant ce fleuve au pays de Bisan, elle enveloppe Nablous, Jérusalem, Habroun, et passe à l'Orient dans le Désert, où elle prend vers le canton de Tadmor (Palmyre) un développement de cinq journées.

La ville de Damas est située dans une vaste plaine ouverte au Nord et à l'Est. Elle est célèbre chez les Arabes par la verdure et la fraîcheur de ses vergers, par la variété de ses fruits et l'abondance de ses eaux vives. On y compte quarante mille habitans, dont quinze mille chrétiens, schismatiques en grande partie.

Le pachalik d'Acre, sur lequel nos troupes vont bientôt camper, embrasse tout le terrain compris depuis Nahr-êl-Kelb jusqu'au Sud de Qayssariéh (Césarée), entre la Méditerranée à l'Ouest, l'Anti-Liban et le cours supérieur du Jourdain à l'Est.

La Palestine comprend tout le pays littoral

depuis Césarée jusqu'à Khan-Younes. Ses limites à l'Est sont le Jourdain et le lac Asphaltite.

Comme la marche de nos soldats au milieu de ces deux dernières contrées nous forcera bientôt d'y faire une reconnaissance de tous les jours, au lieu de consigner ici la froide statistique des villes et des peuplades, nous attendrons que les événemens de la campagne syrienne nous offrent un cadre pour mettre leur géographie en action.

CHAPITRE IX.

Marche de l'armée expéditionnaire. — Arrivée de la division Reynier devant El-Arych. — Attaque et prise du village. — Blocus du fort. — Apparition des Mamlouks. — Arrivée de la division Kléber. — Défaite des Mamlouks. — Désert. — Bonaparte au Kaire. — Son départ pour la Syrie. — Siége d'El-Arych. — Capitulation. — Marche de l'armée. — Bonaparte à Khan-Younes. — Retraite d'Abdallah-Pacha. — Entrée en Palestine. — Prise de Ghazah.

L'armée expéditionnaire était en route pour la Syrie.

Le général Reynier, qui commandait l'avant-garde, parti de Belbéis le 4 pluviôse an VII (23 janvier 1799), rejoignit le 16 (4 février) sa division réunie tout entière à Kattiéh. Le 18 (6), grossi de quelques renforts faisant partie de la division de Kléber, il se mit en mouvement pour traverser le désert sablonneux qui conduit à El-Arych. Ce village et sa forteresse comptaient alors deux mille soldats de garnison, choisis parmi les meilleures troupes de Djezzar et d'Ibrahim-Bey. La halte du soir eut lieu au puits de Bir-êl-Abd (le puits de l'esclave), où chaque soldat fit sa provision d'eau, car le lendemain elle devait manquer sur toute la route. Le 20 (8), on arriva vers midi à Bir-Messoudiah, où l'on trouva un puits dont les abords étaient gardés par un parti d'Arabes et de Mamlouks auquel les tirailleurs donnèrent la chasse.

Messoudiah, situé au bord de la mer, fut pour nos troupes un lieu d'abri et de repos. La brise glissait au travers de ses palmiers, et tous ces fronts de soldats brûlés par le soleil, ces yeux crispés du reflet des sables purent jouir enfin, pendant quelques instans, d'une température et d'un horizon meilleurs. Par un phénomène dont nos républicains ne se rendaient pas compte, il suffisait sur ce rivage de creuser un trou de quatre à cinq pouces pour en voir jaillir de l'eau trouble à la vérité, mais douce et d'un assez bon goût. Ces sources à fleur de terre proviennent des eaux pluviales qui, s'infiltrant dans un sable très-fin, se concentrent dans les couches inférieures, et y forment des réservoirs naturels. Enchantés de cette découverte, nos soldats voulurent avoir chacun sa fontaine, et c'était un spectacle curieux, que de les voir tous couchés sur ces dunes et faisant assaut à qui obtiendrait le filet d'eau le plus abondant.

Il fallut quitter cette halte à la chute du jour ; mais la route longeant alors les côtes de la Méditerranée, la division put marcher avec plus de rapidité. A minuit elle avait atteint un bois de palmiers assis sur le bord d'un torrent à peu de distance d'El-Arych.

Le 21 pluviôse (9 février), dès la pointe du jour, l'avant-garde s'ébranla dans son mouvement d'attaque. Le général Lagrange, à la tête de deux bataillons de la 85e, d'un bataillon de la 75e, d'un détachement de sapeurs et de deux pièces de canon, se porta rapidement vers les hauteurs sablonneuses qui dominent le fort, pour y monter une batterie. Reynier de son côté marcha directement vers le fort avec la 9e demi-brigade et le deuxième bataillon de la 75e.

Le village et le fort d'El-Arych, occupant l'emplacement de l'ancienne *Rhinocorura*, n'étaient pas des positions qu'on pût enlever par un coup de main. La plus grande partie des maisons, solidement construites, flanquaient les faces Nord et Est de la forteresse. Le rempart qui les dominait rendait par conséquent leur défense plus facile, et l'on voyait les troupes syriennes se former en masses sur la plate-forme du château. L'élite de la garnison était néanmoins descendue dans le village qui, fermé par des murs épais et fort de ses habitations crénelées, pouvait soutenir aisément un assaut.

Reynier comprit la puissance de tous ces obstacles. N'ayant rien pour entreprendre un siége régulier, il pensa que la confusion et la hardiesse d'une attaque lui livreraient peut-être l'une et l'autre de ces positions. Le jeu des pièces de campagne ayant ouvert une brèche, la charge fut battue. A l'instant le capitaine Lamy, aide-de-camp du général Reynier, se précipita vers l'enceinte crénelée avec les deux bataillons de la 9e demi-brigade et le deuxième de la 75e, tandis que Lagrange tournait le fort à la tête de son avant-garde. La résistance fut vive au pied des murs du village. Loin de reculer devant un ennemi supérieur, les soldats qui les défendaient reçurent sans s'émouvoir plusieurs charges à la baïonnette. Il fallut monter à l'escalade en passant sur leurs corps. Mais à l'intérieur du village la lutte prit encore un caractère plus acharné. Les assaillans engagés au sein de rues étroites et d'impasses dangereuses, se voyaient fusillés à bout portant par les soldats de Djezzar; du sein des maisons crénelées, du haut des terrasses pleuvaient à la fois les balles, les pierres, les bâtons et les matières enflammées. Chaque maison demandait un siége qui se prolongeait d'un étage à l'autre. Acculés dans leur dernière retraite, les habitans et les soldats turcs refusaient encore de se rendre. Ces derniers surtout, voyant que les portes de la citadelle venaient de se fermer devant eux, ne songeaient plus qu'à vendre chèrement leur vie. Quarante Mogrebins, réfugiés dans une citerne, ne consentirent à capituler que lorsqu'on les eut menacés de les brûler vifs ou de les étouffer dans leur asile.

Enfin cette boucherie eut son terme, le feu cessa, et les Français occupèrent le village. Mais la conquête du fort n'était pas aussi facile. Ce fort avait pour enceinte un mur de maçonnerie de vingt-cinq à trente pieds d'élévation, flanqué de tours et par conséquent à l'abri d'une escalade. Il fallut songer à pratiquer une brèche pour l'emporter dans un assaut régulier. Reynier l'essaya, il fit battre une des faces du château avec des boulets de 8; mais le parc d'artillerie n'étant pas encore arrivé, les munitions furent bientôt à bout. On renonça donc à faire un siége en règle, et pour le moment on se borna au blocus du château. Les troupes françaises l'entourèrent d'une ligne d'observation qui s'étendait dans le village et derrière le fort.

L'affaire d'El-Arych fournit à l'avant-garde expéditionnaire l'occasion de signaler son intrépide bravoure. Parmi les noms que le général Reynier inscrivit sur son rapport, on remarquait le chef de bataillon Sabatier, blessé pendant l'action, le capitaine Lamy, le capitaine Joubert, les sergens-majors Germain et Kaiser; enfin Paul, Hancelin, Buret, Tirot, Otto, Bonnet, Sellier, Rioust, Bontemps, Laffin, Brachet, Sableau, Lamotte, Lavy et Larçon, tous caporaux, soldats et tambours des diverses brigades.

Ce premier fait d'armes de la campagne coûta cher à l'armée. Deux cents hommes avaient été tués, et trois cents blessés. Sur la nouvelle qui lui en parvint, le chirurgien en chef Larrey profita du départ d'un corps de cavaliers-dromadaires pour se rendre en toute hâte à El-Arych. Il établit, en passant à Kattiéh, une ambulance qui fut mise sous la direction d'André, chirurgien de deuxième classe ; puis continuant sa route, il arriva à El-Arych où les blessés, couchés au milieu du camp sur des feuilles de palmier, n'étaient pas même à l'abri de l'humidité et de la pluie. L'activité du chirurgien en chef pourvut à tout. Grâce à lui, presque tous ces hommes mourant faute de soins furent bientôt remis sur pied. Larrey avait poussé plus loin encore ses prévoyances philanthropiques. Calculant toutes les chances des combats journaliers que l'armée aurait à livrer sur sa route, il avait organisé à l'arrière-garde une espèce d'ambulance nomade qui permettait de transporter les blessés dans la marche, et de les soustraire aux vengeances des Arabes. Cinquante chameaux avaient été affectés à ce service : chacun d'eux portait un double panier disposé en forme de berceau et suspendu de chaque côté par des courroies élastiques. La construction de ces claies portatives était telle qu'elles ne gênaient ni la marche ni le mouvement de l'animal, et néanmoins au moyen d'un prolongement à bascule, elles étaient assez longues pour porter un homme couché.

Le jour même du combat d'El-Arych, un corps considérable d'ennemis avait été signalé dans le Désert, sur la route de Ghazah. On disait qu'Ibrahim-Bey venait en personne pour débloquer le fort et y jeter des approvisionnemens. A cette nouvelle, le général Reynier se tint sur la défensive. Pendant plusieurs jours les éclaireurs français et les espions arabes rendirent compte des mouvemens de l'ennemi. On disait que fier de nombreux renforts il allait présenter l'attaque à la division française.

En effet vers le 24 pluviôse (12 février) un corps de Mamlouks, traînant à sa suite plusieurs milliers de fantassins, vint prendre position dans un ravin situé au-delà d'El-Arych. Dans la nuit qui suivit, Reynier essaya de surprendre ces troupes dans leur camp; mais elles avaient opéré un mouvement rétrograde et ne reparurent qu'au jour. Prenant une position meilleure, cette cavalerie se concentra à une demi-lieue d'El-Arych, sur un plateau protégé par l'escarpement du ravin.

Le lendemain 26 (14), Kléber arriva au camp d'El-Arych. Alors Reynier, fort de cette jonction, résolut d'aller surprendre dans leur position les troupes d'Ibrahim-Bey. Il s'ébranla dans la nuit du 26 au 27 (14 au 15). Deux bataillons de la 9°, ceux de la 85°, commandés par le général Lagrange, marchèrent vers la gauche du ravin. Mais arrivé à deux cents pas sur un des flancs du camp ennemi, Reynier crut deviner à divers indices que les Mamlouks s'attendaient à une attaque de ce côté. Sur-le-champ il changea ses dispositions; l'ordre fut donné à deux compagnies de grenadiers d'aborder à la baïonnette le front de l'ennemi, tandis que le reste des troupes, formé en colonnes serrées, tournerait les derrières du camp. Cette manœuvre réussit complètement. Les Mamlouks étaient sur leurs gardes; leurs chevaux n'avaient pas même été débridés; mais les grenadiers marchèrent sur eux avec tant d'impétuosité, que les premiers postes ennemis furent surpris et massacrés. Au bruit de cet engagement, le reste des cavaliers d'Ibrahim voulut faire sa retraite par les plaines de Ghazah, mais Reynier les y avait devancés. De tous côtés ils rencontrèrent la fusillade ou les baïonnettes. Alors saisis de peur, ne sachant où trouver leur salut, bloqués sur un plateau sans issue, ils se précipitèrent vers le ravin qui leur avait servi de retranchement; là sur un terrain à pic, au milieu de la nuit et dans la confusion d'une surprise, les Mamlouks se culbutèrent les uns sur les autres, roulèrent dans le précipice pêle-mêle avec leurs chevaux, en poussant dans leur chute des hurlemens épouvantables. Dans une situation pareille, les Français eurent bon marché de leurs adversaires; et tout ce qui ne voulut pas se rendre fut passé à la baïonnette. Au nombre des morts se trouvèrent Hassan-Bey, l'émir Bacheyn, Mohammed, kachef d'Ibrahim-Bey le Petit : Aly, kachef de Hassan-Bey, fut fait prisonnier. Les Français s'emparèrent en outre de neuf étendards, de deux équipages de guerre, d'un grand nombre de chameaux et de chevaux, de munitions et de vivres abondans. Cette victoire eut le double avantage de mettre les assiégeans à l'abri de toute suprise, et de chasser la disette de leur camp.

Libre de ce soin, Reynier, de concert avec Kléber, reporta son attention vers le château d'El-Arych. Ses murailles furent de nouveau battues en brèche. On traça des boyaux d'approche; une mine fut même poussée jusque sous l'une des tours du fort; mais l'ennemi parvint à l'éventer. Ce dernier incident retarda la capitulation ; Ibrahim-Agha, qui commandait la garnison, renvoya sans réponse tous les parlementaires. Faute d'un parc de siége et de munitions, il fallut encore attendre.

Pendant que ceci se passait à l'avant-garde, les autres divisions, acheminées à quelques jours de distance, parcouraient la route sablonneuse qui conduit de Salahiéh à El-Arych. Pour elles, le Désert reparut comme à Damanhour avec ses privations mortelles. Le passage des premières troupes avait tari les puits, défeuillé les palmiers, et glané jusqu'aux dernières ressources d'une contrée morte à la production. Des scènes étranges se renouvelèrent dans cette traversée ; on y vit encore des suicides par désespoir, des assassinats par monomanie. Cette sur-excitation, qui naissait à la fois de vives souffrances et d'une marche sous un soleil à pic, jetait nos soldats tantôt dans des accès de gaieté nerveuse, tantôt dans des crises de mélancolie taciturne. Les actes qui en résultaient participaient d'une folie frénétique ou d'un noir abattement. On en vit qui, mourant de soif, se ruaient sur les outres pleines d'eau, les perçaient avec leur baïonnette, et regardaient, avec un rire d'insensés, couler sur le sable ces provisions précieuses. D'autres, méconnaissant la discipline, cherchaient querelle à leurs officiers, et, prodigues de sarcasmes, ne les épargnaient pas même au Général en chef.

Ces infractions à l'obéissance militaire se bornaient à quelques exemples isolés; mais ce qui se manifestait d'une manière générale, c'était une rancune profonde contre les *savans*. Dans la pensée du soldat, le *savant* était la cause première de l'expédition orientale; on l'avait faite pour lui et par lui. Aussi toutes les fois que des misères nouvelles venaient assaillir l'armée, sa mauvaise humeur éclatait contre les hommes de la science. Par extension, elle en était venue à appeler savant tout ce qui n'était pas militaire, et à comprendre sous cette dénomination les commis aux vivres, les employés d'administration, etc. Cette portion de l'armée, peu habituée aux fatigues, avait été montée sur des chevaux ou sur des ânes. D'habitude, et pour éviter les bourrades du soldat, elle cheminait à quelque distance de l'armée; mais, quand on signalait à l'horizon une tribu de Bédouins, ce bataillon inoffensif venait se réfugier au milieu des carrés parmi les bagages

et les chameaux. « Au centre les ânes et les sa-
» vans ! » criaient alors les soldats, et de longs
éclats de rire accueillaient cette saillie habituelle. Puis c'était à qui enchérirait sur ce sar-
casme militaire, à qui trouverait le jeu de
mots brutal ou l'épigramme mordante.

Dans cette lutte d'esprit, le Général en chef
et son état-major n'étaient guère ménagés.
Caffarelli entre autres fut l'objet d'une plaisan-
terie de soldat qui est restée comme historique.
Curieux de découvertes, ce général ne laissait
aucune ruine sans lui rendre visite. Il avait
perdu une jambe sur les bords du Rhin, et on
le voyait, clopinant au milieu des bataillons,
se diriger tantôt vers un vieil aqueduc, tantôt
vers une colonnade mutilée. « Il se moque de
» ça, lui, dit un soldat, il a toujours un pied
» en France. »

Les derniers bataillons de l'armée expéditionnaire étaient sur le point d'atteindre El-
Arych, que Bonaparte n'avait pas encore
quitté le Kaire. Son départ, fixé d'abord au 16
pluviôse (4 février), avait été retardé par une
foule de circonstances imprévues.

Le premier obstacle provint du général Berthier. Dévoré d'un amour romanesque, le chef

d'état-major n'était venu en Egypte que malgré lui. En dépit des conseils et des moqueries de Bonaparte, cette passion avait survécu à l'absence. Elle avait même pris un caractère de folie qui détournait parfois Berthier de ses hautes fonctions militaires. Souvent on le surprenait chez lui, dans une espèce de sanctuaire, à genoux sur son petit divan et en adoration devant le portrait de madame Visconti. L'amitié du Général en chef passait sur de semblables puérilités; mais, parmi les officiers de l'armée et les membres de l'Institut, c'étaient chaque jour des gorges chaudes sur le chef d'état-major. La chose en était venue au point que, mourant de nostalgie et poursuivi de sarcasmes, Berthier avait demandé et obtenu la permission de retourner en France. Il devait s'embarquer sur la frégate *la Courageuse*, et déjà ses instructions lui étaient remises. Mais quand arriva le jour du départ, au moment de se séparer de Bonaparte, peut-être pour ne plus le revoir, Berthier se sentit combattu par des sentimens divers. Depuis quelques jours, le Général en chef boudait, et Berthier savait que son voyage en était cause. D'ailleurs il était peu honorable pour lui de quitter ses compagnons d'armes à l'ouverture

d'une campagne, et cela sous l'influence d'un amour suranné. Toutes réflexions faites, il monta chez Bonaparte, où l'on crut d'abord qu'il venait prendre congé. « Vous allez donc
» décidément faire la guerre en Syrie? dit-il.
» — Vous savez bien que tout est prêt, je pars
» après-demain. — Eh bien! je ne vous quitte
» pas. Je renonce de bon cœur à mon retour
» en France, et il me serait trop pénible de
» vous abandonner au moment de nouveaux
» dangers. Voici mon passeport et mes instruc-
» tions. » Bonaparte surpris embrassa Berthier, et la réconciliation fut complète entre les deux amis. Louis Bonaparte, frère du Général en chef, malade depuis long-temps et désigné pour retourner en France, se chargea des instructions qui devaient être confiées au chef de l'état-major général.

Cette affaire était réglée lorsque Bonaparte reçut avis au Kaire de l'arrivée d'un navire ragusais, sur lequel se trouvaient MM. Hamelin et Livron, citoyens français. Cette nouvelle parvint le 17 pluviôse (5 février) au Général en chef par un Arabe que Marmont avait expédié en toute hâte; mais les dépêches venues d'Europe se trouvaient en retard. Il fallut les attendre. C'était M. Hamelin lui-même qui devait les porter; il arriva le 20 pluviôse (8 février) au Kaire, et remit à Bonaparte des lettres de l'agent français à Trieste, qui le renseignaient sur les affaires d'Europe jusqu'à la date du 20 brumaire an VII (10 novembre 1798). Ces lettres étaient sobres de détails, et en général peu intéressantes. Pour suppléer à leur laconisme, Bonaparte interrogea M. Hamelin, et tira de lui quelques éclaircissemens.

A ces événemens imprévus qui retardaient de jour en jour le départ du Général en chef, vinrent se joindre des lettres de Marmont, alarmantes sur la situation d'Alexandrie; d'un côté c'était la peste qui s'était déclarée parmi les troupes, et qui se révélait par des accidens nombreux; de l'autre, la flotte anglaise qui, prévenue de la marche de l'armée expéditionnaire, tentait d'y faire diversion par un bombardement. Bonaparte trouva remède à tout. A la peste il fit opposer des mesures sanitaires, le campement hors de la ville, les bains de mer et l'isolement des corps; au bombardement, il fit répondre par des batteries à boulets rouges. Marmont reçut des instructions dans ce sens, et les exécuta.

Le commandant de la province du Kaire, Dugua, eut aussi les siennes. La veille de son départ, le Général en chef lui traça un plan de conduite où tout était prévu. Là se trouvaient la statistique des corps laissés en Égypte, leur répartition, leurs ressources; puis la nomenclature des tribus arabes et la nature de leurs rapports avec les Français; enfin l'état des revenus de l'Égypte, et un aperçu de la situation financière au moment du départ. Cette dernière branche de l'administration était néanmoins remise tout entière aux soins de l'administrateur général Poussielgue, qui devait rester au Kaire. La direction des affaires civiles et intérieures fut également confiée à cet habile délégué. D'autres détails étaient écrits dans les instructions de Dugua, au sujet du Divan égyptien, et de la manière la plus propre à utiliser son influence. Bonaparte regardait cette représentation indigène comme tellement favorable à la tranquillité du pays, qu'il la convoqua le 20 pluviôse (8 février) dans une séance solennelle, qu'il se fit un devoir de présider. Il prononça même devant cette assemblée un discours dont nous chercherions vainement des extraits dans les documens publiés en notre langue, mais que notre historien arabe Abd-er-Rahmân s'est plu à nous conserver.

« Nous avons tué quelques Mamlouks
» fuyards, dit Bonaparte au Divan, les autres se
» sont sauvés au fond du pays de Saïd (la Haute-
» Égypte), ou du côté de Ghazah. Nous allons
» poursuivre ces derniers; notre intention est de
» mettre l'ordre en Syrie pour la sûreté des rou-
» tes de mer et de terre et l'avantage de l'Égypte.
» Nous serons absens un mois. A notre retour,
» nous nous occuperons de la paix de la ville,
» des canons de la loi et de tout ce qui sera
» nécessaire. Il faut que vous conserviez le bon
» ordre et que vous mainteniez la tranquillité.
» Quoique je m'éloigne pour quelque temps,
» je serai toujours parmi vous, et l'on pourra
» s'en apercevoir, parce que nul crime ne res-
» tera sans être puni. Prévenez donc les chefs
» des quartiers, que chacun retienne les siens,
» et que l'on vive en bonne amitié avec l'armée
» qui restera. »

A de telles paroles le Général en chef sut encore joindre des actes non moins efficaces. Initié au rituel des cérémonies musulmanes, il tenait la main à ce que les imams et les muphtis n'en omissent pas une seule dans le but de provoquer des mécontentemens parmi le peuple. Ainsi environ deux mois auparavant, il avait ordonné de célébrer, le 23 frimaire (13 décembre 1798), la fête de la Conception du Prophète; et, avant son départ, il voulut qu'on fît l'ouverture du Ramadân le 18 pluviôse (6 février).

Enfin tout étant réglé, organisé, le 22 pluviôse (10 février), Bonaparte sortit du Kaire accompagné de son état-major. Divers cheyks et aghas turcs faisaient partie de l'escorte. Cette caravane coucha le soir même à Belbéys, le lendemain à Karaïm, le 24 (12) à Salahiéh, le 25 (13) à Gesr êl-Qanatir dans le Désert, le 26 (14) à Kattiéh, le 27 (15) au puits Bir-êl-Abd, le 28 (16) à Messoudiah, et enfin le 29 (17) à El-Arych où arrivèrent en même temps les divisions Bon et Lannes avec le parc d'artillerie de l'expédition.

L'armée tout entière se trouvait alors réunie sous les murs d'une bicoque dont il fallait à tout prix s'assurer la possession. Bonaparte prit position en avant d'El-Arych, et campa sur des monticules de sable, entre le village et la mer. Des lignes furent tracées, des batteries établies; et le 30 (18), le canon battait déjà le château et ouvrait une brèche assez large pour que l'assaut fût praticable. Dans cette position, Bonaparte fit sommer Ibrahim-Agha de se rendre.

Ibrahim-Agha, gouverneur d'El-Arych, avait sous ses ordres une garnison d'Arnautes et de Mogrebins. Ces soldats, les moins disciplinés de l'Orient, donnaient une rude besogne aux chefs qui les tenaient sous leurs ordres. Leur obéissance n'était jamais ni absolue ni complète; ils se réservaient toujours le droit de contrôle et d'examen final, et cela de telle sorte qu'il fallut consulter individuellement chaque soldat pour savoir si une capitulation serait acceptée ou non. Conseil pris de ses troupes, Ibrahim-Agha entra en pourparler avec Bonaparte. Cette capitulation rompue une fois, puis renouée, est un singulier monument de bizarrerie et de fierté sauvage.

D'après les conditions premières du Général français, la garnison devait mettre bas les armes, les laisser dans le château, ainsi que ses chevaux et ses bagages. Mais à la lecture de ces propositions, Arnautes et Mogrebins jetèrent les hauts cris; Ibrahim lui-même ne con-

cevait rien aux exigences de Bonaparte. « Vous
» demandez les armes et les chevaux de la gar-
» nison, répondit-il ; ceci nous a paru contraire
» aux principes de générosité que vous avez la
» réputation de professer, et c'est chose qui ne
» s'est jamais vue. La mort nous paraît préfé-
» rable à la honte, à l'humiliation de nous des-
» saisir de nos armes ; et dussions-nous tous
» périr jusqu'au dernier, nous ne consentirons
» point à une condition que personne de nous
» n'a jamais acceptée. Voilà notre dernière ré-
» solution ; si vous ne l'approuvez pas, nous
» nous résignerons à la volonté de Dieu. »

Certes ce langage était beau et fier, surtout dans la bouche de quinze cents hommes parlant à douze mille. On peut, jugeant cela d'après nos mœurs, l'appeler ignorance, barbarie ; mais c'est une ignorance, une barbarie héroïque. Bonaparte le comprit : admirateur de la vraie bravoure, quelque forme qu'elle empruntât, il se prêta sans peine à ces négociations étranges. Deux fois dans la journée, le feu des batteries fut suspendu, deux fois il recommença, parce que le temps pressait et qu'il fallait en finir. Enfin respectant un noble préjugé, le Général français se départit de ses premières conditions, et consentit à laisser leurs armes à des hommes qui paraissaient en faire tant de cas. Le 2 ventôse (20 février), une capitulation fut signée, portant que les troupes renfermées dans le fort en sortiraient pour se rendre à Baghdad; qu'il leur serait accordé un sauf-conduit et un drapeau tricolore pour traverser les postes; que les chevaux et l'artillerie resteraient dans le fort; qu'enfin les troupes capitulées jureraient de ne point servir dans l'armée de Djezzar avant un an révolu. Voici le texte littéral de ce document curieux :

CAPITULATION.

« Nous avons reçu la capitulation que vous
» nous avez transmise; nous consentons à re-
» mettre entre vos mains le château d'El-Arych;
» nous nous rendrons par le Désert à Baghdad.
» Nous vous envoyons la liste des aghas des trou-
» pes, qui vous promettent par serment pour
» eux et pour leurs soldats de ne point servir
» dans l'armée de Djezzar et de ne point se
» rendre en Syrie d'une année à dater de ce
» jour. Nous recevrons de vous un sauf-con-
» duit et un étendard. Nous laisserons dans le
» château les approvisionnemens qui s'y trou-

» vent. La totalité des aghas, qui se trouvent
» dans le fort, jure solennellement par nos
» Seigneurs Moussa (Moïse), Ibrahim (Abra-
» ham), par le Prophète auquel Dieu soit tou-
» jours propice (Mahomet), et par le Koran,
» d'exécuter fidèlement tous ces articles et de
» ne pas servir Djezzar. Le Très-Haut et son
» Prophète sont témoins de notre bonne foi.

» Signé Ibrahim-Nizàm, agha du château d'El-
» Arych; El-Hadjy Mohammed, agha des Mo-
» grebins, El-Hadjy Kadir, agha des Arnau-
» tes; Mohammed, agha des Munitionnaires. »

Le gouverneur du château ajouta son serment individuel à ce serment général :

« Moi, Ibrahim-Agha, commandant d'El-
» Arych, assure et proteste sur mon ame que
» je suis l'affranchi de Son Excellence Bona-
» parte, général en chef de l'armée d'Orient
» (que Dieu éternise la victoire pour lui!); que
» tant que je serai existant, je ne servirai point
» le pacha Djezzar, et ne me mêlerai de rien de
» ce qui ne me concerne pas, ou qui pourrait
» faire tort au gouvernement français; que
» je servirai jusqu'après la prise de la ville
» d'Acre le Général sus-nommé, et qu'enfin
» je ne contreviendrai en rien à ce que je viens

» de dire. Dieu est témoin et garant de mes
» sermens. »

Ces formalités une fois remplies, le fort d'El-Arych fut évacué. Les Français y trouvèrent deux cent cinquante chevaux, deux pièces d'artillerie démontées, et des vivres pour quinze jours. Une grande partie des Mogrebins demanda et obtint du service dans l'armée française. Les jours suivans, Bonaparte fit partir pour le Kaire les Mamlouks faits prisonniers dans les combats précédens et les drapeaux musulmans conquis dans le fort, et grâce aux vivres trouvés à El-Arych, il put donner à ses troupes quelques jours de repos.

Pendant ce temps, l'ordonnateur en chef d'Aure, assisté de ses commissaires des guerres, cherchait à régulariser le service des subsistances. Dans un pays où il était impossible d'établir des magasins, où la campagne, nue et dépeuplée, n'offrait pas la moindre ressource, l'armée, à peine en marche, avait eu déjà à souffrir de la disette. Devant El-Arych on avait été obligé de tuer les ânes et les chameaux qui portaient les bagages, afin d'obtenir un peu de bouillon pour les malades et les blessés. Des cœurs de palmier avec une faible ration de riz, telle fut pendant long-temps la seule nourriture du soldat. Aussi les vit-on donner alors des preuves d'une insubordination rare parmi eux. Des vivres furent pillés même devant les tentes du quartier-général, des commis furent maltraités, des officiers méconnus.

Pour parer à ces désordres, l'ordonnateur en chef chercha à organiser une ligne d'approvisionnemens de Kattiéh à El-Arych, et cette ligne devait se prolonger jusqu'à Ghazah, ville frontière des terrains cultivés. C'est au zèle de cet administrateur que l'armée expéditionnaire dut l'adoucissement de ses souffrances.

Bonaparte, de son côté, ne négligeait aucune des précautions militaires qui devaient assurer sa retraite ou protéger ses communications. Un poste avait été laissé à Kattiéh; une garnison resta à El-Arych. Ce dernier village était surtout important par sa position sur les côtes de la Méditerranée et par la proximité de Damiette. Bonaparte en fit agrandir et réparer les fortifications. On désinfecta les salles et l'on établit dans l'une d'elles une ambulance pour les blessés.

Cependant Kléber s'était ébranlé avec sa division et une partie de la cavalerie. Marchant cette fois à l'avant-garde, le général avait pris la route de Khan-Younès, premier village de la Palestine. Mais soit trahison, soit ignorance, le guide qui dirigeait la division au travers de ces déserts la fit errer au hasard pendant quarante-huit heures. Égarés loin de la ligne des puits, en proie à toutes les horreurs de la faim et de la soif, les Français souffrirent de cette marche comme d'une longue agonie.

Pendant ce temps, Bonaparte avait successivement expédié d'El-Arych les divisions Bon et Lannes. Ne prévoyant pas le contretemps survenu à Kléber, il partit lui-même avec le quartier-général le 5 ventôse (23 février) pour le rejoindre à Khan-Younès; mais les corps d'armée qui marchaient sur les traces de l'avant-garde, avaient comme elle dévié du droit chemin. Engagés au milieu des sables, ils comptaient déjà plus d'un jour de retard, lorsque Bonaparte, arrivant à Khan-Younès, trouva, au lieu de son armée, les débris des corps mamlouks battus récemment à El-Arych. A cette vue, le Général comprit sur-le-champ quelle cause faisait manquer ses troupes à leur rendez-vous; mais sa situation n'en restait pas pour cela moins critique. Il n'avait avec lui que ses guides à cheval et un faible détachement de dromadaires. Si les Mamlouks l'avaient su, il était attaqué, poursuivi et fait prisonnier lui-même. Quelques officiers, inquiets pour sa personne, ouvrirent l'avis de retourner vers El-Arych; mais Bonaparte, faisant la part de l'audace et de la fatalité, donna l'ordre de pousser droit au village. Ce mouvement rapide épouvanta l'ennemi: se croyant attaqués par l'avant-garde entière, les Mamlouks abandonnèrent Khan-Younès sans chercher à le défendre, et se replièrent à toute bride sur le corps d'Abdallah-Pacha, campé sur la route de Ghazah, à une lieue plus loin.

Malgré le succès de cette manoeuvre, on ne pouvait cependant pas occuper Khan-Younès avec une poignée de guides, et sans savoir à quel instant on serait appuyé par l'armée. Bonaparte prit donc le parti de rétrograder jusqu'au *Santon*, tombeau musulman bâti dans le Désert à trois lieues sud de Khan-Younès. Là on eut des renseignemens sur la marche de l'avant-garde. Un détachement de cavalerie, arrivé au même endroit, apprit à Bonaparte l'événement survenu à Kléber, et son excursion involontaire au cœur du Désert. Soupçonnant une trahison de la part de son guide, ce général l'avait fait fusiller, et s'était servi de quelques Arabes rencontrés par ses coureurs, pour se faire remettre dans la bonne route.

Quelques heures après, la division parut dans le lointain et arriva au *Santon*, haletante de soif et de fatigue. Toute l'eau de ses puits ne suffit pas aux besoins des soldats; il fallut creuser dans le sable, et en extraire goutte à goutte une eau rare et saumâtre.

Par suite de l'erreur des guides, le *Santon* devint le rendez-vous général d'une grande partie de l'armée. Égarées sur les traces de la division Kléber, les divisions Lannes et Bon y arrivèrent à leur tour. Quant à la division Reynier, sa consigne était d'attendre l'évacuation complète d'El-Arych et la mise en ordre du parc d'artillerie. Son itinéraire lui enjoignait de former l'arrière-garde de l'armée, et de la suivre à deux jours de distance.

Le *Santon*, dénué de toute espèce de ressources, n'était pas une station tenable. Dès le 6 ventôse (24 février) l'armée l'avait quitté, et elle passait déjà sous les colonnes de Reyfah (l'ancienne *Raphia*), qui marquent la limite des provinces syriennes. Deux beaux fûts de granit sont là, debout à une lieue en avant de Khan-Younès, et à leur pied se trouve un puits de belle construction et pourvu d'une eau excellente.

Khan-Younès, autrefois la ville d'*Ienissus*, maintenant misérable bourgade, n'eut pas même les honneurs d'une halte militaire. Bonaparte voulait surprendre le camp d'Abdallah-Pacha, situé à quelques lieues plus loin. Ce chef musulman avait reçu du Grand-Vizir lui-même la mission d'arrêter l'armée française dans sa marche vers la Syrie. Son armée se composait de Mamlouks, de Kourdes, de Turkomans, de Mogrebins et d'Arnautes; les uns cavaliers, les autres piétons, et formant un amalgame étrange d'armes et d'uniformes. Quand on fut en vue du camp, la division Kléber se détacha pour l'attaquer la première; mais Abdallah, se défiant de ses forces, leva ses tentes au moment décisif. Les Français trouvèrent dans le camp abandonné, des provisions qui ramenèrent l'abondance au milieu de l'armée.

D'ailleurs les jours mauvais étaient passés; le Désert n'était plus là avec son horizon sans verdure, avec ses steppes sans villages. La terre syrienne, la Palestine, terre promise des Hébreux, déroulait sous les yeux de l'armée voyageuse ses vallées fertiles et ses montagnes boisées. Plus belle encore de ce contraste, la contrée nouvelle semblait étaler en souriant sa végétation puissante et sa merveilleuse fécondité. Le palmier, le nopal, enfans des sables, avaient tout-à-fait disparu; mais l'olivier, le mûrier, le chêne, le bouleau, hôtes des latitudes tempérées, se dressaient fièrement sur leurs tiges vigoureuses. C'était presque l'Europe; c'était la plaine italique au pied des Abruzzes ou des Apennins. Une pareille nature n'existait plus que comme un souvenir dans la mémoire des conquérans de l'Égypte. Elle y fit résonner une fibre endormie. Ces hymnes républicains, qui avaient marqué le pas de victoire aux plaines d'Arcole et de Rivoli, revinrent aux lèvres des soldats. *La Marseillaise* tonna en chorus, et sans doute les os de nos vieux paladins inhumés en Terre-Sainte tressaillirent aux chants profanes de ces phalanges compatriotes.

Ce qui donnait à cette vallée asiatique une analogie de plus avec nos contrées européennes, c'était son ciel nuageux et la pluie, la pluie ignorée en Égypte et retrouvée en Syrie. Comme pour saluer la bienvenue des Français, elle tomba par larges gouttes sur leurs fronts adustes, elle trempa leurs uniformes que le soleil avait brûlés; la première ondée fut reçue par les troupes comme un bienfait du ciel; on vit des soldats se dépouiller de tout vêtement, et livrer leurs épaules nues à ces douches rafraîchissantes. Plus tard, quand ils connurent mieux le climat syrien, ils revinrent aisément de leur premier enthousiasme. Obligés de franchir des torrens, mouillés jusqu'à la ceinture, poursuivis dans leurs bivouacs par des rigoles pluviales, recevant l'eau tout le jour sur leurs pantalons de toile, et combattant l'humidité de la nuit autour d'un feu d'oliviers, ils se prirent parfois à regretter la température égyptienne, le ciel du Nil et son immuable sérénité.

Cependant ils marchaient joyeux au travers des ravines qui coupent le chemin de Khan-Younès à Ghazah, lorsque sur les hauteurs qui dominent la droite de cette bourgade et qui portent encore le nom célèbre de *Mont de Samson*, ils aperçurent un corps ennemi qui paraissait campé là pour faire résistance. C'était encore l'armée d'Abdallah. A sa vue, Bonaparte organisa l'attaque. Chaque division fut formée en carré pour amortir le choc de la cavalerie. Celle du général Kléber, placée à la gauche, eut ordre de marcher vers la droite de l'ennemi qui s'appuyait sur Ghazah ; c'était là que se trouvait le gros des Mamlouks. La division Bon, placée au centre, marcha sur le front de la ligne d'Abdallah. Celle de Lannes, formant la droite, gagna les hauteurs pour essayer de tourner les positions occupées par le Pacha. Enfin le général Murat, marchant en avant-garde avec sa cavalerie, devait préluder au combat par une charge vigoureuse appuyée du feu de six pièces de campagne.

Ce mouvement général, exécuté avec précision, glaça le courage de l'ennemi. La plus grande indécision régnait dans son camp; la cavalerie d'Abdallah se lançait au galop comme pour attaquer, puis tournait bride hors de portée : enfin, dans un dernier élan, on la vit s'ébranler comme pour une charge sérieuse; mais au moment où Murat se mettait en ligne pour la recevoir, elle prit de nouveau la fuite. Ce fut alors le tour de nos cavaliers de galoper à la poursuite des Mamlouks; mais malgré la vitesse de nos escadrons, ce fut à peine si l'on put échanger quelques coups de sabre avec l'arrière-garde ennemie. Le corps d'armée turc continua son mouvement de retraite et disparut à la nuit. La division Kléber, qui avait suivi nos cavaliers au pas de course, réussit pourtant à couper quelques tirailleurs.

Ghazah était donc abandonné aux Français presque sans coup férir. La forteresse était sans garnison, et la ville si peu gardée que le gros de l'armée l'avait traversée en donnant la chasse aux Mamlouks et ne s'était arrêté qu'à une lieue de là.

Ancienne capitale de la Palestine, Ghazah n'est aujourd'hui qu'une ville sans importance, peuplée tout au plus de trois mille ames. Sa situation sur la route des caravanes en fait l'entrepôt d'un commerce d'échange entre l'Égypte et la Syrie. Autrefois port de mer, elle se trouve aujourd'hui distante de trois quarts de lieue du rivage de la Méditerranée. Les environs sont rians, bien cultivés, et couverts de vastes forêts d'oliviers. Ghazah peut se diviser en trois villages dont l'un, sous le nom de château, est situé au milieu des deux autres, sur une colline de médiocre élévation. Ce château est une enceinte circulaire flanquée de tours, d'environ quarante toises de diamètre. Les Français y trouvèrent seize mille livres de poudre, une grande quantité de cartouches, d'autres munitions de guerre, et plusieurs pièces de canon mal montées. La ville renfermait encore des ressources livrées par la fuite de l'ennemi, et non moins précieuses pour l'armée : c'étaient cent mille rations de biscuit et d'immenses provisions de riz et d'orge. Ce butin arrivait bien à propos, car les vivres manquaient aux troupes, et les convois expédiés des magasins de Kattiéh étaient arriérés de plusieurs jours de marche.

Tranquillisé sur les subsistances, Bonaparte accorda deux jours de halte à ses soldats. L'armée prit position sur les hauteurs qui dominent Ghazah, et le quartier-général campa au milieu des jardins environnans.

Au premier mouvement de retraite opéré par les Mamlouks, les habitans de Ghazah s'étaient empressés d'envoyer une députation à Bonaparte. Le Général la reçut avec affabilité, combla les envoyés de présens, et les chargea de répandre dans tout le pays que les

Français étaient les amis des Syriens, et qu'ils venaient seulement pour les délivrer du joug de Djezzar. Pour mettre d'accord les faits avec les paroles, Bonaparte fit maintenir, pendant le séjour à Ghazah, la discipline la plus sévère parmi les troupes. En même temps il s'occupait d'organiser la contrée, et de lui improviser une nouvelle administration civile et militaire. Un Divan, composé des notables du lieu, eut la mission de gouverner et de rendre la justice au nom des Français. Le chef de bataillon Touzard fut nommé commandant d'une petite garnison laissée dans le fort pour veiller à la sûreté de ce poste militaire. Le chirurgien en chef Larrey y établit une ambulance pour les blessés et pour les malades qui en entrant dans la Syrie avaient payé tribut à son climat pluvieux.

Toutes ces dispositions conçues, exécutées en quarante-huit heures, se ressentirent de la présence de Bonaparte et de l'active impulsion qu'il savait donner à tout.

CHAPITRE X.

Départ de Ghazah. — Occupation de Ramléh, Lydda, etc. — Arabes. — Arrivée sous les murs de Jaffa. — Siége. — Assaut. — Diversion imprévue. — Sac de la ville. — Désordres. — Capitulation des prisonniers. — Embarras de Bonaparte. — Symptômes de peste. — Hôpitaux. — Visite du Général. — Moustafa-Hadgy, médecin turc. — Conseil de guerre au sujet des prisonniers. — Leur massacre. — Départ de Jaffa. — Escarmouches avec Abdallah et les Naplousains. — Lettre de Bonaparte à Djezzar. — Proclamation aux habitans de Naplouse. — Prise de Haïfa. — Arrivée à Saint-Jean-d'Acre.

Pendant que l'armée française se reposait au bivouac de Ghazah, le pacha de Saint-Jean-d'Acre concentrait ses forces pour l'arrêter dans sa marche conquérante. La garnison de Jaffa avait reçu de nouvelles recrues, et tout faisait croire que cette ville opposerait une résistance sérieuse. Bonaparte ordonna de faire route sur elle : le 10 ventôse (28 février) les divisions s'ébranlèrent à la pointe du jour; pendant quelques heures elles longèrent des forêts d'oliviers; mais bientôt cette verdure fit place à la stérilité du Désert : l'armée se trouva dans une plaine immense et nue, foulant à ses pieds des dunes mouvantes que la cavalerie eut beaucoup de peine à franchir. Pendant un espace de trois lieues, il fallut tripler les attelages de l'artillerie dont les roues s'enterraient dans les sables. Les chameaux eux-mêmes, habitués à cette nature de terrain, ne purent s'en tirer qu'après de longs et pénibles efforts.

Ce fut ainsi qu'on parvint le 11 (1er mars) à Esdod ou Esdoud, l'ancienne *Azotus*, où des puits abondans dédommagèrent le soldat des privations de la veille. Le jour suivant, l'itinéraire de l'armée fut changé : on quitta ce bassin des dunes pour se rapprocher du pays littoral, où l'air était plus frais et le sol plus praticable. Après quelques lieues de marche, on arriva au bourg de Ramléh, l'ancienne Arymathie, encore aujourd'hui tout peuplé de chrétiens.

Ramléh est situé dans un terrain marécageux, au milieu d'un champ d'oliviers plantés en quinconce. C'est aujourd'hui une pauvre bourgade qui compte à peine cinq cents feux. Les moines sont les hommes les plus influens du pays; leur couvent et l'église offrent seuls quelques constructions de bon goût. Au passage des Français, ces religieux s'empressèrent de mettre tout à leur disposition : le couvent servit de bivouac à l'état-major, l'église d'hôpital pour les blessés. Ils montrèrent à nos officiers toutes les localités traditionnelles de l'endroit, et entre autres le puits où se désaltéra la famille de Jésus-Christ lors de son voyage en Égypte.

Plusieurs tombeaux de Croisés existaient, à demi-ruinés, dans l'église de Ramléh : quelques fragmens d'écussons les décoraient encore; mais les inscriptions, et les marbres sur lesquels elles étaient tracées, avaient disparu.

Par un hasard bien extraordinaire, un fragment des vitraux peints placés au-dessus de l'une de ces sépultures avait échappé à la destruction malgré sa fragilité. On y lisait les quatre vers latins suivans :

> Quid prodest vixisse diù; cum fortiter acta
> Abdiderit latebris jàm mea tempus edax :
> Tempore fama perit : pudor! et mors, atque vel ipsum
> Prætereunt tempus : morsque secunda venit.

Cette inscription, qui, malgré le peu de solidité de sa matière, avait mieux résisté aux ravages du temps que si elle eût été gravée sur l'airain et sur le marbre, fut détachée par un des officiers qui la découvrirent. Rapportée au Kaire, elle fait maintenant partie du musée de M. Marcel. La teinte à la fois religieuse et philosophique qui règne dans les pensées qu'elle présente, fait bien vivement regretter qu'on n'ait pu découvrir le nom du chevalier croisé dont elle exprime les sentimens, et qui, riche en exploits comme en années, semblait prédire d'avance avec amertume l'oubli dans lequel ce nom devait être enseveli.

Quelques Français, grièvement blessés dans les combats précédens, succombèrent à Ramléh; ils furent enterrés parmi ces tombeaux antiques, et les cendres refroidies des anciens chevaliers se mêlèrent à celles de leurs compatriotes qui étaient venus sur cette même plage, après six siècles, venger les martyrs des croisades, et renouveler, au nom des intérêts humains, ces prodiges de valeur que l'enthousiasme religieux semblait seul devoir faire naître.

Dans tous les lieux évacués par les Mamlouks, les Français ne manquaient jamais de trouver des magasins de vivres et de munitions. Ghazah avait livré les siens; Ramléh,

Lodd ou Lydda, autrefois *Diospolis*, en firent autant. Au milieu des difficultés sans nombre qui entravaient la marche des convois dirigés par Kattiéh et El-Arych, sans espoir de s'approvisionner par la voie de mer, il fallut que l'imprévoyance des Mamlouks vînt alimenter les troupes françaises. Au moment où la disette allait se manifester dans les rangs, au jour précis où l'ordonnateur en chef épuisait ses ressources péniblement recueillies, l'incurie musulmane pourvoyait à tous les besoins par des secours inattendus. Sans elle l'armée expéditionnaire, décimée par la faim, n'aurait pas pu s'aventurer de la sorte au cœur du territoire ennemi.

La disette n'était pas d'ailleurs le seul fléau à craindre. Un second, non moins terrible, avait reparu dans les hordes nomades de Bédouins qui harcelaient le flanc et les derrières des divisions. Ce n'étaient plus les tribus de l'Isthme ni de la Libye, mais les peuplades des vastes déserts arabiques, et surtout les hordes nomades qui en débouchent comme des affluens pour se jeter dans le bassin de la Palesstine. On y remarquait entre autres les A'yd, les Qelàzim, les Gebarât, les A'maryn, les Bakyr, nations sauvages et pillardes qui s'égorgeaient entre elles quand le butin ne donnait pas. Comme en Égypte, ces barbares tombaient sur les soldats isolés, et les massacraient sans merci. Si les corps étaient trop nombreux pour agir de force, ils jouaient de ruse, et rôdaient à peu de distance des colonnes ou aux environs des bivouacs. Souvent ils se glissaient jusqu'au milieu des camps et venaient sous les yeux même des sentinelles commettre des vols d'une incroyable audace. Pour opposer une barrière à ces filouteries, il fallut faire bivouaquer les bataillons en carrés, en ayant soin de placer au milieu les chevaux, les chameaux, les dromadaires et les bagages. Et parfois encore l'adresse de ces pillards du Désert fut telle que ces précautions si étranges n'y suffirent pas. Des ballots, des caisses, des malles disparurent du milieu des carrés sans que personne pût comprendre comment ils avaient été enlevés. Un grenadier qui avait pris son sac pour coussin le sentit glisser sous lui, et, réveillé en sursaut, il le vit s'éloigner tout seul et comme par enchantement. Étonné, il s'élance et parvient à découvrir une corde munie d'un croc, au moyen de laquelle des Bédouins placés derrière un monticule de sable faisaient la pêche aux bagages.

Enfin, harcelés par ces tentatives continuelles, fatigués d'une surveillance assidue, les généraux français prirent le parti d'organiser des détachemens permanens qui n'avaient d'autre occupation que de donner nuit et jour la chasse aux maraudeurs arabes.

L'armée était alors sur la route de Ramléh à Ghazah. Des ravines pluviales, grossies par les orages, arrêtèrent plusieurs fois sa marche, et Bonaparte témoignait son impatience de ces retards arrivant coup sur coup. Il en parlait un jour vivement devant son état-major, lorsque Caffarelli lui dit : « Eh bien ! Général, » profitons de ce moment pour aller à Jérusa- » lem; nous en sommes à peine éloignés de huit » lieues. — Non, ma foi! répliqua Bonaparte, » Jérusalem n'est pas dans ma ligne d'opéra- » tions; je ne veux pas avoir affaire à des mon- » tagnards dans des chemins difficiles. Et puis, » de l'autre côté du mont, je serais assailli par » une cavalerie nombreuse. Non, je n'ambi- » tionne pas le sort de Crassus. »

Enfin le 13 ventôse (3 mars), l'avant-garde, formée de la division Kléber, arriva sous les murs de Jaffa. Les Mamlouks et la cavalerie d'Abdallah, déjà trois fois repoussés, se trouvaient encore rangés en bataille en avant de la ville. Au premier mouvement de Kléber, ce corps fit de nouveau sa retraite. Une partie se renferma dans Jaffa, l'autre poursuivit son mouvement rétrograde jusque sous les remparts de Saint-Jean-d'Acre.

La garnison de Jaffa était un assemblage sans nom de races et de peuplades diverses ; on y voyait des Mogrebins, des Albanais, des Kourdes, des Alepins, des Damasquins, des Égyptiens, des Natoliens, des Caramaniens, des Arnautes et des Nègres. Mais dans cette marqueterie d'hommes on comptait un grand nombre de soldats braves et résolus. Leur origine si variée nourrissait même entre eux une espèce de rivalité, qui aiguillonnait encore leur audace naturelle. C'était d'ailleurs une milice toute fanatique, marchant au combat avec les sentences du Koran sur les lèvres, et la haine du nom chrétien étincelante dans les yeux. Pour se mesurer plus tôt avec le peuple maudit, cette milice n'avait pas craint de l'attendre en nombre inférieur dans une ville presque ouverte. En effet, Jaffa n'était protégée que par une muraille sans fossés, incapable de résister aux premières décharges de l'artillerie.

Kléber, à peine arrivé devant la place, fit les dispositions préliminaires de son investissement; mais sur la nouvelle qu'un corps de Naplousains descendait des montagnes pour inquiéter l'armée, Bonaparte ordonna à l'avant-garde de se porter en avant pour couvrir les travaux du siége. En conséquence, Kléber prit position sur la rivière d'Êl-Ougéh, à deux lieues environ sur la route d'Acre. Bon et Lannes, de leur côté, étendirent autour de Jaffa les lignes de siége, l'un en couvrant la partie orientale, l'autre la partie septentrionale.

Le 14 (4), le général Murat fut détaché avec un escadron de cavalerie pour faire la reconnaissance de la place et de toutes ses approches. A la vue de ce corps qui venait défier ses canons, Abou-Sahab, gouverneur de Jaffa, fit pointer sur lui, et troubla sa mission par un feu meurtrier. Trente pièces se démasquèrent sur les remparts et dans les tours, et les cavaliers chargés d'examiner les abords de la place ne purent le faire que de loin.

Murat fit son rapport, il décrivit aussi complètement que possible l'enceinte retranchée de Jaffa, et les deux autres petits forts qui veillaient à la défense de la rade. Dans le conseil qui suivit, il fut décidé, sur l'avis de Caffarelli, que la principale attaque serait dirigée contre la partie Sud de la ville, où se trouvaient les murailles les plus hautes et les plus solides. Ce plan était-il le résultat de fausses indications ou d'une ruse de guerre? C'est ce qui n'a jamais été éclairci; car la prise de Jaffa fut l'effet, comme nous le verrons, plutôt d'un hasard heureux que d'un calcul prémédité.

Quoi qu'il en soit, la tranchée s'ouvrit dans la nuit du 14 au 15 (4 au 5); une batterie de brèche et deux contre-batteries furent établies contre une tour carrée qui dominait le front d'attaque. On éleva une seconde batterie au Nord de la place, pour créer une diversion et donner le change aux assiégés. Les journées du 15 et du 16 (5 et 6) furent consacrées à l'achèvement de ces travaux que la garnison chercha à neutraliser par des sorties. Revenue deux fois à la charge, deux fois elle fut ramenée vers la place la baïonnette dans les reins.

Le 17 (7) au matin, tout était prêt; les batteries allaient se mettre en jeu, lorsque Bonaparte voulut faire au commandant de Jaffa une dernière sommation. Le chef d'état-major Berthier lui envoya donc la lettre suivante :

« Dieu est clément et miséricordieux ;

« Le Général en chef Bonaparte me charge
» de vous faire connaître que le pacha Djezzar
» a commencé les hostilités en Égypte, en
» s'emparant du fort d'El-Arych; que Dieu, qui
» seconde la justice, a donné la victoire à l'ar-
» mée française, qui a repris le fort d'El-Arich;
» que c'est par suite de la même opération qu'il
» est entré dans la Palestine, d'où il veut chas-
» ser les troupes de Djezzar-Pacha, qui n'au-
» rait jamais dû y entrer; que la place de Jaffa
» est cernée de tous côtés; que les batteries de
» plein fouet à bombes et à brèche pourront
» dans deux heures en renverser la muraille et
» en ruiner les défenses; que son cœur est
» touché des maux qu'éprouverait la ville en-
» tière, en se laissant prendre d'assaut; qu'il
» offre sauve-garde à la garnison, protection
» aux habitans; qu'il retarde, en conséquence,
» le commandement du feu jusqu'à sept heures
» du matin. »

Un Turc avait été chargé de ce message. Pour toute réponse Abou-Sahab lui fit couper la tête.

A sept heures précises, le feu des batteries commença. Les pièces de 12, les seules qu'on eût pour battre en brèche, entamèrent la tour carrée qui ouvrit bientôt un passage assez large pour être pratiqué. Pour mieux juger l'état des lieux, Bonaparte se transporta dans la tranchée vers les trois heures de l'après-midi, et cette reconnaissance faite, il ordonna l'assaut.

A l'instant, les carabiniers de la 22e s'élancèrent vers la brèche. A leur tête marchaient le chef de brigade Lejeune, le général Rambeaud, l'adjudant-général Netherwood, et l'officier du génie Vernois; derrière eux s'avançaient, pour appuyer le mouvement, les ouvriers d'artillerie et les chasseurs de la 22e.

Tous ces corps se précipitèrent vers la tour carrée, sous le feu de quelques batteries de flanc qu'on n'avait pas pu éteindre. La lutte fut terrible au pied des murs éboulés. Lejeune, montrant la route à ses carabiniers, tomba frappé d'une balle dans la tête, et bientôt l'étroite ouverture par laquelle nos soldats voulaient se frayer passage fut jonchée de cadavres. Les assiégeans résistaient avec l'énergie du fanatisme et du désespoir. Forts de leur position, ils ne lâchaient pas un pouce de terrain, et se pressaient comme un rempart vivant sur leurs murailles détruites. De part et d'autre, il y eut des prodiges d'héroïsme, et l'on ne saurait dire à qui serait resté la victoire sans un incident imprévu qui déplaça le terrain de la lutte.

Comme nous l'avons dit, la division Bon se trouvait campée à la partie Nord de la place, pour y opérer une diversion passive. Le matin même, quelques soldats de ce corps, en rôdant sur les bords de la Méditerranée, avaient découvert un passage souterrain qui semblait aboutir à l'intérieur de Jaffa. Dans leur curiosité audacieuse, ils s'étaient hasardés par ce chemin, et s'étaient trouvés, à leur grande surprise, au milieu même de la ville. Mais, peu nombreux et cernés de toutes parts, presque tous ces éclaireurs volontaires furent massacrés par les habitans. Ceux qui parvinrent à s'échapper rentrèrent au camp, en criant vengeance pour leurs camarades assassinés. En quelques minutes, la nouvelle s'en répandit, et la division tout entière demanda l'assaut. C'était au moment où commençait l'attaque du Sud. Quoique Bon n'eût point d'ordres, il comprit l'utilité d'un mouvement combiné, et le passage reconnu, il y dirigea ses troupes.

Abou-Sahab n'avait pas prévu cette attaque, et rien n'était disposé pour la repousser. Aussi, peu d'instans suffirent au général Bon pour franchir la muraille, et pour se loger sur les quais du port, en renversant tout ce qui barrait sa route.

A cet instant, la division Lannes, étonnée de la résistance des assiégeans, semblait mollir devant elle. Tout-à-coup, dans les rangs de la 22e, qui forme la tête de l'attaque, circule un bruit, une nouvelle inattendue : « La division » Bon est entrée dans la ville, » se disent les carabiniers ; et presque honteux de se voir gagnés de vitesse par leurs frères d'armes, ils donnent un coup de collier héroïque, et culbutent au loin les troupes qui leur disputent la brèche. Derrière eux, se presse le reste de la division qui semble regretter qu'on ne lui laisse rien à faire. La tour carrée est prise ; tout ce qu'on y trouve est égorgé ou précipité hors de l'enceinte. Le reste de la garnison musulmane fait sa retraite vers l'intérieur de la ville ; mais là, prise entre deux feux, ayant en tête les troupes de Lannes, à dos celles de Bon, elle se trouve en butte à la fureur des deux divisions, dont chacune a ses morts à venger. Alors ce fut un carnage horrible ; il n'y eut ni merci, ni grâce ; le sang coulait à ruisseaux dans chaque rue. Les Musulmans, voyant qu'il n'y avait point de quartier pour eux, se précipitaient sur nos soldats, et cherchaient à les étreindre corps à corps ; d'un côté, la soif de la vengeance, l'enivrement de la victoire ; de l'autre, la fureur du désespoir et la force de l'agonie. Ce duel multiple se prolongea de maison en maison ; il fallut les assiéger toutes, et y poursuivre les restes dispersés de la garnison.

Le massacre dura long-temps. Bonaparte envoya Beauharnais et Croisier, ses aides-de-camp, pour apaiser, autant qu'il serait possible, la rage du soldat, examiner ce qui se passait, et venir lui en rendre compte. A peine entrés dans Jaffa, ces deux officiers apprirent qu'un corps considérable de troupes musulmanes s'était retiré dans de vastes bâtimens, espèces de caravansérails formés d'une grande cour flanquée de portiques. Un bataillon de la division Lannes errait furieux autour de cette enceinte, et ne trouvant point d'issue pour y pénétrer, les soldats parlaient déjà de livrer aux flammes, et les caravansérails, et les ennemis qui s'y trouvaient logés. Beauharnais et Croisier interposèrent leur médiation. Oubliant que toute la garnison avait été condamnée à mourir, ils n'écoutèrent que leur devoir d'hommes, et parlementèrent avec ce corps musulman échappé seul au massacre de la ville. Des Arnautes, des Mogrebins le composaient presqu'en totalité. Ils répondirent qu'ils se rendraient à condition qu'on leur laisserait la vie sauve; mais que, dans le cas contraire, ils étaient résolus à se défendre jusqu'au dernier. Les aides-de-camp accédèrent à leur demande. On les reçut comme prisonniers, et sur-le-champ on les conduisit vers le quartier-général au nombre de 3,000 environ.

Bonaparte était alors devant la brèche, assis sur une petite pièce de canon, et causant familièrement avec le général Lannes. Quand il vit arriver de loin cette masse d'hommes, il devina ce qui s'était passé, et s'écria avec un accent de douleur : « Que veulent-ils que je fasse de » tant de prisonniers ? Ai-je des vivres pour » les nourrir, des bâtimens pour les déporter ? » Que diable m'ont-ils fait là ? » Et comme Beauharnais et Croisier étaient survenus et cherchaient à expliquer leur conduite par le désir qu'ils avaient eu d'empêcher l'effusion du

sang : « Oui, sans doute, répliqua Bonaparte,
» pour les femmes, les enfans, les vieillards,
» les habitans paisibles, mais non pas pour des
» soldats armés; il fallait les laisser mourir et
» ne pas m'amener ces malheureux. Que vou-
» lez-vous que j'en fasse? »

Cependant trois mille hommes étaient là, attendant leur sort. Provisoirement, on les fit asseoir pêle-mêle en avant des tentes, les mains liées derrière le dos. Une fureur sombre contractait leurs visages. On leur distribua de faibles rations de biscuit et de pain qui furent prélevées sur la subsistance de l'armée.

Ceci pourtant n'était qu'un épisode jeté au milieu du siége. Pendant que des prisonniers, sauvés pour mourir plus tard, capitulaient dans leur dernière retraite; à l'intérieur de la ville, la brutalité victorieuse avait trouvé d'autres victimes. La lutte n'avait plus lieu alors de soldat à soldat, mais d'hommes armés à hommes sans armes, de sabreurs à citoyens. Chaque maison était à sac, chaque boutique au pillage. Le viol, le meurtre, l'incendie, couraient la ville au milieu de hourras de luxure et de cris d'effroi. Des femmes échevelées, des enfans à demi-nus, des vieillards mourans, se groupaient pêle-mêle sur les terrasses, en jetant des cris d'alarme, et tordant leurs bras de désespoir. Dans chaque appartement, dans chaque cour intérieure, il y avait combat et carnage. La porte des harems était jonchée de cadavres, et les soldats violaient les filles et les femmes devant leurs pères et leurs époux morts. Plus rien d'humain ne survivait dans ces têtes forcenées; l'ivresse du sang, la frénésie du viol, la fièvre du butin, avaient anéanti tout sentiment de miséricorde et d'honneur.

Dans ces heures d'égarement, le soldat ne connut rien, ne respecta rien. Il foula aux pieds ses propres camarades atteints par la balle ennemie, pilla des maisons de négocians français, et se porta à des violences inouies envers leurs femmes. Ce fait arriva dans la maison de MM. Rey et Joffrey qui avaient, à l'époque de la déclaration de guerre, un comptoir de commerce en Syrie. Par une espèce de représailles, Djezzar les avait fait enfermer à Jaffa. Pendant le sac de la ville, quelques carabiniers forcèrent leur habitation, et après avoir arraché jusqu'aux pendans d'oreilles de ces dames, ils commençaient à se livrer envers elles à des outrages personnels, lorsqu'à leurs cris, à leur accent français, un grenadier de la 69ᵉ, nommé Vacher, accourt pour les défendre : seul, se jetant entre les victimes et les bourreaux, il parvient, au péril de sa vie, à délivrer ces faibles femmes des poursuites brutales de ses camarades furieux.

Les généraux français cherchèrent bien aussi à s'interposer dans cette mêlée sanglante, mais la démence des soldats alla jusqu'à méconnaître les chefs. Le général Robin, ne pouvant se faire obéir, se jeta au milieu de sa brigade, en sabrant les siens pour arrêter le désordre. Enfin le carnage cessa ; les assiégeans étaient las de tuer. Le sac de Jaffa s'était prolongé jusqu'au 19 (9), et mourant de fatigue, épuisés de débauche, les vainqueurs s'endormirent sur le sang et le butin.

Ce bivouac de plusieurs jours au milieu d'une place turque devint fatal à l'armée. Quelques historiens ont vu le doigt divin dans le fléau qui vengea les Musulmans massacrés. Nous ne comprenons pas, nous, la nécessité de chercher des motifs surnaturels à des choses qu'on peut humainement expliquer. D'ailleurs, il faut, avant tout, rester dans le vrai.

Or, il est notoirement faux que les symptômes de peste ne se soient déclarés dans l'armée française qu'à la suite du sac de Jaffa. La peste était arrivée d'Égypte avec nos bataillons. Les corps divisionnaires venus d'Alexandrie et de Damiette en portaient le germe avec eux. Sur toute la route, à Kattiéh, à El-Arych, à Ramléh, on avait laissé dans les ambulances, sous le nom de fiévreux, des soldats attaqués de la peste. Devant Jaffa même, avant que l'assaut en eût ouvert les portes, le chirurgien Saint-Ours avait soigné un grenadier de la 32e de ligne et un soldat de la 18e demi-brigade, morts avec tous les signes de la contagion.

Sans doute, le sac de la ville précipita le développement de la maladie, mais il n'en fut pas l'origine, car elle existait. Depuis long-temps les chirurgiens attachés aux diverses divisions, les chirurgiens et médecins en chef observaient avec une terreur inquiète ces victimes d'un mal trop caractérisé. Ces cadavres marquetés de taches livides, couverts de pétéchies et de bubons, ne permettaient pas même le doute. La peste était dans l'armée, la peste dévorante, invisible, punissant de mort quiconque osait la toucher.

On en parla à Bonaparte qui ordonna sur-le-champ des précautions sanitaires. La division du général Bon changea de campement après avoir brûlé ses baraques ; l'ordre fut donné de jeter les vêtemens turcs, et des peines furent décrétées contre ceux qui en feraient usage ; les communications d'une division à une autre furent restreintes, et le bivouac de l'armée fut transporté sur les hauteurs qui entourent Jaffa.

Deux couvens venaient d'être transformés en hôpitaux : l'un contenait les blessés du siége au nombre de trois cents environ ; l'autre fut spécialement destiné aux pestiférés, ou, pour nous servir du mot adopté alors, aux fiévreux. Car l'abattement de nos soldats aux premiers soupçons de la maladie, avait engagé le médecin en chef à les tromper sur son vrai nom. Desgenettes, en cette occasion, traita l'armée comme un malade ; il comprit que la peur de la peste pouvait être aussi dangereuse que la peste elle-même. D'ailleurs il espérait beaucoup des progrès de la belle saison, de campemens meilleurs, et de l'abondance des vivres.

Mais quelques soins qu'on mît à l'illusionner, l'armée avait la conscience du fléau qui la décimait. Cette mortalité si foudroyante, ces accidens si subits n'étaient pas visiblement des affections ordinaires, et le soldat les reconnaissant à leurs œuvres, s'écria tout d'abord : *C'est la peste!* A ce cri de détresse, le camp tout entier fut frappé de stupeur morale. Les hommes les plus braves, ceux qui marchaient sans sourciller en face du canon, éprouvèrent les angoisses de la crainte. On se parlait à l'oreille de ce mal mystérieux qui tuait à l'improviste; on se racontait comment couché, debout, la nuit, le jour, il se révélait au milieu des tourmens les plus horribles. Cette épouvante générale devenait plus vive au moindre événement. Des infirmiers turcs, chargés de jeter à la mer les morts de l'hôpital, s'étaient contentés de les déposer sur le quai; et ceux qui virent ces cadavres coururent annoncer à qui voulait le croire, que des Français étaient tombés devant eux roides morts. La terreur ne s'arrêta pas aux soldats; les officiers, l'état-major participaient à cet abattement communicatif.

L'adjudant-général Grezieu, entre autres, ne rêvait plus et ne voyait plus que peste. Quand ses amis le rencontraient et lui tendaient la main : « Que faites-vous? disait-il » en les repoussant, on ne se touche pas ici. »

Puis s'imaginant que des précautions orales étaient quelquefois insuffisantes, il s'enferma dans une maison, et ne voulut recevoir des vivres que par un trou pratiqué à cet effet. Ce fut au sujet de cet officier que Bonaparte dit en plein conseil : « S'il a peur de la peste, il en » mourra. » En effet, peu de jours après, Grezieu, qui venait d'être nommé commandant de Ramléh et de Ghazah, mourut de la contagion.

Une autre victime de la terreur qu'inspirait la peste fut le brave et jeune Saint-Simon [1]. Chevalier de Malte, il s'était jeté avec enthousiasme dans les rangs de notre armée; et bien qu'attaché à une administration au Kaire, il avait voulu faire partie comme *volontaire* de l'expédition de Syrie. Mais s'il ne craignait pas la mort glorieuse des combats, la peste lui semblait tellement redoutable, que, pour s'en garantir, il s'était muni d'un flacon d'acide muriatique suroxigéné. Placé dans une poche le long de sa cuisse, le flacon se brisa à Jaffa; l'acide répandu corroda, malgré les plus prompts secours, les vêtemens, les chairs et l'os jusqu'à

---

[1] Frère du fondateur de la religion dite Saint-Simonienne.

la moelle, et Saint-Simon périt victime de la précaution même dont il attendait son salut.

Bonaparte sentit qu'au milieu de cette panique universelle, une démarche décisive pouvait seule remonter le moral de son armée. Le 21 ventôse (11 mars), il se dirigea vers les hôpitaux accompagné de son état-major, et les visita l'un après l'autre. Pendant un séjour de près d'une heure dans l'ambulance des pestiférés, il s'arrêta au pied du lit des soldats, eut une parole, un mot consolant pour chacun d'eux. Dans le but de persuader aux malades qu'ils n'étaient pas atteints d'une affection contagieuse, il en toucha une grande partie, et se prêta à soulever le cadavre d'un soldat tout souillé par l'ouverture d'un bubon abcédé. Enfin, sur les instances de Desgenettes, il quitta l'hôpital, chargé des bénédictions de ces hommes expirans. Dès ce moment, il y eut moins de désespoir parmi les malades, et moins de terreur parmi les troupes.

Dans les premiers jours de la prise de Jaffa, on avait laissé par ruse de guerre flotter sur les tours de la ville le pavillon musulman. A la vue de ce signe ami, un vaisseau, venant de Saint-Jean-d'Acre, entra hardiment dans le port, et y jeta l'ancre. On le captura à discrétion, et bientôt l'on vit descendre à terre l'équipage prisonnier. Dans le nombre des passagers se trouvait un médecin turc, nommé Moustafa-Hadgy, de Constantinople, qui était envoyé à Jaffa pour prendre soin des blessés de la garnison. Cet homme fut conduit avec le capitaine et quelques matelots auprès de Bonaparte, et ils eurent à subir de sa part un pressant interrogatoire. Là, pour la première fois, le Général français apprit, d'une manière précise, la force des armemens que la Porte dirigeait contre lui. Djezzar attendait, d'après le rapport de Moustafa, d'immenses convois qui devaient débarquer en Syrie une puissante armée ottomane. Ces détails obtenus, Bonaparte fit mettre en prison le capitaine et son équipage ; mais il laissa libre le praticien turc, et l'envoya à Desgenettes qui donna hospitalité dans sa tente à ce singulier confrère. Consulté par le médecin français sur la nature des maladies qui régnaient à Acre, et sur les remèdes qu'il y opposait, Moustafa vanta beaucoup ses opérations chirurgicales et ses emplâtres merveilleux. On peut se figurer sans peine quelle était la valeur de la science du docteur musulman. Toutefois, il se montra dévoué et reconnaissant envers les Français; à diverses reprises, il offrit ses services dans les hôpitaux des pestiférés; mais on se défia de son habileté, et bientôt le médecin turc se vit obligé pour vivre de descendre au métier de barbier.

Quoi qu'il en soit, l'arrivée du navire capturé et les renseignemens qu'on tira du capitaine ne furent pas sans influence dans une grande question de politique et d'humanité.

Depuis trois jours, les trois mille prisonniers capitulés dans Jaffa gisaient pêle-mêle devant les tentes françaises. Sans abri contre le soleil, mal vêtus, à peine nourris, ils s'indignaient qu'on leur manquât de parole, et qu'on leur disputât une liberté qui leur avait été promise.

D'un autre côté, les troupes murmuraient de l'insuffisance des rations, et disaient qu'on retranchait de leur pain pour en donner à des ennemis.

Au milieu de ces plaintes, Bonaparte était combattu par une étrange perplexité. Les soldats, il savait l'art de leur faire supporter les privations; mais ces prisonniers, dont la présence au camp affamait les troupes, dont la mise en liberté ne pouvait porter bénéfice qu'à l'ennemi, qu'en faire? De quelque manière qu'il tournât cette question, sous quelque face qu'il l'interrogeât, elle n'offrait qu'une solution affreuse, désespérante. Trois fois, le conseil se réunit en sa présence, trois fois il se sépara sans rien arrêter.

Enfin, une dernière séance eut lieu, dans laquelle tous les généraux de division furent appelés. Là, on posa pour la dernière fois cette question de vie ou de mort : Que fera-t-on des prisonniers?

Les débats furent longs, graves, sincères; il faut s'appesantir sur eux, car le résultat fut horrible.

Divers partis s'offraient, chacun avec ses dangers et ses inconvéniens. On pouvait les renvoyer en Egypte par voie de terre ; mais les vivres manquaient, mais l'armée était trop peu nombreuse pour leur fournir une escorte.

Par voie de mer; mais les navires trouvés à Jaffa n'y suffisaient pas ; d'ailleurs, la difficulté des subsistances se représentait dans toute sa force. L'armée, déjà réduite au strict nécessaire, n'aurait pas souffert qu'on l'exposât à mourir de faim pour sauver des existences ennemies. Une révolte, dans ce cas, était à craindre parmi les troupes, et des symptômes graves paraissaient l'annoncer.

Que faire donc? On ne pouvait enrégimenter ces soldats de toutes armes, de tous pays, les mêler à nos brigades, et leur enseigner notre discipline militaire; et quand même on eût passé sur l'imprudence d'un tel projet, l'insuffisance des vivres s'y opposait encore. Les rations n'existaient que pour un certain nombre de bouches; et pour une armée isolée au milieu d'une mer de sables, loin de tout lieu d'approvisionnement, le cas était le même que pour un navire perdu sur l'Océan.

Peut-être y aurait-il eu un moyen de tout concilier, si le conseil n'avait été trop préoccupé des périls qui entouraient l'expédition. On aurait pu, divisant ces hommes par petites bandes, les remettre en liberté dans diverses directions et à plusieurs jours d'intervalle. La soif, la faim, les auraient sans doute décimés au milieu de ce désert; mais les Français auraient satisfait aux clauses de leur capitulation et aux devoirs relatifs de l'humanité. D'ailleurs on pouvait croire que ces hommes désarmés n'auraient pas été, pour l'armée expéditionnaire, l'objet d'un danger immédiat. Il leur fallait du temps, quelques jours de repos, des fusils, des munitions, pour apporter un secours utile aux ennemis. Le conseil pensa le contraire ; craignant que Djezzar ne trouvât en eux de prompts auxiliaires, il basa sur cette crainte sa dernière résolution. Des officiers disaient, non sans quelque apparence de raison, qu'à peine libres les prisonniers iraient se joindre aux montagnards naplousains, et inquiéteraient la marche de nos soldats dans une guerre de tirailleurs.

Mais ce qui acheva de ranger à l'opinion la plus sévère ceux qui montraient pour elle le plus de répugnance, ce fut la nouvelle reçue par le bâtiment capturé de massacres partiels de Chrétiens et de Francs dans plusieurs villes musulmanes : la mort des prisonniers fut alors présentée comme représaille.

Ces considérations, plus ou moins fondées, firent manquer à l'amnistie promise ; la garnison de Jaffa s'était rendue à la condition d'avoir la vie sauve... Elle fut fusillée, fusillée non après la chaleur de l'assaut, mais au bout de trois jours, sur la délibération d'un conseil de guerre.

Les victimes, au nombre de trois mille environ, furent conduites sur les dunes mouvantes qui bordent la mer. Deux bataillons de la 32ᵉ, et une partie de la 18ᵉ, aux ordres de l'adjudant-général Grezieu, les cernèrent en silence, jusqu'à ce que partît l'ordre de faire feu. Alors commença cette horrible boucherie; comme les prisonniers étaient trop nombreux pour une exécution générale, on les divisa par petits pelotons qui furent tour à tour fusillés. Ces malheureux avaient compris le sort qui les attendait; le plus grand nombre s'y résigna avec cette sorte de dignité qu'inspire le fanatisme. L'œil sec, la prière aux lèvres, ils faisaient, faute d'eau, leur ablution dernière avec le sable du rivage ; puis échangeant entre eux un adieu grave, ils mouraient en répétant : *Il n'est pas d'autre Dieu que Dieu, et Mahomet est son prophète.* On en vit qui, au milieu des balles sifflantes, le visage tourné vers les bataillons, fumaient tranquillement leur longue pipe orientale. D'autres, moins résignés, éprouvèrent toutes les angoisses de la fureur et du désespoir; acculés sur les bords de la mer, entourés d'une ceinture de fusils, ils s'élançaient sur les baïonnettes, et mouraient percés de coups. Ailleurs, au milieu de cris lamentables, ces malheureux s'abritaient les uns derrière les autres, et vivans se jetaient pêle-mêle au milieu des morts. Il fallut les achever sur les monceaux de cadavres. Enfin, et comme refuge dernier, un petit groupe de Mogrebins était parvenu à gagner en nageant des rescifs assez éloignés du rivage pour que la fusillade ne pût les atteindre. On ne leur fit pas même la grâce de les laisser périr là d'insomnie et de faim. Les soldats posèrent leurs armes, et leur firent entendre, avec les signes usités en Égypte, qu'on leur accordait leur pardon. Ils s'y fièrent, ils revinrent l'un après l'autre sur la plage, et périrent tous victimes de leur crédule confiance.

Ce massacre, de quelque manière qu'on l'envisage, est une tache bien grave au nom de ceux qui pouvaient l'empêcher, et qui se crurent forcés de ne le pas faire. Il faut croire que les chefs de division et les officiers supérieurs appelés dans le fatal conseil rendirent leur arrêt de mort comme des jurés et la main sur la conscience. Mais, dans cette occasion, il n'y avait pas seulement lieu à délibérer : une capitulation avait été consentie; la violer, même en présence de l'intérêt le plus puissant et des divers motifs allégués, était un manque de foi, un oubli des lois de la guerre. Les nécessités du moment se fussent-elles révélées encore plus impérieuses, il n'était pas impossible, suivant quelques avis, de concilier la sûreté de l'armée avec le contrat passé sur le champ de bataille.

D'ailleurs, cette exécution qui annula des embarras et des périls éventuels créa dans l'avenir de fatales représailles et d'énergiques résistances. Trois mille ennemis venaient de tomber d'un seul coup, mais ceux qui restaient debout se multiplièrent par le désir de la vengeance. Le sort de leurs frères d'armes égorgés sembla leur donner la mesure de l'humanité française. Entre eux et l'armée expéditionnaire, c'était désormais un duel à mort, et Bonaparte recueillit sous les murs de Saint-Jean-d'Acre ce qu'il avait semé sur le rivage de Jaffa.

Quand le calme fut rétabli dans la ville conquise, le Général français songea à lui donner une organisation régulière. Menou qui n'avait pas encore quitté sa résidence de Rosette, fut nommé gouverneur-général de la Palestine, dont Jaffa devait être le chef-lieu. Un Divan, composé des notabilités du pays, devait appeler à ses séances les délégués de Ghazah et de Ramléh, et grouper ainsi sur le même point une représentation générale de toutes les provinces. Le général Robin fut nommé gouverneur particulier de Jaffa, et Gloutier, membre de l'Institut d'Égypte, administrateur-général des finances de la Palestine. Les événemens firent de ce dernier poste une sinécure.

On avait trouvé dans Jaffa quarante pièces d'artillerie, canons ou obusiers, formant l'équipage de campagne que le Sultan avait envoyé à Djezzar-Pacha. Outre cela, une vingtaine de pièces de rempart, tant en fer qu'en bronze, étaient disposées autour de l'enceinte. Le port contenait quinze à dix-huit petites tartanes turques, chargées de vivres en grande partie. Ce secours vint subvenir à propos à la disette de l'armée.

Jaffa avait été regardée par le Général français comme un point d'appui nécessaire à ses opérations. Il voulut en faire l'entrepôt de ses munitions, y établir la ligne de ses communications avec Damiette, la station de ses navires de guerre. C'était là que l'amiral Perrée devait se rendre avec sa petite escadre pour y débarquer l'artillerie de siége ; c'était par là que le cabotage égyptien devait pourvoir aux besoins de l'armée. Mais pour assurer ces divers services, il fallut mettre la ville en état de défense, dresser des batteries pour protéger la rade, et créer des magasins d'approvisionnemens.

Si le temps avait suffi aux améliorations projetées, Jaffa aurait acquis, sous le régime de ses conquérans, une grande importance militaire et commerciale. Son port, comblé par les sables, aurait été rendu praticable, et sa rade assurée au loin par des fortifications nouvelles. Telle que les Français la trouvèrent, cette place offrait un aspect de ruine et de délabrement. Ce n'était plus cette Joppé dont parle l'Écriture, si célèbre chez les Hébreux par son commerce et sa navigation. Quelques échanges avec l'Égypte à laquelle Jaffa envoyait ses toiles de coton contre des riz du Delta, voilà à quoi était réduite l'industrie locale. La nature seule avait aux environs de Jaffa retenu quelque chose des traditions anciennes. La ville était ceinte d'orangers qui s'élevaient tout fleuris au milieu d'eaux jaillissantes, et au loin une forêt d'énormes oliviers étendait autour d'elle un autre rayon de verdure plus pâle. Dans le milieu même de la ville ruisselaient deux sources intarissables.

Bonaparte était encore dans son camp de Jaffa lorsqu'il reçut des dépêches de Kléber, placé en avant-garde au village de Mesky. Ce général, chargé de protéger le siége, avait accompli sa périlleuse mission. En face de lui étaient les Naplousains, agresseurs courageux et infatigables. Cette peuplade, tributaire du pacha de Damas, habite cette contrée connue jadis sous le nom de royaume de Samarie, contrée montueuse, mais semée de vallons fertiles. Naplouse, sa capitale, nommée *Nablous* par les Arabes, autrefois *Neapolis* par les Grecs, et par les Hébreux *Sekœm* (la *Sichem* de la Vulgate), semblait alors être le rendez-vous des guérillas musulmanes. Placée au milieu d'une forêt de chênes unique en Syrie, cette ville avait ses défenses naturelles dans des montagnes presque inaccessibles. Située à dix-huit lieues de Jaffa, quatorze de Jérusalem, et seize de Saint-Jean-d'Acre, sa possession semblait nécessaire à la sûreté des opérations militaires. Kléber le crut ainsi. En butte aux harcellemens journaliers des Naplousains, fatigué de cette guerre de partisans qui ne laissait point de repos à ses soldats, il demanda à Bonaparte la permission de marcher sur Naplouse.

Mais le plan du Général en chef n'admettait pas cette conquête secondaire. Acre était le but de la campagne, le boulevard de la Syrie; il fallait y marcher, l'occuper promptement. Djezzar une fois soumis, toute la contrée se rendait à discrétion. D'ailleurs, en occupant Naplouse, une garnison imposante était nécessaire, car la ville ne se montrait forte que de ses montagnes. L'armée était trop peu nombreuse pour s'éparpiller ainsi sans danger; la vie des soldats, trop précieuse pour qu'on les aventurât dans une guerre de postes, exposés au feu meurtrier d'habiles tirailleurs. Bonaparte répondit à Kléber par l'exposé de ses projets; il lui fit sentir la nécessité de fondre sur Acre avant que les Anglais eussent pu la fortifier à l'européenne. Mais, fidèle à son système de proclamations, il lui en envoya une en arabe pour être transmise aux cheyks et ulémas naplousains.

« Je me suis emparé, disait-il, de Ghazah, » de Ramléh, de Lydda, de Jaffa et de toute la » Palestine. Je n'ai aucune intention de faire » la guerre aux habitans de Naplouse; car je ne

» viens en ces contrées que pour repousser les
» Mamlouks et Djezzar-Pacha, dont je sais que
» vous êtes les ennemis. J'offre donc aux habi-
» tans, par la présente lettre, la paix ou la
» guerre; s'ils veulent la paix, qu'ils chassent
» les Mamlouks de chez eux, et me le fassent
» connaître en promettant de ne commettre
» aucune hostilité contre moi; s'ils veulent la
» guerre, je la leur porterai moi-même. Je suis
» clément et miséricordieux envers mes amis,
» mais terrible comme le feu du ciel envers
» mes ennemis. »

Une adresse du même genre fut envoyée aux habitans de Jérusalem, peut-être dans l'intention seule d'attacher à cette campagne le nom de la ville sainte; enfin un dernier manifeste de paix partit à l'adresse de Djezzar, qui devait l'accueillir comme les précédens. Après l'énumération des griefs qui avaient motivé la guerre, tels que les missives refusées, l'hospitalité accordée aux Mamlouks, enfin le mouvement offensif sur El-Arych, Bonaparte ajoutait :

« Les provinces de Ghazah, Ramléh et Jaffa
» sont en mon pouvoir. J'ai traité avec géné-
» rosité celles de vos troupes qui se sont re-
» mises à ma discrétion; j'ai été sévère envers

» celles qui ont violé les droits de la guerre. Je
» marcherai sous peu de jours sur Acre.

» Mais quelle raison ai-je d'ôter quelques
» années de vie à un vieillard que je ne
» connais pas? Que font quelques lieues de
» plus à côté des pays que j'ai conquis? Et
» puisque Dieu me donne la victoire, je veux,
» à son exemple, être clément et miséricor-
» dieux non-seulement envers le peuple, mais
» encore envers les grands.

» Vous n'avez pas de raison réelle pour être
» mon ennemi, puisque vous l'étiez des Mam-
» louks. Votre pachalik est séparé de l'Égypte
» par les provinces de Ghazah, de Ramléh et par
» d'immenses déserts. Redevenez mon ami;
» soyez l'ennemi des Mamlouks et des An-
» glais; je vous ferai autant de bien que je vous
» ai fait et que je peux vous faire de mal. En-
» voyez-moi votre réponse par un homme muni
» de vos pleins pouvoirs et qui connaisse vos in-
» tentions. Il se présentera à mon avant-garde
» avec un drapeau blanc, et je donne ordre à mon
» état-major de vous envoyer un sauf-conduit.

» Le 24 de ce mois, je serai en marche sur
» Acre; il faut donc que j'aie votre réponse
» avant ce jour. »

Le 24 ventôse (14 mars) en effet deux divisions quittèrent leur camp de Jaffa, où la division Reynier devait venir les remplacer. Bon et Lannes se réunirent à Kléber au village de Mesky. Avant cette jonction, Kléber avait poussé plusieurs reconnaissances vers Naplouse; mais aux approches de leurs gorges boisées, les montagnards s'étaient montrés en force, et cachés derrière leurs arbres et leurs rochers, ils avaient reçu les Français à coups de fusil. Il fallut se retirer avec bon nombre de blessés, et parmi eux le général de brigade Damas.

Fiers de leur victoire, les Naplousains en donnèrent avis à Abdallah, et ce pacha partit en toute hâte pour rallier autour de lui ces milices des montagnes. Bonaparte résolut d'empêcher cette jonction. Le 25 ventôse (15 mars), l'armée était au point du jour en pleine marche sur Zeytah. Au lieu de suivre la côte, on rasa la chaîne du Liban. Vers midi, l'avant-garde signala un corps nombreux de cavalerie qui se groupait sur les hauteurs lointaines de Qâqoun. C'était encore Abdallah qui, toujours chassé, revenait toujours à la charge : ses Mamlouks étaient disposés sur une colline qui traversait la route; leur droite était défendue par un escarpement naturel, et leur gauche s'appuyait sur les montagnes de Naplouse, dont cette peuplade gardait les défilés.

Le général Lannes reçut l'ordre de manœuvrer avec sa division de manière à couper Abdallah des Naplousains, tandis que Bon et Kléber, formant leurs troupes en carrés, allaient attaquer de front la cavalerie du pacha. Ce double mouvement ne manqua pas son but. Les Mamlouks se débandèrent à la première rencontre, et cette fois encore ils laissèrent à nos soldats les honneurs d'un triomphe facile : les Naplousains, à leur tour, se virent refoulés jusqu'au sein de leurs rochers escarpés; mais le général Lannes, allant au-delà de ses instructions, voulut encore poursuivre les fuyards sur leur territoire. Alors la chance tourna ; les montagnards, forts de leur position, firent volte-face contre les Français, et les forcèrent à la retraite. Cachés derrière les arbres, retranchés sur des rocs à pic, ils dirigèrent sur la division aventureuse un feu auquel celle-ci ne pouvait répondre, et qui dura jusqu'au débouché de la vallée. Cette bravade coûta du sang à l'armée. Cent quarante hommes furent blessés; soixante-sept tués, au nombre desquels

Barthélemy, chef de brigade de la 69ᵉ. Une perte semblable, quoique fâcheuse, l'était moins encore que l'impression que produisit cette rencontre parmi ces peuplades sauvages. Désormais, dans l'enivrement de leur triomphe, il leur parut impossible d'être vaincus, et tout arrangement devint par la suite impraticable avec eux. Aussi Bonaparte ne put s'empêcher de témoigner à Lannes tout son mécontentement : « Vous avez sacrifié sans but, lui dit-il, » bon nombre de braves gens. » Et comme Lannes s'excusait en disant que ces paysans l'avaient défié, et qu'il avait voulu *châtier cette canaille :* « Nous ne sommes pas en mesure de » faire des bravades pareilles, » répliqua sèchement Bonaparte; et la conversation finit là.

Le bivouac du soir fut triste. Il eut lieu à peu de distance de Qâqoun et au pied de la tour de Zeytah : il pleuvait par torrens, et l'on n'avait point d'abri; les blessés eux-mêmes manquaient de local convenable. Enfin le jour parut et l'on se remit en marche vers Saint-Jean-d'Acre. Mais la pluie avait détrempé les routes au point de les rendre impraticables. Les ânes, les chevaux, les chameaux s'enfonçaient dans ce limon à la profondeur d'un pied, et un grand nombre périt à la peine. Pour dégager l'artillerie, il fallut quintupler les attelages. On parvint ainsi jusqu'à Nabata et Haniéh, où campèrent les divisions, et le lendemain après quelques heures de marche, l'armée découvrit le Mont-Thabor, la chaîne du Mont-Carmel et la vallée d'Esdrelon qui s'étendait au loin comme une nappe de verdure. Le même jour elle poussa jusqu'au-delà de Haïfa, que l'avant-garde, aux ordres du général Kléber, avait occupée dès la veille.

Haïfa est située au pied de ce Mont-Carmel d'où Élie s'éleva vers le ciel. On trouve encore sur ce pic rocailleux une chapelle dédiée au prophète. Haïfa, construite dans le moyen âge près des ruines de l'ancienne *Porphyrion*, n'est plus de nos jours qu'une chétive bourgade fermée d'une muraille flanquée de quelques tours. Elle est assise sur le bord de la mer, au bout d'un demi-cercle formé par le rivage et vis-à-vis Saint-Jean-d'Acre qui s'élève à l'extrémité opposée.

Quoique les soldats de Djezzar l'eussent évacuée, les Français y trouvèrent néanmoins de grands magasins de riz et de biscuit. Bonaparte mit garnison dans Haïfa, y fit construire des fours, organiser des hôpitaux. Cette place, située en regard de la ville que l'on allait assiéger, devenait très-importante par sa position. Bonaparte la mit sous le commandement du chef d'escadron des dromadaires, Lambert, ainsi qu'un petit fort situé sur le versant du Carmel, et dominant la rade.

Ce fut en passant devant Haïfa que nos divisions aperçurent pour la première fois l'escadre anglaise qui, croisant sur les côtes syriennes, avait la veille mouillé au nord de la rade. Elle se composait d'une fraction de la division navale chargée du blocus d'Alexandrie où figuraient les vaisseaux *le Tigre* et *le Thésée* et quelques autres d'un gabarit inférieur. Le commodore sir Sidney Smith en avait le commandement, et ses instructions portaient de secourir par toutes les voies possibles le pacha Djezzar, allié de l'Angleterre. Pour préluder à sa coopération, l'escadre essaya d'inquiéter la marche des Français par un feu de chaloupes canonnières. On dit que le commodore se trouvait dans l'une d'elles, et qu'il s'assura lui-même, par un examen attentif, de la force de nos colonnes.

Le 27 au soir (17), malgré les difficultés d'un

terrain marécageux, l'armée arriva sur les bords de la rivière Êl-Rahmyn (*Belus* des anciens), qui coule à quinze cents toises de Saint-Jean-d'Acre. L'intention de Bonaparte était d'aller camper le soir même sous les murs de la place ; mais la rivière, grossie par les ouragans, n'était pas guéable, et des tirailleurs de Djezzar, cavaliers ou fantassins, occupaient la rive opposée. Le général Andréossy sonda néanmoins les gués : à la suite de cette reconnaissance, le deuxième bataillon de la 4ᵉ demi-brigade légère passa la rivière sous ses ordres. Ce détachement, mouillé jusqu'aux aisselles, parvint dans la nuit même à s'emparer d'une hauteur sur laquelle l'ennemi avait improvisé quelques informes retranchemens. Après Andréossy, ce fut le tour du chef de brigade Bessières ; il franchit l'Êl-Rahmyn avec une partie des guides à cheval et deux pièces d'artillerie. Mais nonobstant ce premier succès, il fallut remettre au lendemain le passage des divisions, et la nuit fut employée à jeter un pont sur la malencontreuse rivière.

Le 28 (18), l'armée se porta en avant. Bonaparte voulut reconnaître lui-même, et le premier, les abords de la place. Il gravit une hauteur qui dominait Acre à mille toises de distance ; il embrassa d'un regard cette plaine où devaient s'étendre ses lignes de siége, et donna le signal des opérations préliminaires.

La première attaque eut lieu contre les corps de tirailleurs syriens embusqués dans les jardins qui s'étendent au pied de la ville. On marcha sur eux, et culbutés l'un après l'autre, ils furent obligés de se renfermer dans l'intérieur des retranchemens. Cet avantage obtenu, Bonaparte s'occupa du campement des troupes et des premiers travaux de la tranchée.

Laissons maintenant nos soldats sur ce terrain où coula tant de sang généreux. Nous les retrouverons plus tard héroïques dans leur premier échec autant que dans leurs plus éclatantes victoires.

La grande expédition orientale a déjà jeté au Sud et au Nord des rameaux si vivaces qu'il faut aller rejoindre maintenant cette armée de la Haute-Égypte, sœur de l'armée syrienne, éloignée d'elle par quatre cents lieues de terres fertiles ou de steppes sauvages. Pour faire un tout chronologique de tant d'opérations si distinctes, nous sommes forcés de quitter Bonaparte sous les murs de Saint-Jean-d'Acre, et de rejoindre Desaix dans sa marche rapide vers les cataractes nubiennes.

CHAPITRE XI.

Armée de Desaix. — Situation de Mourad-Bey. — Sa vie antérieure. —Marche des Mamlouks. — Poursuite des Français. — Tentyra.— Ses temples. — Denon. — Arrivée à Thèbes. — Villages situés dans sa vallée. — Anciens monumens. — Medynet-Abou, Karnaq, Louqsor, Qournah. — Desaix et Denon à Qournah.

Quoique Mourad-Bey eût pu dans une triple déroute estimer à son prix la supériorité française, sa tête bouillante n'avait pas encore admis une seule pensée de soumission. Les Pyramides, Sédiman, Semhoud, réveillaient en lui des souvenirs de vengeance et non de crainte. Lui Mourad, s'incliner en esclave devant un Général chrétien, lui qui, dans cette même vallée du Nil, à la tête de six mille cavaliers, avait taillé en pièces dix-huit mille Turcs et trois mille Mamlouks ! O honte ! aujourd'hui quelques milliers de fantassins venaient de donner un démenti à ses hauts faits d'armes de jeunesse. Pour la première fois il fallait fuir, quitter le champ de bataille sans l'avoir disputé, et demander au Désert un asile contre des ennemis infatigables.

Ce rapprochement accusateur, cette lutte interne d'amour-propre et de rage absorbaient toutes les facultés de Mourad. Il se demandait s'il n'était plus ce même Mamlouk nommé Khaznadar à dix-neuf ans, fameux entre les siens par son adresse à lancer la djerid et à manier un cheval. Alors il se rappelait sa vie antérieure, sa condition d'abord si obscure, et devenue ensuite si brillante. Toutes ses victoires passées lui revenaient à la mémoire; celle de Damas, en 1771, où le premier il se jeta au milieu de l'armée turque; celle de Salahiéh, alors que devenu lieutenant de Mohammed Abou-Dahab, il attaqua lui-même le redoutable Aly-Bey, son ancien maître, le frappa au visage de son yatagan et le renversa sur le sable; enfin son grand et beau triomphe sur Hassan-Bey-Geddâouy, depuis son allié, et jadis obligé de fuir devant la puissance de ses armes, jusqu'aux dernières cataractes.

Si de ces souvenirs de gloire et de domination il descendait à ses longues années de vie lascive et opulente, la comparaison était plus poignante encore. Désormais plus d'esclave mingrelienne noyée au milieu de coussins de soie, ravissante et belle à faire envie au Sultan; plus de serviteurs par centaines mendiant un désir du maître; plus de sorbets pour rafraîchir le gosier; plus de kiosques pour aérer les poumons; mais le Désert toujours chauffé comme une fournaise, avec ses aiguillons de sable en bas, en haut ses aiguillons solaires; mais la faim, la soif, au milieu de bivouacs sans ombre; privations morales, privations matérielles, broyées toutes ensemble dans cette ame d'homme pour la pétrir de fiel et de regrets.

Descendu si bas qu'il rougissait de lui-même, Mourad-Bey n'invoquait plus les traditions du passé pour imposer à ses rivaux l'obéissance actuelle. Pourtant, sans qu'il parlât de ses droits, personne autour de lui ne se serait hasardé à les méconnaître. Il y avait dans le Bey vaincu quelque chose de si fier et de si digne, que tous, chefs ou Mamlouks, ne présumaient pas qu'un autre pût les commander mieux. Si grands que fussent les revers, le fatalisme oriental leur trouvait une excuse dans la force des choses et dans les décrets de la Providence. Ils disaient : *Dieu est grand, et*

Mourad est son bras droit. Que leur volonté s'accomplisse !

Ainsi le Bey fugitif avait conservé sur ses cavaliers la même puissance d'autorité; vainqueurs ou vaincus, ils étaient décidés à le suivre au bout du monde.

Avec son courage si brillant, avec ses troupes si dévouées, Mourad devait long-temps encore tenir en haleine la surveillance de nos républicains. Peut-être même cette tactique nouvelle pour lui, cette résistance d'inertie à laquelle il fit ployer ses armes, auraient-elles eu un succès complet contre d'autres ennemis. Mais les Français, mais Desaix étaient là; Desaix doué de cet héroïsme calme qui achève les grandes choses, Desaix le vainqueur de Radstadt et de Kehl, caractère de soldat trempé à la Bonaparte, avec moins de génie sans doute, mais aussi avec moins d'ambition. De tous les généraux venus en Egypte aucun n'était plus propre que Desaix à conquérir cette longue vallée du Saïd, dernier asile du Bey fugitif. Au génie militaire qui se révéla dans les batailles rangées, il sut allier une patience de courage indispensable dans cette longue battue militaire. De Syout à Syène, de Qosseyr aux Oasis libyques, cherchant partout un ennemi qui disparaissait comme un nuage à l'horizon, pendant plus de six mois, il continua une guerre de partisans dont il ne pouvait prévoir la fin. Au milieu de soldats que minaient la fatigue et les privations, à deux cents lieues du quartier-général, sans renforts, sans magasins, Desaix trouva en lui des ressources qui suppléaient à tout : sa fermeté maintint la discipline ; son exemple commanda la résignation ; habile à profiter des moindres ressources locales, il parvint à vivre avec son armée sur un territoire ravagé par le double fléau de l'ignorance et du despotisme.

Après la victoire de Semhoud, les Français lancés à la poursuite des bataillons fugitifs de Mourad avaient été obligés de s'arrêter au village de Farchout, mourant de lassitude ; mais cette halte, marquée par quelques désordres, ne fut pas de longue durée. Le soir même, 3 pluviôse an VII (22 janvier 1799), l'armée repartit à minuit pour talonner la retraite des Mamlouks. Elle marcha dans la direction de Haoû (autrefois *Diospolis parva*), et arriva dans ce village après avoir dispersé quelques détachemens perdus des Arabes d'Yambo. Là encore peu d'heures suffirent au repos des troupes. Desaix espérait toujours rejoindre cet ennemi dont les traces récentes se voyaient sur le sable; rien ne marchait assez vite pour lui; à l'entendre, l'artillerie était trop lourde, l'infanterie trop lente, la cavalerie trop paresseuse. Son impatiente ardeur rêvait une bataille décisive; il la voulait, il s'élançait après elle. Relevée par un nom comme celui de Thèbes ou de Tentyra, elle eût servi de pendant à la victoire des Pyramides; mais le plan de Mourad déjouait tous ces calculs de gloire militaire, et long-temps Desaix courut à la poursuite d'une ombre.

Le 4 pluviôse (23 janvier), l'armée avait bivouaqué au village d'Él-Ouafa : le 5 (24), elle s'ébranla à la pointe du jour, et prit sa direction au travers du Désert, en se rapprochant de la rive occidentale du Nil. Le jour même elle devait arriver à Denderah, jadis *Tentyra* ou *Tentyris*, et ce nom réveillait une fibre impressionable dans toutes les têtes scientifiques de l'armée. Denon surtout, le poétique Denon, ne pouvait se résoudre à traverser la ville ancienne comme il l'aurait fait d'un bourg de Lorraine ou de Champagne. Il osa parler d'une halte au moment où le général était le plus vivement préoccupé de son idée fixe de bataille. Accueilli d'abord avec humeur, il obtint pourtant que la marche des soldats fût ralentie, et bientôt il se perdit au milieu des ruines avec son cartable et ses crayons.

Après avoir franchi quelques constructions modernes, Denon se trouva en face d'une porte antique, édifiée avec des pierres massives que couvraient de nombreux hiéroglyphes. Au travers de cette porte, le regard plongeait sur la façade principale du temple de Tentyra. A la vue de cette colonnade grandiose et sévère, savans, officiers, et soldats eux-mêmes, restaient muets d'admiration. Aucun monument jusqu'alors ne leur avait présenté ce caractère pur et primitif. Il y avait dans ces lignes architecturales quelque chose de grave qui semblait accuser la destination de l'édifice : le nom de *temple* était écrit dans la disposition de ses portiques, dans la noble simplicité de ses bas-reliefs, et cet ensemble qui saisissait le regard aurait jeté dans les sens les plus profanes des impressions d'étonnement et de respect.

Denon s'élança vers le portique avec un amour d'artiste : fûts, portes, péristyles, sphinx, hiéroglyphes, il aurait voulu tout peindre, tout faire poser devant lui. Mais l'armée était en marche, il fallait saisir au vol une création de géant, reproduire en une heure le travail d'un siècle. Agité de la multiplicité des objets, émerveillé de leur variété, tourmenté de la crainte de ne plus les revoir, il regardait tout sans oser choisir. Il avait aperçu sur des plafonds des systèmes planétaires, des zodiaques[1], des planisphères célestes, présentés dans une ordonnance pleine de goût : il avait vu que les murailles étaient couvertes de la représentation des rites égyptiens, des procédés de ce peuple dans l'architecture et les arts, de ses préceptes moraux et religieux ; il avait compris que l'Être-Suprême, le premier principe, était partout représenté par les emblêmes de ses qualités. Ainsi un sens moral était caché sous des signes matériels, et il fallait à la fois traduire l'un à l'aide de l'intelligence, et l'autre au moyen du regard.

Les Égyptiens, à en juger par le style de leurs monumens, n'ont rien emprunté de l'ar-

[1] Au nombre des objets reconnus par Denon se trouvait le célèbre zodiaque qui depuis est venu enrichir notre Musée et fournir un long texte à nos débats scientifiques.

chitecture des autres peuples. L'art né chez eux, d'abord informe et sans grâce, s'est développé dans un long enfantement. Le progrès a été laborieux, mais constant. Ordonnance et simplicité ont été leurs principes, et l'application en a été sublime. Partis de ce point, ils n'ont jamais pardonné à l'imagination un écart si beau qu'il fût : tout ce qui dérogeait à la symétrie harmonieuse d'un monument, à sa gravité solennelle, était sévèrement proscrit. Ils visaient d'abord à l'ensemble, non aux détails. L'effet eût été manqué à leurs yeux si, au coup-d'œil jeté sur l'édifice, une de ses parties eût attiré sur elle l'attention au détriment des autres. Ce n'est pas que les parois des temples ne fussent chargées de bas-reliefs, d'inscriptions, de tableaux historiques ; mais aucune de ces richesses ne coupait une seule ligne ; ces lignes étaient sacrées ; tout ce qui était ornemens, sculptures, peintures, somptuosité, vu de près, disparaissait et s'effaçait de loin pour ne laisser voir que le principe qui était toujours grand et raisonné.

Ce caractère architectural se révéla tout entier à Denon dans le temple de Tentyra. Ce péristyle à six colonnes massives, ces murs latéraux élevés en talus et chargés d'hiéroglyphes sur toutes les faces, ces peintures intérieures, ces frises, ces corniches, ces soubassemens, formaient un tout admirable, dont rien ne pouvait se détacher sans faire un vide saillant au regard.

Trois heures durant, l'artiste français campa dans ces décombres sublimes, confiant au papier des souvenirs trop beaux pour périr : avide de tout peindre, il passait rapidement d'une esquisse à une autre, certain plus tard de trouver dans sa mémoire toutes les réminiscences locales qu'il pourrait lui demander. Des perspectives générales, il passa aux détails, ébauchant à la hâte les ornemens pariétaux, les sphinx, les cariatides et les plafonds astronomiques. Son amour pour les arts l'absorbait à un point tel qu'il avait oublié l'heure et les dangers du lieu. Dans les premiers instans de marche au milieu des ruines de Tentyra, l'armée tout entière avait voulu voir et admirer son temple en ruines ; mais peu à peu la foule de ces visiteurs au petit pied s'était écoulée pour continuer l'étape militaire, et le soir, surpris par les teintes du crépuscule, Denon ne retrouva auprès de lui que le général Belliard, trop bon ami pour l'abandonner seul dans un endroit si désert.

La division était alors au nouveau Denderah, sur le bord même du Nil, à trois quarts de lieue du temple et des ruines de l'ancienne ville. Les deux retardataires la rejoignirent au galop, et le soir, autour des feux du bivouac, il ne fut question que des merveilles monumentales qu'on avait admirées dans la journée. Latournerie, officier d'un esprit et d'un goût délicats, ne trouvait pas de formules assez expressives pour son enthousiasme. « Depuis que je suis en Égypte, disait-il, blasé » sur tout, j'ai vécu mélancolique et malade; » Tentyra m'a guéri, je ne regrette plus rien, » et, quoi qu'il m'arrive désormais, je me ré- » jouirai de ce voyage. »

Le 6 pluviôse (25 janvier) la division se remit en marche, traversant les nombreux villages qui bordent le Nil; sa journée ne fut marquée par aucun incident remarquable, et elle bivouaqua du 6 au 7 au village d'Él-Denfyq; mais le 7 (26) au matin, en doublant la pointe d'une chaîne de montagnes, nos soldats reposèrent leurs yeux sur un vallon tout hérissé de ruines merveilleuses.

C'était Thèbes, la cité chantée par Homère, la ville aux cent portes, avec ses vieilles colonnades et ses obélisques primitifs. A l'aspect de la capitale célèbre qui révélait dans la plaine ses débris de géant, l'armée entière fut saisie d'enthousiasme : elle battit des mains ou présenta les armes par un mouvement spontané. On eût dit que ces ruines avaient une langue intelligible pour tous; car tous paraissaient tenir la clef de l'énigme monumentale qui se déroulait devant eux.

Thèbes! que de souvenirs dans ce seul nom! que de traditions fabuleuses ! que de merveilles historiques ! On avait enfin sous les yeux la *Diospolis magna*[1], *la ville* par excellence[2]! Grâce à la marche d'une armée française dans cette région inconnue, on allait enfin savoir si le texte d'Hérodote avait menti, si les miracles d'architecture, décrits par Strabon

---

[1] La grande ville de Jupiter.

[2] Le nom de *Thèbes*, en grec *Thébai*, vient du nom de Th-Baki, qui signifie *la ville* en cophte. C'est ainsi que le nom *Urbs* désignait Rome chez les Romains; *Astu*, Athènes chez les Grecs; *Medinéh*, chez les Arabes, la ville d'*Yathrib* consacrée au Prophète, et que les Grecs du Bas-Empire indiquaient Constantinople par les mots *is tén Bolin*, dont les Turcs ont fait le nom de *Stamboul*.

et par Diodore de Sicile, étaient des rêveries ou des réalités. A l'heure de cet examen, apparaissaient une à une à nos savans toutes les exagérations poétiques repoussées d'avance par notre scepticisme européen. Cette statue d'Osymandyas qu'Hécatée nous dépeint comme propre à terrasser l'imagination humaine; ce cercle d'or, d'une coudée d'épaisseur et de trois cent soixante-cinq coudées de circonférence, sur lequel, pour chaque jour de l'an, se trouvait indiqué le lever et le coucher des astres; cette salle hypostyle aux colonnes fabuleuses, ce vaste temple, ce *Memnonium* célèbre entre tous les édifices égyptiens; ces tombeaux de rois mis par un peuple pieux au rang des divinités; ce colosse de Memnon dont une foule de graves auditeurs ont jadis attesté avoir entendu la voix au lever de l'aurore; tous ces monumens, portiques, statues, hypogées, obélisques, célébrés par tant d'auteurs grecs et latins, devaient avoir laissé des vestiges sur cette terre qui gardait l'empreinte de la capitale égyptienne.

A mesure que nos soldats approchaient, toutes ces ruines, confuses d'abord, se dessinaient plus nettement à l'horizon de la vallée, et bientôt ils purent faire une halte de quelques heures sous les portiques du Memnonium.

Le bassin au milieu duquel Thèbes était assise se développe dans une étendue à peu près égale sur l'une et l'autre rive du Nil. Encaissé d'un côté par le roc libyque, de l'autre par la chaîne arabique, il semble placé là comme une oasis que flanque un double désert. Le sol de la plaine est assez semblable à celui du reste de l'Égypte : il se compose de couches d'argile et de sable qui se succèdent alternativement. A partir des bords du fleuve jusqu'au pied des montagnes, la surface du terrain s'abaisse, suivant une pente qui est sensible à l'œil. L'inclinaison est même assez forte pour qu'en des crues ordinaires le fleuve n'inonde pas la plaine entière. Pour y suppléer, des canaux partant de points plus élevés y apportaient jadis des eaux d'irrigation qui fertilisaient toute la vallée ; mais depuis la décadence de la capitale, ces dérivations du Nil ont péri faute d'entretien, et la sécheresse a rendu toute cette plaine improductive. A peine sur les bords du fleuve trouve-t-on çà et là quelques champs de blé, de dourah et de cannes à sucre.

La plaine de Thèbes est semée de villages :

à l'occident et à deux cents pas du Nil se trouve celui d'El-Aqâltéh. Près des cahutes qui le composent on voit une assez belle maison que les habitans appellent *Qasr* ou château; elle servait de logement aux gouverneurs du pays dans le temps consacré au recouvrement des impôts; plus tard les collecteurs militaires envoyés par Desaix pour percevoir le *miry* y établirent aussi leur station. Non loin de là, vers la montagne libyque et en s'écartant un peu du fleuve, on aperçoit Abou-Hamoud dont les maisons de terre sont en partie cachées par une forêt de palmiers; et plus loin encore El-Be'yrât bâti sur les décombres même de l'ancienne Thèbes; tout près de la montagne, Medynet-Abou offre les restes d'un village moderne entièrement abandonné; enfin, à l'extrémité de la plaine, vers le nord, est situé le petit village de Qournah que ses sauvages habitans abandonnent quand ils veulent se soustraire au paiement de l'impôt. Nouveaux Troglodytes, ils se retirent alors dans les grottes nombreuses dont la montagne voisine est percée, ou bien accompagnés de ce qu'ils ont de plus cher et de plus précieux, leurs femmes, leurs enfans et leurs troupeaux, ils fuient au loin dans le Désert. A l'Orient, de l'autre côté du fleuve et tout-à-fait sur le rivage, Louqsor se fait remarquer par ses maisons basses, surmontées de colombiers couverts d'une multitude innombrable de pigeons. Louqsor, nommé aussi Êl-Aqseyr, est un bourg assez considérable qui peut avoir une population de deux à trois mille âmes. Une fois chaque semaine il s'y tient un marché où se rendent tous les habitans des villages des environs : on y échange les denrées récoltées dans le pays et quelques étoffes. En marchant encore au nord et le long du fleuve, on trouve Kafr-Karnaq, ensuite Karnaq et Naga-Êl-Qariéh, tous trois entourés de palmiers : ces lieux habités n'occupent qu'un espace très-peu considérable au milieu des vastes ruines qui les ceignent. Encore plus loin dans la même direction et vers le pied de la chaîne arabique sont situés le bourg de Myt-Aâmoud ou Koum-Maddou, et le village ruiné d'Êl-Byadyêh.

Tels sont les principaux villages modernes épars sur le sol que couvrait jadis une ville immense. Pour donner plus de relief à ce contraste, des ruines admirables sont là debout à côté de chétives masures. D'un bout de cette vallée à l'autre, la vieille Thèbes semble avoir laissé des fûts solitaires, des colonnades isolées, derniers jalons de sa magnificence éteinte. Et comme si ce bassin littoral n'eût pas été assez vaste pour la contenir tout entière, elle montre dans les montagnes excavées sa cité mortuaire et souterraine. En effet la partie de la chaîne libyque, voisine des monumens encore existans, est percée d'une quantité innombrable d'hypogées, qui semblent être la *necropolis* de la capitale égyptienne.

Les premiers décombres remarquables que l'on rencontre dans la plaine sont dans le voisinage d'El-Aqâltéh. Là se trouve un cirque, un hippodrome où les anciens Égyptiens s'exerçaient aux courses à pied, aux courses de chevaux et de chars. Dans le grand nombre d'ouvertures que présente encore son enceinte, on est porté à voir les cent portes célébrées par Homère et par tous les historiens ou poëtes de l'antiquité.

De quelque manière en effet que l'on envisage la situation topographique de Thèbes, il est peut-être difficile d'expliquer autrement son surnom d'*Hécatompyle* (aux cent portes). Nulle enceinte générale ne paraît avoir enveloppé la ville; mais à l'intérieur une foule d'enceintes particulières isolaient et entouraient les monumens publics ; et chacune d'elles avait sans doute sa porte principale, ou porte de quartier telle qu'on en voit encore de nos jours dans les capitales turques.

Il faut donc, ou que ces portes de quartier aient servi de texte à l'exagération homérique, ou qu'elle ait trouvé sa source dans les issues de l'hippodrome d'El-Aqâltéh. Cet hippodrome paraît avoir été entouré de constructions triomphales qui semblaient former une des avenues de la ville. Vers le sud se trouve un petit temple délabré qui semble être la construction la plus avancée vers le sud.

Au nord de l'hippodrome, par les 30° 17' 32" de longitude, et les 25° 42' 58" de latitude, apparaissent les ruines de Medynet-Abou. Placées au sommet d'une butte factice, elles se dessinent sur un fond de rochers escarpés qui font partie de la chaîne libyque. Un petit temple se montre d'abord au pied des décombres ; mais ce qui frappe l'œil le plus vivement, c'est un édifice qui a visiblement été jadis un palais de roi. Deux étages, des fenêtres carrées, des murs couronnés de créneaux, révèlent une construction qui ne se rapproche en rien des temples consacrés au culte égyptien. Vers le nord, dans le voisinage, s'élèvent des propylées au-devant d'un temple qui semble dater de l'antiquité la plus haute. Plus loin, vers l'ouest, et presqu'au pied de la montagne, se groupent d'autres édifices non moins curieux. Leur axe est absolument le même que celui du pavillon à deux étages dont nous venons de parler. Un pylône très-élevé conduit dans une grande cour presque carrée dont les galeries septentrionale et méridionale sont formées de colonnes et de gros piliers carrés auxquels sont adossées des statues colossales. Ces espèces de caryatides impriment au monument un caractère de grandeur et de gravité dont il est impossible de n'être pas frappé : elles semblent placées là pour rappeler aux mortels le recueillement et le respect que l'on doit apporter en pénétrant dans ces asiles de la religion et de la majesté royale. Un second pylône termine cette première cour, et conduit à un superbe péristyle dont les galeries latérales sont formées de colonnes et dont le fond est terminé par un double rang de galeries soutenues par des colonnes et des piliers caryatides. Ce péristyle offre des restes de toutes les religions qui ont successivement prévalu en Egypte. Les chrétiens y ont élevé une église où se voient encore de belles colonnes monolithes en granit rouge. Ils ont peint, sur les murs, des bienheureux avec l'auréole autour de la tête. Quelquefois par de légers changemens ils ont transformé en saints du christianisme des dieux, des héros et des prêtres de l'ancienne Égypte. Les mahométans venus ensuite l'ont destinée à un autre culte; ils en ont fait une mosquée, et ont sculpté quelques versets du Koran sur ces emblêmes déjà chrétiens ou égyptiens à demi.

Au sortir de Medynet-Abou, si l'on suit le chemin tracé sur la limite du Désert, on foule aux pieds une suite non interrompue de statues brisées, de troncs de colonnes et de fragmens de toute espèce. A gauche de ce chemin, on heurte à fleur de sol des fondemens en briques crues qui ont jadis formé une enceinte rectangulaire, remplie encore aujourd'hui de débris de colosses et de membres d'architecture chargés d'hiéroglyphes. Ce sont les restes d'un édifice renversé jusque dans ses fondemens.

A droite du chemin la vue se repose sur un bois touffu d'acacias dont la verdure contraste avec la sécheresse du sol environnant. Ce bois est semé de fragmens antiques, tels que des bras, des jambes et des troncs de statues d'une grande proportion. Tous ces colosses étaient monolithes, de grès brèche, de marbre ou de granit noir et rouge. Leur nombre est tel qu'ils suffiraient à décorer une ville considérable. Sur le même lieu des restes de colonnes, à ras du sol, signalent l'emplacement d'un temple ou d'un palais.

A l'extrémité du bois d'acacias, vers l'est, sont deux statues colossales appelées dans le pays *Táma* et *Cháma*. *Cháma* est le colosse du sud, *Táma* le colosse du nord. Ils sont tous les deux d'une espèce de grès brèche, plus dur que le granit, et qui a dû présenter les plus grands obstacles à la sculpture. Ces deux statues monumentales sont aujourd'hui dans un état de dégradation qui atteste leur vétusté. Dans celle du sud, la figure tout entière a disparu; les oreilles seules et une partie de la coiffure sont intactes. Le colosse du nord a été rompu par le milieu; la partie supérieure a été rebâtie par assises, la partie inférieure est d'un seul bloc de pierre assez bien conservé. Par suite de l'exhaussement du terrain dans la vallée, les piédestaux des colosses se trouvent enfoncés en partie sous les dépôts vaseux du Nil. Malgré cet affaissement, l'une et l'autre statue ont encore de la base au sommet quinze mètres cinquante-neuf centimètres de hauteur (quarante-huit pieds environ), à quoi ajoutant trois mètres quatre-vingt-dix-sept centimètres (plus de douze pieds) pour le piédestal, la hauteur totale de ces monumens se trouve être au-dessus du sol de dix-neuf mètres cinquante-six centimètres (plus de soixante pieds). La largeur des statues mesurées en ligne droite, entre les deux épaules, est de six mètres dix-sept centimètres (dix-neuf pieds); chaque piédestal renferme deux cent seize mètres cubes, et pèse cinq cent cinquante-six mille quatre-vingt-treize kilogrammes; chaque statue monolithe contient deux cent quatre-vingt-douze mètres cubes, et pèse sept cent quarante-neuf mille huit cent quatre-vingt-dix-neuf kilogrammes, de sorte que chaque piédestal et chaque colosse réunis pèsent un million trois cent cinq mille neuf cent quatre-vingt-douze kilogrammes (vingt-six mille quintaux, plus une fraction).

La base supérieure des colosses est entourée d'une ligne de hiéroglyphes qui a cinquante centimètres de hauteur ; le piédestal est orné de sculptures, et les trônes sur lesquels les statues sont assises vont s'alongeant en dossier jusqu'à la hauteur de la coiffure. En avant du siége de chaque côté des jambes des colosses et dans l'intervalle qui les sépare, sont de petites statues isiaques, de ronde-bosse, debout et très-mutilées [1].

Telles sont ces deux statues monumentales, visibles à quatre lieues de distance, et projetant leur ombre sur la vallée. On dirait de loin deux blocs granitiques qui se seraient détachés de la montagne libyque pour venir s'asseoir dans cette plaine. Le voyageur, à l'aspect de ces monolithes, se demande quel est ce peuple qui a pu porter là, affermir sur cette base, ces

---

[1] La religion musulmane, copiant en cela le judaïsme, proscrit les représentations de figures d'hommes et d'animaux ; en conséquence les dévots musulmans croient faire un acte agréable à Dieu en mutilant surtout les têtes des statues et bas-reliefs. C'est à ce zèle fanatique qu'il faut attribuer les mutilations des monumens sculptés en Égypte, où les dévots n'ont laissé intact que ce qu'ils n'ont pu détruire. Au reste c'est Cambyse qui est accusé par les anciens historiens de la mutilation du colosse de Memnon ; ainsi cet acte de vandalisme remonterait à cinq siècles avant l'ère chrétienne.

deux millions pesant de granit qui y semblent incrustés depuis trente siècles.

Semblable de tout point à sa sœur jumelle, la statue du nord ne se distingue que par le grand nombre d'inscriptions grecques et latines qui couvrent ses jambes et ses pieds; on en a compté plus de soixante-douze, toutes postérieures à la conquête des Romains. La plus grande partie date du règne d'Adrien, et Sabine, femme de cet empereur, est au nombre des crédules visiteurs qui ont monumenté leur nom sur le piédestal. Presque toutes ces inscriptions indiquent que les signataires *ont entendu la voix du saint Memnon, que Memnon leur a parlé d'une manière distincte.*

On peut conclure de là que le colosse du nord passait, aux temps de la domination romaine, pour cette statue de Memnon qui rendait des sons harmonieux à une certaine heure du jour et lorsqu'elle était frappée des rayons du soleil. Quand on veut rattacher cette fable accréditée sous les empereurs romains, aux vieilles croyances égyptiennes, le fil de la tradition échappe et se perd dans le vague. Il y a lieu de croire toutefois que c'était encore là une des mille subtilités sacerdotales conçues dans un intérêt religieux ou politique. Sans doute un prêtre arrivait par des canaux souterrains jusque sous le piédestal de la statue, et là donnait par un conduit mystérieux un son intelligible au dehors. A des heures fixes cette comédie se jouait, et le peuple croyait avoir entendu la voix divine. Cette explication est la seule admissible pour nous, prouvé comme il l'est qu'aucune raison physique ne peut produire un phénomène semblable.

Tout est si conjectural dans la destination et dans l'origine de ces monumens, que la science n'a pu encore préciser à qui ils étaient consacrés. Si l'on croit à la fable romaine, le colosse du nord était Memnon; mais quel Memnon? car il paraît que deux personnages ainsi nommés ont marqué dans les âges antiques, le Memnon des Grecs et le Memnon égyptien ou Aménophis. Le premier est celui qui, d'après Homère, marcha au secours de Troie, et périt sous les murs de cette ville fameuse : il était, suivant les mythographes, fils de Titon et de l'Aurore. L'autre est un prince éthiopien qui régna sur ses peuples pendant cinq générations. Qu'on admette même que l'un de ces deux Memnons était figuré dans le colosse du nord, que sera le colosse du sud ? Osymandyas ? sa mère ? son fils ? Sésostris ? Sérapis ? On ne sait ; et les recherches ont été jusqu'à ce jour impuissantes à résoudre ce problême monumental.

Quand on quitte les colosses de la plaine pour regagner le chemin qui borde le Désert, on arrive, à travers de vastes débris, aux ruines vulgairement connues sous le nom de *Memnonium*, situées par 25° 43′ 27″ de latitude, et par 30° 18′ 6″ de longitude. Des pylônes à moitié renversés, et dont la hauteur dut être considérable ; des colonnes élevées et d'un gros diamètre ; des piliers carrés auxquels sont adossées des statues colossales de divinités ; des portes de granit noir ; des plafonds parsemés d'étoiles d'or sur un fond d'azur ; des statues de granit rose mutilées et en partie recouvertes par les sables du Désert ; des scènes guerrières sculptées sur les murs, et représentant des combats et des passages de fleuves : tout annonce un édifice de la plus haute importance. C'est le tombeau d'Osymandyas ; c'est le monument où ce roi conquérant s'était plu à surpasser tout ce qu'on avait fait avant lui de beau, de vaste, de majestueux. Çà et là se retrouvent encore des débris de la plus grande magnificence. Cet énorme bloc de granit, étendu par terre, et si colossal que pour en reconnaître les formes il faut s'en éloigner à grande distance, est le reste de la statue d'Osymandyas. Ce potentat égyptien l'avait fait élever comme pour défier la destruction et jeter le gant à l'impuissance humaine; car on lisait cette inscription au pied du colosse :

JE SUIS OSYMANDYAS,
ROI DES ROIS;
SI QUELQU'UN VEUT SAVOIR QUEL JE SUIS,
ET OU JE REPOSE,
QU'IL DÉTRUISE QUELQUES-UNS DE MES OUVRAGES.

Cette statue monolithe, dont les proportions se rapprochaient de celles des colosses de la plaine, en différait par la matière. Ce n'était plus du grès brèche, mais du magnifique granit rose extrait des montagnes de Syène. Plus tard nos savans découvrirent le rocher d'où le bloc gigantesque d'Osymandyas avait été extrait. Pour l'amener à Thèbes il avait fallu lui faire parcourir quarante-cinq lieues de distance. Quelle opinion ne doit-on pas se faire des Égyptiens en présence de faits pareils? Pour réaliser des travaux de cette nature, il fallait qu'ils fussent aussi avancés que nous dans la statique et dans la mécanique.

Au nord-ouest du tombeau d'Osymandyas, dans une gorge naturelle de la montagne libyque, on trouve un petit édifice qui paraît avoir été consacré au culte d'Isis. Une porte en pierre, d'une belle proportion, conduit au temple. Ce n'est pas sans éprouver quelque plaisir que l'œil, fatigué des grandes masses qu'il vient de contempler, se repose sur un édifice de dimensions moins gigantesques. Si l'on voulait construire en France un temple égyptien avec ses riches frises et ses corniches élégantes, on ne pourrait trouver de modèle à la fois plus simple et plus gracieux.

Toujours sur la même lisière du Désert, un peu vers la gauche, est un mamelon séparé de la chaîne libyque dans lequel les Égyptiens ont creusé une de ces syringes si célèbres dans l'antiquité. C'est un véritable dédale dans lequel on ne doit pas pénétrer sans prendre de grandes précautions. Le grand nombre de couloirs et de salles, les puits verticaux qui conduisent à des appartemens inférieurs présentent l'aspect d'un lieu destiné à des initiations et à des célébrations de mystères. Tout près de là surgissait du sol une longue suite de petits monceaux de débris en pierre calcaire, placés à égale distance, et disposés sur deux rangées. C'était une allée de sphinx qui conduisait à des constructions maintenant ruinées et informes.

Non loin de ces débris, deux fragmens de statues en granit noir indiquent l'avenue de Qournah, où l'on retrouve les restes d'un palais qui paraît avoir servi d'habitation royale. Son portique formé d'un seul rang de colonnes a plutôt l'air de n'avoir point été achevé que de tomber en ruines, et cependant le temps lui a imprimé une couleur de vétusté plus caractérisée que celle des autres édifices thébains. L'élévation et l'étendue des salles, la manière dont les jours sont disposés, tout y est différent de ce qu'on voit dans les temples.

Plus loin, sur la lisière d'un long bois de palmiers qui se prolonge de Qournah jusqu'aux bords du fleuve, au pied de la montagne et dans un enfoncement carré qui a été pratiqué de main d'homme, on trouve un grand nombre d'ouvertures creusées dans les flancs du rocher. A l'intérieur, se développent de doubles et triples galeries, et de vastes chambres souterraines qui servaient de sépulture. Nous allons voir tout à l'heure quelle réception trouvèrent Desaix et Denon dans ces cavernes funéraires peuplées aujourd'hui de farouches Troglodytes.

Tels sont les débris que Thèbes a laissés sur la gauche du Nil; mais si nous abordons à sa rive arabique, un tableau plus large, plus animé vient se dérouler aux yeux. Des îles toutes brillantes de végétation et de verdure, un beau fleuve roulant avec rapidité ses eaux limoneuses, animé par le mouvement des barques à grandes voiles triangulaires, des fellahs plongés dans le Nil, et traînant à la nage des filets remplis de pastèques; le ton jaune et tranquille des premiers plans sur lesquels se découpe une noble architecture; de larges ombres portées par des masses colossales; des constructions arabes qui se lient d'une manière pittoresque avec d'admirables ruines; plus loin, une plaine couverte de palmiers et de verdure, et à l'horizon la chaîne montagneuse éblouissant l'œil de ses reflets cristallins; tel est l'ensemble de ce panorama rendu plus imposant encore par les souvenirs qui s'y rattachent.

En mettant pied à terre, Louqsor frappe les

regards, Louqsor mêlée de cabanes et de palais, de toits de colombiers et d'obélisques granitiques. Sa latitude déterminée par M. Nouet est de 25° 41' 57", et sa longitude de 3o° 19' 38". Au-delà des rues étroites du village, au pied même de ces obélisques monolithes, hauts de soixante-quinze pieds, sont deux statues colossales assises, et un pylône de cinquante pieds d'élévation. Les obélisques et le pylône sont couverts d'hiéroglyphes sculptés avec le plus grand soin.

L'intérieur du palais de Louqsor contient deux cents colonnes de différentes proportions et presque toutes intactes. Les diamètres des plus grosses ont jusqu'à trois mètres et un tiers (dix pieds). En sortant de ce palais, on arrive à l'extrémité d'une butte factice sur laquelle s'élevait jadis tout ce quartier de Thèbes, et là, en marchant vers le nord, on se trouve au milieu d'un chemin bien frayé où de part et d'autre existent, à des intervalles assez rapprochés, des débris de piédestaux et des restes de sphinx. Plus on approche de Karnaq, plus ces fragmens se multiplient; et à Karnaq même on trouve des sphinx entiers à corps de lion et à tête de femme. Ainsi, depuis Louqsor jusqu'à

Karnaq, c'est-à-dire dans une étendue de deux mille mètres (mille vingt-six toises), on suit une avenue qui a dû contenir plus de six cents sphinx. Comme le terrain contenu entre ces deux rangées de décombres est aujourd'hui encore sujet à l'inondation, il faut croire que dans les temps antiques cette longue avenue était un canal dans les époques de crues, et une promenade pendant les eaux basses.

Dans cette partie de la vallée thébaine, les monticules de décombres sont si abondans qu'il est impossible de s'arrêter à tous les détails d'architecture et de sculpture qu'ils contiennent encore.

Au nord de l'avenue des sphinx sont de grandes enceintes en briques crues où l'on remarque des portes de temples et de palais, des débris épars de colosses renversés, des statues assises en granit noir, entassées avec profusion dans un même lieu, de vastes bassins où les eaux du fleuve arrivent par infiltration.

De l'allée des sphinx dirigée sur Louqsor, on passe en déviant sur la gauche dans une avenue plus large, formée tout entière de béliers accroupis, élevés sur des piédestaux, et à l'extrémité de laquelle est une porte triomphale; toutes ces constructions précèdent deux temples de grandeur et d'exécution différentes. L'un, d'une architecture massive, se distingue par l'empreinte noire et sombre de sa colonnade, par les formes grandioses de son portique à jour; l'autre, petit temple consacré à Isis, saisit l'œil de loin par le ton brillant de sa pierre, par le fini coquet de ses sculptures. De longs siècles se sont écoulés depuis son érection, et l'on dirait, tant son ensemble est intact, qu'il sort à l'heure même des mains de l'ouvrier.

Mais sur le même plan que ces deux édifices, et placé comme en perspective, s'élève un monument où les Égyptiens semblent avoir épuisé tous les secrets de leur science monumentale. C'est un vaste palais auquel on arrive par une longue avenue des plus gros sphinx qui existent dans toute l'Égypte. Cette avenue précède des propylées formés d'une suite de pylônes au devant desquels figurent des statues colossales dont les unes sont assises, les autres debout. Là, tous les matériaux ont été mis en œuvre par le ciseau du sculpteur. Ici, c'est la pierre calcaire, au grain serré comme celui du marbre, ou le grès siliceux marqueté de couleurs saillantes; là, c'est le granit noir ou rose de Syène avec sa teinte uniforme et son admirable poli.

Le palais de Karnaq, situé par 25° 42' 57" de latitude, et par 30° 19' 34" de longitude, se prolonge dans un si vaste développement que son premier aspect ne laisse dans la tête qu'impatience et confusion. C'est un jeu confus à l'horizon de fragmens architecturaux, d'obélisques renversés, de colosses en débris, de portiques tombans; c'est une forêt de colonnes, de péristyles, de pylônes de la plus haute dimension. Au milieu de ce vague tableau, il y a dans l'esprit du spectateur plus d'abattement que d'admiration, plus de défiance que d'entraînement.

Mais quand on arrive à saisir par la pensée le plan de l'édifice, quand à l'aide des fragmens debout on parvient à reconstruire l'immense palais, on trouve d'infinies jouissances d'artiste attachées à cette résurrection de débris mystérieux.

L'entrée principale du palais est formée par un pylône qui paraît n'avoir jamais été achevé. Quand on passe sous cette porte, la vue s'étend dans une longue avenue de colonnes, de portes, de pylônes, de salles successives qui ont toutes le même axe, et dont les dernières sont tellement éloignées qu'elles se perdent, pour ainsi dire, à l'horizon. Tout dans ces masses grandioses révèle la majesté et la magnificence royale. Au devant est une première cour décorée sur les côtés de longues galeries, et renfermant dans son enceinte des temples et des habitations. Au milieu est une avenue de colonnes qui ont jusqu'à soixante-dix pieds d'élévation, ruinées dans leurs fondemens : la plupart d'entre elles sont tombées d'une seule pièce et étendent au loin les troncs de leurs assises, encore rangés dans leur ordre primitif.

Une seule reste debout pour attester une magnificence que l'on ne peut plus que deviner. Un second pylône, précédé de deux statues colossales, sert d'entrée à une grande salle qui a trois cent dix-huit pieds dans sa plus grande dimension, et cent cinquante-neuf pieds dans sa plus petite. Les pierres du plafond reposent sur des architraves portées par cent trente-quatre colonnes encore debout. Les plus grosses n'ont pas moins de onze pieds de diamètre et de soixante-dix pieds d'élévation. Les chapiteaux ont près de soixante-quatre pieds de développement, et leur partie supérieure présente une surface où cent hommes pourraient tenir aisément debout. Cette salle hypostyle est une des plus merveilleuses choses que l'imagination humaine puisse concevoir. Pour s'en faire une idée exacte, il suffit de dire que l'une de nos plus grandes églises, telle que Notre-Dame de Paris, y tiendrait tout entière. C'est là sans doute que les souverains pontifes de l'Égypte tenaient leur cour plénière. Peut-être même voyait-on dans cette enceinte les trois cent quarante-cinq statues des Pontifes-Rois, tous nés l'un de l'autre, que les prêtres égyptiens montrèrent à Hécatée de Milet pour confondre sa folle prétention de vouloir descendre d'un Dieu.

En passant sous un troisième pylône, on arrive dans une espèce de cour où figuraient autrefois deux obélisques en granit de soixante-neuf pieds d'élévation. Un seul reste encore debout sur sa base. Une grande porte d'un autre pylône conduit à une salle détruite jusque dans ses fondemens; elle avait des galeries formées de piliers caryatides, et elle renferme le plus grand des obélisques qui existe dans toute l'Égypte. Cet obélisque a quatre-vingt-onze pieds de hauteur, ses sculptures sont d'une exécution parfaite, et semblent être au-dessus de tout ce que les arts européens peuvent produire de plus parfait en ce genre. Une autre porte conduit à des constructions en granit qui paraissent le chef-d'œuvre de tout ce vaste édifice. Plus loin, apparaissent une multitude de colonnes et un grand nombre d'appartemens, dans lesquels on remarque des sculptures coloriées qui brillent encore du plus vif éclat.

Au nord du palais, on voit encore une porte triomphale, encore des avenues de sphinx, encore des débris d'obélisques. Aucun endroit de Thèbes ne réunit plus de fragmens de granit, plus de décombres de tout genre.

C'était là visiblement la demeure des souverains de l'Égypte. Les traditions géographiques semblent d'accord là-dessus avec l'état des lieux. Diodore et Strabon parlent de la salle hypostyle et des petits appartemens de granit. Cette distribution intérieure semble d'ailleurs trahir la destination de l'édifice. L'immense galerie, aux trois cent cinquante colonnes massives, était nécessairement la salle d'audiences publiques, le tribunal imposant où le premier magistrat de l'Égypte venait, en face de tout un peuple, rendre des sentences sans appel. Là aussi avaient lieu des fêtes politiques et religieuses, les cérémonies de couronnement et celles d'initiation : un local vaste et magnifique à ce point ne pouvait servir à des choses banales; il lui fallait pour le remplir des pompes insolites, de grandioses célébrations. Pour la vie ordinaire, on avait bâti les appartemens de granit. Là, tout était mieux approprié aux besoins de chaque jour; les pièces étaient plus petites, mieux divisées, plus élégantes. Aujourd'hui encore, en les parcourant, il est facile de voir que l'architecte y a sacrifié ses idées d'ensemble à l'utilité et à la grâce des détails.

Telle était la maison royale de la dynastie thébaine; mais ce n'était pas assez pour elle d'avoir élevé sous le soleil son habitation de vivans; sa prévoyance était allée jusqu'à se creuser une demeure funéraire, où les rois morts, devenus momies embaumées, venaient se ranger en famille dans un ordre chronologique. C'est derrière le palais de Qournah que s'ouvre la vallée des tombes royales (*Bybán él-Molouk*) : elle est formée par deux chaînes de montagnes qui sont à pic dans presque toute leur étendue.

Se prolongeant d'abord entre le nord et

l'ouest, elle varie plusieurs fois de direction pour terminer entre l'ouest et le sud ; là sont les hypogées, caveaux mortuaires des souverains.

Tous ces tombeaux sont construits sur le même plan, mais ils offrent presque tous des particularités remarquables. Une porte taillée verticalement dans le rocher sert d'entrée à une longue galerie ou couloir qui se dirige vers l'intérieur de la montagne, en suivant un plan incliné à l'horizon, et qui constitue, à proprement parler, tout l'hypogée. Ces couloirs sont entrecoupés tantôt par de simples encadremens ou chambranles taillés dans le rocher et destinés à recevoir des portes, tantôt par de petites pièces carrées et rectangulaires, et tantôt encore par de grandes salles oblongues soutenues par des piliers élevés sur un stylobate qui règne dans tout le pourtour. La plus grande de ces excavations a cent onze mètres (trois cent quarante-un pieds de profondeur), et il faut se représenter que dans une aussi grande étendue, il n'y a pas un seul coin de mur, pas une seule paroi, pas un seul plafond, qui ne soient couverts de tableaux allégoriques, de figures hiéroglyphiques et d'ornemens multipliés. Toutes ces sculptures représentent des sujets naïfs et gracieux ; les unes ont trait à des scènes domestiques, les autres à la religion, à l'astronomie et en général aux sciences et aux arts. Toutes les connaissances de l'antique Égypte se trouvaient écrites sur ces pages de rocher, et sous des signes emblématiques. Les services rendus par les rois, les actions d'éclat qui les avaient illustrés sur les champs de bataille, les tributs qu'ils avaient levés, les monumens qu'ils avaient bâtis, tout se trouvait gravé et figuré sur ces tables historiques. De tels monumens si beaux dans leur exécution matérielle, si sublimes dans leur pensée morale, méritent bien l'éloge qu'en a fait Diodore de Sicile. « Les » rois qui les ont élevés, dit cet auteur, n'ont » pas laissé à leurs successeurs les moyens de » les surpasser. »

Les tombeaux des rois ne sont pas la seule excavation remarquable de la montagne libyque. Toute sa base est percée de grottes consacrées au même usage, et tout aussi intéressantes, quoique moins somptueuses. Leurs bas-reliefs représentent, presque tous, les divers travaux auxquels se livraient les anciens Égyptiens, tels que la chasse, la pêche, le labourage, les récoltes, la navigation, le commerce, les exercices militaires, les procédés des arts et métiers. On y voit aussi des cérémonies nuptiales et funéraires.

Dans le nombre de ces hypogées, il en est dont l'abord est fort difficile et dans lesquels on trouve encore des lambeaux de momies. Ce n'est qu'en rampant que l'on peut s'y introduire. Une longue avenue formée d'un couloir très-élevé conduit par une pente douce vers le fond de la grotte. Là sont rangées les momies, les unes sur les autres, dans des caveaux creusés de chaque côté des couloirs. Souvent elles remplissent des puits assez profonds jusqu'au niveau du sol de la grotte; mais elles sont maintenant bouleversées et présentent l'aspect de la dévastation. A la vue de ces corps entassés là depuis tant de siècles, on ne saurait dire ce qui est le plus surprenant de l'art prodigieux qui a conservé leur forme à ces débris humains, ou de la vanité des croyances qui attachaient quelque prix à cette survivance morte.

Au premier coup-d'œil le riche et le pauvre paraissent confondus dans cet asile du trépas; mais bientôt, en examinant les momies avec soin, on reconnaît, à des indices caractéristiques, que ces hommes réunis dans une tombe commune avaient eu de leur vivant des conditions différentes. Les distinctions de richesses et de rang les ont suivis dans cette demeure où ce qui frappe le plus est le néant de tous. Des mains et des pieds, quelquefois des parties plus considérables du corps, entièrement dorés, annoncent les restes de personnages importans. Des enveloppes décorées de dorures et d'hiéroglyphes peints, des manuscrits en caractères *hiératiques*, ou *démotiques* et vulgaires, qui contenaient la vie du mort ou les formules usitées dans les cérémonies funèbres, sont encore des signes non équivoques de puissance et de richesse. Sans doute il a fallu qu'une foule d'hommes riches fussent inhumés dans ces caveaux ; car c'est visiblement à des sommes collectives que l'on doit les travaux intérieurs qui les décorent. Sans cela comment aurait-on fait exécuter ces bas-reliefs si nombreux et ces hiéroglyphes sculptés et peints qui couvrent les parois des grottes ? Et ces sculptures admirables de fini ne devaient jamais voir le jour, et elles n'ont pu être produites qu'à la lueur des flambeaux ! L'imagination suffit à peine à se figurer quel temps, quel nombre prodigieux d'ouvriers, quelle constance a demandé la création de tant de merveilles.

Ce faste tumulaire, ce soin de conservation pour de périssables dépouilles resteraient inexplicables pour nous, si les annalistes anciens ne nous avaient révélé une portion des croyances égyptiennes sur la résurrection des corps au bout d'un temps déterminé. Leur dogme de l'immortalité avait un côté matériel auquel ils avaient voulu satisfaire en éternisant leurs cadavres sous des bandelettes. Les hypogées étaient pour eux des habitations qu'ils décoraient pour un long séjour.

Quand on a vu Thèbes en détail, quand on a visité palais, obélisques, temples, tombeaux de rois; si l'on veut d'un seul coup-d'œil en embrasser l'ensemble, il faut gravir les montagnes qui dominent cette *Necropolis*. Là se déroulent dans un horizon immense la vaste plaine de Thèbes et le désert montueux de la Libye. Le regard plonge à pic sur le *Memnonium* et sur le palais d'Osymandyas; à gauche est le temple de Qournah, à droite les deux statues colossales : plus loin Medinet-Abou se dessine avec son palais à deux étages, ses pylônes imposans et son vaste hippodrome; de l'autre côté du Nil Karnaq déploie ses colonnades, Louqsor ses obélisques. Le Nil roule au milieu de ces merveilles architecturales, et tranche sur le tableau avec la verdure de ses îles ombragées et la teinte jaunâtre de ses ondes.

Saisie de ce spectacle, si l'imagination supplée au regard, si elle se reporte de ce qui est à ce qui fut, quelle source d'émotions, de souvenirs imposans viennent l'assaillir! Ces pierres renversées, ces débris de granit, ces colonnes frustes, ces colosses sans physionomie, étaient des palais, des temples réguliers, des statues vivantes d'expression. Cette plaine stérile aujourd'hui se couvrait de riches moissons; cette enceinte habitée par des chacals fourmillait d'hommes; là où tout est muet on entendait jadis des bruissemens de population, des roulemens de chariots, et tous ces sons étranges et confus qui sortent d'une ville industrielle: au lieu même où règne le néant, le commerce avait autrefois fondé les plus riches échanges. L'Asie, l'Afrique, l'Inde et l'Arabie trouvaient dans les richesses du sol la contrevaleur de leurs soyeux tissus et de leurs parfums précieux; sur les deux rives du Nil où de royaux édifices ont seuls survécu se pressaient des habitations nombreuses en briques crues, faites du limon du Nil, avec leurs cours intérieures et leurs terrasses aérées. Dans cet espace de quatorze mille mètres ¹ (sept mille cent quatre-vingts toises) que limitent aujourd'hui Karnaq, Louqsor, Medinet-Abou, le *Memnonium* et Qournah, s'étendait la ville de Thèbes, foyer de civilisation antique, puissante dans les arts, riche de traditions scientifiques dont le dépôt se perpétuait dans le sanctuaire sacerdotal, contraste étrange de vie et de mort, de progrès et de barbarie, de magnificence et de destruction!

Voilà Thèbes vue à vol d'oiseau; nous ne pouvons y faire une station plus longue, car nos soldats l'ont effleurée à peine dans leur ardeur à pourchasser les Mamlouks. Vainement Desaix et Denon ont-ils voulu donner en passant un coup-d'œil aux caveaux inhospita-

---

¹ Nos capitales européennes ont un circuit encore plus considérable. Paris compte douze mille six cent trente toises de circonférence, et Londres près de vingt-quatre mille avec ses villages annexés. Au reste l'enceinte de Thèbes n'est donnée ici que par les ruines des édifices publics; les maisons particulières de la ville et des faubourgs pouvaient s'étendre plus loin.

liers de Qournah; les modernes Troglodytes qui les peuplent ont repoussé à coups de pierres et de javelots ces amateurs de l'antique. Il a fallu voir au galop et le vaste *Memnonium*, et les statues colossales de la plaine, et Medinet-Abou avec son hippodrome et ses habitations royales. Sans pitié pour des préoccupations d'artiste, l'armée a quitté la vallée de Thèbes ; mais dans le long séjour que le corps divisionnaire fera au milieu du Saïd, nos savans auront le loisir de revoir avec plus de détail la vieille cité égyptienne. Ils camperont sur ces décombres, mesureront avec amour toutes les dimensions de ces édifices, marcheront dans Thèbes, Strabon et Diodore à la main, et lui demanderont la date de ces monumens qui semblent confondre toute notre science historique, en reportant l'âge du monde tant de siècles au-delà des traditions hébraïques.

CHAPITRE XII.

Bivouac à Erment. — Antiquités d'Hermonthis. — Ancien *Tuphium*. — Arrivée à Esnéh. — Marche sur Syène. — Souffrances de l'armée. — Arrivée à Syène. — Ville d'Esnéh. — Antiquités. — Position de Syène. — Environs. — Roches granitiques. — Monumens de Syène. — Cataractes. — Barabrâs.

La marche de l'armée au travers de la vallée thébaine avait été si rapide qu'elle put le soir même du 7 pluviôse (26 janvier) établir son bivouac à deux lieues plus loin sur les ruines d'Hermonthis.

A cette ville avait succédé le village d'Erment, situé dans une grande plaine à six cents mètres de la rive orientale du Nil. Un minaret élevé en forme de tour signalait de loin ce bourg arabe.

Plus au nord gisaient les décombres d'un temple égyptien, seul édifice debout qui marque la place de la ville ancienne. L'armée campa autour de son enceinte, à *Kafr-Érment*, et le quartier-général s'installa pour la nuit dans l'intérieur du monument. Qu'on juge des transports de Denon quand il se vit logé dans l'édifice séculaire ! Il ne lui restait qu'un instant de jour pour le reproduire : néanmoins le génie suppléa au temps et l'œuvre de l'artiste fut accomplie.

La population d'Erment était encore à l'époque de l'expédition composée en partie de chrétiens, et l'on y faisait voir le prétendu tombeau de *Máry-Gergis* ou saint George ; mais la partie mahométane des habitans nourrissait contre les Cophtes et leur culte une haine de tradition que ceux-ci leur rendaient avec usure. Quand les Français arrivèrent, les Cophtes s'imaginèrent que cette armée de co-religionnaires ne pouvait faire moins que de les délivrer des Musulmans. « Quand donc tuerez-vous ces » misérables ? » disaient-ils aux officiers. Le seul point sur lequel les deux partis se montraient d'accord, c'était sur la vente des antiques et des médailles qu'ils tiraient des décombres, et l'esprit de secte était en cela vaincu par l'amour de l'argent.

La ville d'Hermonthis dans l'ancienne Égypte était le chef-lieu d'un nome distinct de celui de Thèbes, malgré la proximité de la capitale. Pline et Ptolémée font mention de ce nome.

Strabon place la ville immédiatement après Thèbes, et dit qu'on y adorait Apollon et Jupiter. Sous les Empereurs on y a frappé des médailles comme dans les autres métropoles, témoin une médaille de l'an 126 de J.-C., portant le nom de cette préfecture avec la marque de l'an XI du règne d'Adrien : long-temps une légion romaine stationna dans ce lieu. Plus tard Hermonthis conserva assez d'importance pour être ville épiscopale aux temps du Christianisme. Une église ornée de colonnes granitiques et dont nous parlerons tout à l'heure vient à l'appui de ce fait.

Le temple d'Hermonthis a quelque chose qui le distingue de ceux de la Thébaïde. Isolé sur un monticule, il ne dissimule rien à l'œil de sa hauteur et rappelle au voyageur européen des proportions d'architecture qui lui sont familières. Ce temple se compose d'un massif en grès et d'une colonnade extérieure ; le massif est très-bien conservé, mais il ne reste dans tous les péristyles extérieurs que quelques fûts intacts ; les autres sont rasés ; leurs architraves, leurs corniches et le plafond même qui surplombait la galerie gisent pêle-mêle sur le sol.

Toutefois il ne faut pas attribuer aux ravages du temps, ni à un ordre architectural vicieux, l'état de ruine dans lequel se trouve aujourd'hui le temple d'Hermonthis. La destruction a été faite de main d'hommes; tout ce qu'ils ont respecté est encore d'une solidité parfaite.

La disposition de ce monument mérite d'être étudiée parce qu'elle offre un exemple complet de ce qui était propre aux petits temples. Celui-ci est visiblement un *Typhonium* consistant en deux ou trois salles; ses colonnes antérieures sont surmontées d'un dé élevé qui devait recevoir sur chaque face l'image de Typhon en relief. Un détail remarquable de cette ordonnance, c'est le triple ordre de colonnes que l'on ne retrouve dans aucun autre édifice. Celui de la galerie est le plus petit, celui du dehors est le plus grand, celui de l'enceinte intermédiaire moyen entre les deux autres. La galerie était composée de dix-huit colonnes; l'enceinte moyenne en avait quatorze; la partie supérieure six.

Trois salles forment l'intérieur du temple; leur hauteur est de sept mètres environ. Dans l'une d'elles est un escalier étroit qui sert à monter sur la terrasse; et au fond de la troisième qui peut passer pour le *sanctuaire* se trouve la seule fenêtre qui donne du jour à l'intérieur de l'édifice.

Sur toutes les parois de ces salles sont sculptés des tableaux allégoriques, emblêmes du culte qu'on célébrait dans le temple. C'étaient Isis allaitant son fils Harpocrate, et recevant des sistres ou autres offrandes ; Osiris à tête d'épervier ; Isis à tête de lion, et Horus avec des cornes de bélier. D'autres tableaux mettent ces divinités en action ; ici quatre femmes allaitent chacune un nourrisson : à côté d'elles est une génisse ayant un enfant placé entre ses cornes ; et plus loin Harpocrate, qui regarde le groupe, se trouve assis lui-même sur une fleur de lotus ; là ce même Dieu est porté comme en triomphe par douze personnages : l'estrade est recouverte d'une draperie richement brodée de feuilles de la plante sacrée. Plus loin est une figure de giraffe, animal dont le seul temple d'Hermonthis, dans toute l'Egypte, reproduit l'image ; et près de là un lion à tête d'épervier assis sur un autel et coiffé des attributs de la puissance, tandis que Typhon se tient derrière lui dans une attitude lascive.

Mais le tableau le plus précieux de tout le temple est celui qui occupe le plafond du sanctuaire et dans lequel figurent un taureau et un scorpion qui semblent résumer la pensée emblématique de cette sculpture. Le savant M. Fourrier lui a consacré un profond mémoire dans lequel il démontre que c'est là le prototype du Zodiaque céleste, emprunté par nous aux Égyptiens. Ces deux signes, le taureau et le scorpion, placés en évidence, sont précisément des constellations diamétralement opposées ; c'est-à-dire que si le taureau répond à un des équinoxes, le scorpion répond nécessairement à l'autre. Cette concordance si précieuse est d'une grande importance pour la science et pour l'histoire astronomique.

L'allaitement et la naissance d'Horus se retrouvent encore sur les murs du sanctuaire.

On pense qu'Isis était chez les Égyptiens l'emblême de la terre féconde, Osiris celui du Nil, et Horus ou Harpocrate celui des productions terrestres, fruits de l'union d'Isis avec Osiris. L'accouchement d'Isis figuré sur le fond du sanctuaire serait donc le symbole de l'apparition des plantes sortant de la terre que le Nil a fertilisée, phénomène qui a lieu vers le solstice d'hiver.

Ainsi tous ces tableaux formeraient une allégorie constante aux sciences astronomiques et agriculturales; les quatre époques qui sont devenues nos solstices et nos équinoxes, y étaient figurées par des sculptures emblématiques dont le sens vrai échappait aux intelligences vulgaires.

Au midi du temple se trouve un bassin antique revêtu en pierres, dans lequel on descend par des escaliers situés aux quatre angles. Ce bassin long de quatre-vingt-treize pieds sur quatre-vingts de large a été pris par quelques savans pour un nilomètre qu'on dit avoir existé jadis à Hermonthis. L'état actuel des lieux a semblé à d'autres rendre cette destination peu croyable. S'il faut en croire le rapport d'Aristide-le-Rhéteur, le Nil croissait de trente coudées à Hermonthis, et on objecte qu'aujourd'hui le bassin n'ayant guère plus de dix pieds de profondeur calculée de toute la hauteur de ses bords, il se serait donc encombré d'au moins vingt-trois, ce qui d'ailleurs ne présente aucune impossibilité. Quoi qu'il en soit, le bassin est presqu'à sec de nos jours : seulement au milieu séjourne une flaque d'eau assez profonde qui sert de lavoir aux femmes d'Erment et d'abreuvoir à leurs bestiaux.

C'est à droite de la route qui conduit du

village au temple, que se trouve l'église cophte dont nous avons déjà eu l'occasion de parler. A ses distributions circulaires et à ses voûtes on reconnaît aisément qu'elle n'est pas de main égyptienne. On a pourtant employé pour la bâtir des matériaux antiques. Des pierres couvertes de figures hiéroglyphiques ont été taillées de toutes les façons, et ces figures s'y retrouvent coupées en tous sens.

Le plan de l'édifice est simple et beau; il est formé d'une cour avec deux longues galeries de chaque côté, à deux rangs de colonnes, et à chaque extrémité de plusieurs pièces représentant complètement des chapelles chrétiennes. Les colonnes sont en pur granit de Syène, et leur coupe qui semble dénoter un travail moderne est un fait digne d'attention. Doit-on croire que les chrétiens cophtes ou même les Grecs du Bas-Empire aient eu la volonté et le pouvoir de faire tailler cinquante fûts d'une si belle exécution? ou bien n'est-il pas plus probable que ces colonnes et ces pilastres ont été empruntés à quelque monument grec de l'ère des Ptolémées? En l'absence de certitude, l'appréciation savante doit adopter la plus rationnelle des probabilités.

En face d'Erment et sur la rive arabique se trouve situé le village de *Toud* que Danville présume être l'ancienne *Tuphium* de Ptolémée. Les ruines de la ville égyptienne sont tellement enfouies que les huttes de terre des nouveaux habitans en masquent la vue. Il reste cependant des vestiges d'un temple orné de bas-reliefs et de caractères hiéroglyphiques.

Le 8 pluviôse (27 janvier) au matin, l'armée quitta son bivouac de Kafr-Erment, et côtoya le Nil en se dirigeant vers le Sud. Sa première halte eut lieu au pied du mont nommé *Gebeleyn* ou les deux montagnes. Le fleuve se trouve là encaissé entre les deux chaînes libyque et arabique; pressé entre ces deux obstacles, il s'est fait jour au travers de celui qui lui offrait le moins de résistance, et a miné le plateau occidental. Cette limite naturelle servait à marquer une subdivision de l'Égypte. Les beys rebelles réfugiés dans le haut Saïd y trouvaient une barrière contre les dominateurs du Kaire. Par une concession tacite, ils pouvaient gouverner, lever des tributs dans cette portion du royaume égyptien ; mais *Gebeleyn* était pour eux une ligne qu'ils ne pouvaient franchir sans être mis hors la loi.

La politique française ne voulut pas même laisser ce dernier asile aux bandes fugitives de Mourad. Le 9 pluviôse (28 janvier), elle entra à Esnéh que le bey avait quitté la veille après avoir brûlé ses tentes et ses gros bagages. L'intention visible du chef mamlouk était de quitter l'Égypte et de s'enfoncer dans la Nubie. Sur de pareils indices, Desaix aurait bien pu accorder quelque repos à ses troupes dans une ville abondamment pourvue; mais plein de son idée fixe, il fit à peine une halte de quelques heures, et ne laissant à Esnéh que la brigade Friant pour contenir le pays, il se remit en route le 10 (29) avec le reste de la division.

Dans cette course rapide vers la frontière nubienne, le temps manqua pour les recherches scientifiques. Dès la première journée, il fallut traverser, comme au pas de course, Hiéraconpolis étalant ses débris de fûts et de chapiteaux sur une butte de décombres maintenant nommée *Koüm-él-ahmar* (le monticule rouge), Edfou ou *Apollinopolis magna* (la grande ville d'Apollon), si riche de merveilles architecturales; et aller le soir camper sur les rives du Nil dans un village abandonné appelé Karm, où l'on bivouaqua du 11 au 12 pluviose (30 au 31 janvier.)

Les étapes suivantes soumirent le corps divisionnaire à de rudes épreuves. Au-delà d'Edfou le pays se resserre et il y a à peine un quart de lieue entre le Désert et le fleuve ; mais plus loin les sables libyques se prolongent jusqu'à la rive. Dans ce rayon point de village, partant point de ressources. Pour prendre au plus court, on marqua la route au travers d'une montagne composée d'ardoise pourrie, de grès, de quartz blanc et rose, de cailloux bruns avec quelques cornalines blanches. Après cinq heures de marche sur ce terrain, les souliers des soldats étaient déchirés, et pour se garantir les pieds ils les entouraient de morceaux de linge pris dans leurs havresacs. Par surcroît d'angoisses une soif ardente dévorait l'armée ; on ne pouvait trouver de l'eau que dans le Nil et l'on s'en était éloigné d'une lieue. Le besoin fut plus fort que la fatigue ; on arriva sur les bords du fleuve, où les soldats eurent au moins de l'eau pour leurs gosiers enflammés. Ce n'était pas tout pourtant ; un autre besoin se faisait sentir non moins impérieux, et l'on n'avait rien pour le satisfaire. Le peu de provisions qui escortaient l'armée était resté en arrière ; car les chevaux, les chameaux, mouraient aussi de faim. A cette nouvelle qui circula dans les rangs, on n'entendit pas un seul murmure : un silence morne, un désespoir concentré parlèrent plus expressivement. Toutefois cet abattement dura peu ; quelques chameaux arrivèrent avec une petite charge de beurre et quelques sacs de farine. On dressa l'inventaire de ces ressources et l'on trouva de quoi faire une distribution à chaque soldat d'une poignée de farine. A la vue de ce mets singulier, un *loustic* de régiment proposa d'en faire des beignets. L'idée fut accueillie par acclamation; on courut au beurre, on abattit un arbre qui donna du feu, et cette distraction rasséréna les visages de l'armée. Il fallut pourtant se remettre en route avec quelques onces d'alimens dans le corps, et non-seulement marcher, mais soutenir, en les conduisant par la bride, les chevaux qui n'avaient pas pris part à ce maigre repas. Enfin la nécessité donnant des forces, on franchit ce premier désert.

Les approches du village de *Fáres*, presqu'en face de *Gebel-Selséleh* (la montagne de la chaîne), qui domine la rive orientale du Nil, offrirent quelques langues de terre cultivée; mais bientôt il fallut s'engager derechef dans une région montueuse et nue. De l'un de ces plateaux les plus élevés nos soldats découvrirent sur l'autre rive du Nil les ruines d'un phare et le village d'Ombou (l'antique *Ombos*), qui déployait au loin ses beaux monumens sur le monticule de ruines appelé maintenant *Koum-Ombou*. A ses pieds une île verte et fleurie, peuplée de six beaux villages, semblait placée là comme pour infliger à nos troupes le supplice de Tantale, et cet état d'angoisse et de faim dura pour elles jusqu'au grand village de *Byban* où l'on ramassa quelques chétives provisions, dans le bivouac nocturne du 12 pluviôse (31 janvier.)

Enfin les mauvais jours allaient passer. Il y eut encore le 13 pluviôse (1er février) à parcourir une longue vallée sablonneuse et peuplée de gazelles; mais le 14 (2), l'avant-garde de la division traversant le Nil entra à *Assouán*, l'ancienne Syène, comme dans une terre promise. Elle avait atteint la frontière égyptienne, la limite du grand Empire romain.

Cette fois la rapidité de la marche ne fut pas sans résultat ; on s'empara des barques des Mamlouks qui n'avaient pu franchir les cataractes, et l'abondance reparut tout-à-coup au sein de l'armée. Le bivouac général du 14 (2) eut lieu à *Assouán-Garby* (Syène occidentale), qui répond à l'ancienne position que l'itinéraire d'Antonin nomme *Contrà-Syenem* ; et le lendemain seulement la division traversa le fleuve pour venir prendre ses quartiers sur la rive orientale où la moderne Syène est assise.

Ainsi Desaix chassant devant lui son rapide ennemi n'avait pas réussi à l'atteindre. Mourad, Hassan, Soleyman et huit autre beys se voyant poursuivis avec un acharnement pareil, affaiblis par la désertion, exténués de fatigue, découragés, sans espoir de vaincre ni volonté de capituler, se jetèrent dans l'affreux pays des *Barabrás*, sur la rive libyque, au-dessus des cataractes et à quatre grandes journées de Syène. Le seul Elfy-Bey, favori de Mourad, blessé à l'affaire de Semhoud, se maintint sur la rive orientale du Nil qu'il avait traversé à la hauteur d'Esnéh.

Nous avons, pour suivre nos soldats dans leur tâche militaire, négligé sur cette route notre revue scientifique. Aujourd'hui que plus tranquilles à Syène, ils font une halte sérieuse, des villes, des monumens de haute importance nous rappellent sur nos pas. Retournons à Esnéh.

Esnéh, autrefois *Latopolis*, ville principale de la province la plus méridionale de l'Égypte, est située sur la rive gauche du Nil, entre Thèbes et la première cataracte. Suivant les observations de M. Nouet, elle est sous le 30° 14' 41" de longitude et le 25° 17' 38" de latitude septentrionale.

A la hauteur d'Esnéh, la vallée du Nil est large de huit mille mètres environ. Du côté de la rive libyque, la plaine cultivable s'élève en pente douce jusqu'aux montagnes calcaires qui bornent l'horizon; du côté de la chaîne arabique on aperçoit l'ouverture d'une vallée qui conduit à la Mer-Rouge. La campagne d'Esnéh n'est plus suffisamment arrosée par les inondations ordinaires du Nil; son sol trop exhaussé reste souvent en friche. Toutefois, quelques morceaux de terre plus favorisés par leur niveau offrent une belle culture, et attestent la bonté du sol. Nul doute qu'aux temps anciens toute cette vallée, fécondée par le fleuve, ne fût riche et productive, et aujourd'hui même, avec un bon système d'irrigation, on aurait bientot recouvert cette plaine nue d'une végétation vigoureuse.

Esnéh, bâtie sur les bords du Nil, offre un

coup-d'œil assez pittoresque, avec ses maisons de brique et son rivage bordé de barques. Le courant du fleuve y est tel, qu'il mine la berge et la fait souvent ébouler; avec elle croulent des maisons bâties sur ce terrain mouvant, et leurs habitans se retirent dans l'intérieur de la ville, qu'ils encombrent jusqu'à ce que la peste, endémique et violente dans le Saïd, vienne décimer la population.

Lors de l'arrivée des Français, la ville d'Esnéh était la résidence ordinaire des beys Hassan, Othman et Saléh, ennemis irréconciliables de Mourad. Dans les guerres continuelles que se livraient les gouverneurs de l'Égypte, Esnéh accordait toujours droit d'asile au vaincu. C'était pour lui une espèce d'apanage, un dernier fief dans la disgrâce. La distance qui séparait cette ville de la capitale ne rendait pas cette concession bien dangereuse pour le vainqueur. Mais il n'en était pas de même du malheureux fellah dont les sueurs devaient pourvoir aux jouissances des beys exilés. Accablé d'exactions, il avait, en voyant que d'autres recueillaient pour lui, fini par renoncer à semer, et la stérilisation des campagnes environnantes était moins le fait de la négligence des cultivateurs, que de la cupide tyrannie de ses maîtres. La ville d'Esnéh au contraire avait acquis une certaine importance par le séjour des Mamlouks. Obligée de fournir au luxe de ses nouveaux hôtes, riches pour la plupart, elle s'était créé diverses industries appropriées à leurs besoins. Des cophtes y avaient fondé des comptoirs de commerce. On y fabriquait des toiles de coton et des châles dit *Melayeh*, dont on fait un grand usage en Égypte. Des fabriques d'huile de *kass* (laitue) et des poteries donnaient à la ville un aspect manufacturier. Enfin la caravane de Sennâr venait chaque année échanger à Esnéh contre des produits d'Égypte et d'Europe sa gomme arabique, ses plumes d'autruche et ses dents d'éléphant.

Se dessinant en ovale, la ville a dans sa plus grande longueur neuf cents mètres du sud au nord et en largeur quatre cents. Toute sa partie méridionale est mal bâtie et peuplée de familles indigentes; mais dans l'intérieur se trouvent des maisons assez belles, et entre autres celle qu'habitait Hassan-Bey. La grande place est décorée d'habitations régulières, dont quelques-unes sont surmontées de colombiers. A l'extrémité septentrionale de la ville se trouve un jardin qui avait appartenu à Hassan-Bey et qui depuis, adopté par nos officiers comme lieu de réunion, se nomma *le Jardin Français*.

Le lieu de débarquement, ou ce que l'on appelle le port d'Esnéh, est à peu de distance de la maison d'Hassan : il est bordé d'une longue suite d'habitations que protège un ancien quai, dont l'étendue paraît avoir été considérable. En regardant de près ces matériaux, on reconnaît tour à tour la main des Égyptiens, des Romains et des Arabes. Mais depuis long-temps il n'y a été fait aucune réparation, et les habitans d'Esnéh aiment mieux livrer au fleuve leurs habitations une à une, que d'essayer de le combattre par des pilotis.

De toutes les villes d'Égypte il en est peu dont la population ait vécu en meilleur accord avec nos soldats que celle d'Esnéh. Lians et doux, les habitans de cette ville cherchèrent à profiter du séjour de nos brigades pour apprendre les arts européens. Si l'occupation eût duré plus long-temps, sans nul doute la fusion eût été complète, et Esnéh serait devenue une petite ville française.

Le monument antique le plus remarquable que l'on y trouve est le portique d'un temple, morceau admirable entre tous les édifices égyptiens. Ce portique est situé sur la grande place, près du bazar. Masqué par de méchantes masures, il n'offre d'abord rien de frappant; mais, quand on examine avec un œil d'artiste ses proportions imposantes, on est forcé de conclure que l'architecture ancienne n'a rien laissé de comparable à cette fraction de monument.

Vingt-quatre colonnes, de 5 mètres 40 centimètres de circonférence sur 11 mètres 30 centimètres de hauteur, en y comprenant le chapiteau, forment le portique d'Esnéh. Ces vingt-quatre colonnes, disposées sur quatre rangs, sont surmontées de dés et réunies par des architraves qui portent les pierres du plafond. Les entre-colonnemens sont d'une fois et demie le diamètre de la colonne : celui du milieu est double des autres; il conduit de la porte principale à celle du temple dont la façade se dessine en saillie dans le fond du portique.

Le portique a 16 mètres 50 centimètres de profondeur, sur une largeur double; il est fermé latéralement par des murs verticaux qui s'élèvent jusqu'au plafond, et n'est éclairé que par les entre-colonnemens de la façade. Le jour, qui pourrait pénétrer par ces entre-colonnemens, est encore diminué par des murs, dans lesquels les colonnes sont engagées jusqu'au tiers de leur hauteur. Tout, dans cet ensemble, paraît disposé pour ne recevoir qu'un jour mystérieux et uniforme, en harmonie avec les cérémonies religieuses qu'on y célébrait.

Ce portique était sans doute le vestibule d'un temple égyptien; mais quelques recherches que nos savans aient pu faire, aucun autre vestige de cet édifice n'a été retrouvé. Les maisons qui se sont groupées sur son emplacement ont peu à peu absorbé tout ce qui pouvait attester son existence, et des fouilles immenses pourraient seules aujourd'hui faire sortir de terre ce temple que les décombres et le limon du Nil paraissent avoir englouti.

Mais si, procédant par comparaison, on reconstruit ce vaste monument avec la pensée et d'après l'échantillon qu'il a laissé debout, rien ne sera plus beau, plus grandiose que son ensemble architectural. Un second portique, décoré de colonnes semblables aux premières, quelques salles successives et enfin le sanctuaire isolé au milieu d'elles, tel peut être le temple d'Esnéh, réédifié par analogie. Sans doute en procédant ainsi, il y aurait dans ses proportions et dans ses colonnades quelque chose de fabuleux, même au milieu des prodiges de la Thébaïde; mais le génie égyptien a créé de telles choses, que le scepticisme n'est guère de mise dans de telles appréciations, et d'ailleurs il y a dans les objets d'art des déductions si logiques, que l'imagination peut souvent suppléer au fait sans crainte d'être démentie.

Les sculptures du portique d'Esnéh ne sont guère dissemblables de celles que nous avons décrites à Thèbes et à Hermonthis. Ici toutefois la figure dominante est celle d'un dieu à tête de bélier, qui est devenu le Jupiter Ammon des Grecs, ce qui ferait croire que l'édifice lui était consacré. Toute la façade extérieure et intérieure du monument était décorée de tableaux et de signes hiéroglyphiques; on remarquait dans le nombre une foule d'animaux, tels que l'épervier, le lion, le bélier, le crocodile, etc.

Mais le morceau le plus important est un zodiaque parfaitement conservé, et qui semblerait indiquer par la position de ses signes que la date du temple d'Esnéh est de plusieurs siècles antérieure à celle des édifices de Thèbes. Ce zodiaque, dont l'ordre est parfaitement observé, porte ses signes disposés sur deux bandes dans toute la longueur du soffite. Les figures d'une même bande ont le visage tourné du même côté et se dirigeant vers le milieu du portique : le taureau et le bélier sont en travers du plafond, le scorpion et le cancer sont représentés marchant sur le plafond en suivant le reste de la procession; les poissons sont attachés ensemble par une bandelette, et dressés sur la queue; enfin le sagittaire est renversé, les pieds en haut, mais suivant toujours dans sa marche la direction des autres signes. Les six premiers signes paraissent entrer dans le temple pendant que les six autres en sortent; et ils sont séparés les uns des autres par une bande de hiéroglyphes qui partage le tableau dans toute sa longueur.

La surface intérieure et extérieure des parois du portique est d'environ cinq mille mètres. Elle est entièrement couverte d'hiéroglyphes; ainsi en supposant qu'un sculpteur ait pu exécuter par jour un dixième de mètre carré de cette décoration, il a fallu cinquante mille journées d'hommes pour l'achever. Il entre dans la construction de l'édifice trois mille cinq cents mètres cubes de pierre. Ce portique est construit en grès. Les pierres du plafond ont de sept à huit mètres de largeur sur deux de longueur. Un des détails les plus admirables du monument, c'est l'exécution et la variété des chapiteaux : les ornemens qui les composent prouvent que les Egyptiens n'ont rien emprunté des autres nations, puisqu'on n'y remarque que des feuilles de productions indigènes, telles que le lotus, le palmier, la vigne et le jonc.

A trois quarts de lieue au nord et à une lieue du fleuve, gisent les ruines d'un second temple égyptien, beaucoup plus petit que celui d'Esnéh, et qui semble avoir été sa succursale. La dégradation de ce temple est complète, et il faut moins l'attribuer aux ravages du temps qu'aux fouilles qu'Ismayl-Bey a fait exécuter jusque dans les fondations.

Le portique de ce second temple est soutenu par huit petites colonnes disposées sur deux rangs parallèles à la façade. Les sculptures extérieures, moins parfaites qu'au temple d'Esnéh, offrent à peu près les mêmes tableaux, ce qui confirme l'opinion que c'était là une chapelle votive placée exprès sur la lisière du Désert, et recevant les dons des villageois pour le compte de la métropole urbaine.

A l'est de la ville, sur la rive droite du Nil, apparaissent les ruines d'un troisième temple égyptien. Situé sur un monticule de décombres, il élève au loin son portique de huit colonnes. En le voyant de près on s'aperçoit que cet édifice n'a jamais été achevé ; les sculptures du moins ne sont exécutées qu'à demi.

Des décombres d'un autre genre sont ceux d'un couvent cophte situé au sud-ouest d'Esnéh, et qui est désigné par les habitans sous le seul nom de *Deyr* (le Couvent); son église est célèbre dans l'histoire par le massacre des Chrétiens qui y fut fait sous Dioclétien. Ce couvent fut jadis très-considérable comme on peut en juger d'après l'étendue de ses ruines. Aujourd'hui une faible portion seulement des bâtimens anciens se trouve habitée et entretenue.

Voilà tout ce qu'offrent de remarquable Esnéh et ses environs. Allons maintenant vers le tropique demander à Syène son tribut d'antiquités.

Syène, maintenant *Assouán*, est, de toutes les villes de la Haute-Égypte, celle dont l'histoire romaine a conservé le plus de souvenirs. Sa position aux derniers confins de l'empire en avait fait un lieu d'exil, et Juvénal, entre autres, alla expier sous la zône brûlante quelques vers satiriques contre l'histrion Pâris cher à Domitien. Toutefois ce n'était là qu'un des moindres motifs de la célébrité de Syène. La mesure de la terre attribuée à Eratosthène[1] avait fixé dans cette ville la limite tropicale; et il n'était bruit dans les temps anciens que du puits de Syène qui, le jour du solstice d'été, à midi, était éclairé en entier par un soleil perpendiculaire[2]. On ne pouvait en effet à cette époque citer aucun nom de ville située par la même latitude, et tour à tour Eratosthène, Hipparque, Strabon et Ptolémée l'ont prise pour point de départ de leurs calculs astronomiques. De nos jours même Chandernagor et Canton en Asie, et la Havane aux Antilles, sont seuls aussi près de cette limite que Syène l'est encore aujourd'hui.

Ainsi depuis long-temps ce point du globe avait servi à des observations d'astronomie;

---

[1] Bibliothécaire d'Alexandrie sous Ptolémée Évergète, le troisième des rois Lagides.

[2] Le poëte Lucain a dit dans son livre 11e : « *Umbras nunquam flectente Syene.* »

mais comme sa latitude était incertaine, la plupart des calculs établis sur les données anciennes péchaient par leur base. Il était réservé à notre expédition de rectifier ces erreurs par des relevés irrécusables. M. Nouet a déterminé la latitude de Syène d'une manière tellement précise que la science peut désormais procéder de ce point de départ.

Cette ville est située par 24° 5' 23" de latitude Nord, et 30° 34' 49" longitude Est du méridien de Paris. La cause première de toutes les erreurs commises jusqu'à ce jour était dans la vieille tradition de ce puits de Syène qui la plaçait à la limite du tropique. Les uns ne faisaient pas attention que le phénomène de l'absorption de l'ombre n'est point borné à une ligne mathématique ; mais qu'il a lieu pour toute une zône terrestre correspondante au diamètre du soleil, c'est-à-dire à un demi-degré; les autres ne prenaient pas garde aux variations d'obliquité de l'écliptique, et basaient leurs propres évaluations sur des calculs antérieurs. En effet au deuxième siècle de notre ère, le bord septentrional du soleil atteignait encore au zénith de Syène, le jour du solstice d'été, ce qui suffisait pour que l'ombre y fût nulle, ainsi que le rapporte Arrien qui écrivait vers l'an 120 de J.-C. Mais plus tard Ptolémée, Pausanias et Ammien Marcellin, en rapportant le même fait, se sont trompés de plusieurs minutes. L'obliquité de l'écliptique motivait cette différence, et aujourd'hui ce rapprochement du tropique nord vers l'équateur est devenu tel que sa distance à Syène est de 37' 23" Sud, ou de plus de quinze lieues et demie, le limbe du soleil n'arrivant qu'à 21' 3" du zénith de cette ville. Ainsi, en supposant que l'on pût de nos jours observer le soleil à son jour de solstice dans le puits de Syène, on n'en verrait plus que la moitié d'éclairée.

L'antique Syène était au sud-ouest de la ville moderne, bordée par le Nil d'une part et de l'autre par des rochers de granit. Déjà ruinée à l'époque de la conquête des Arabes, elle perdit beaucoup de son étendue dans l'enceinte de fortifications dont ses vainqueurs l'entourèrent. Cette enceinte fondée sur le roc nu suit dans ses contours tous les accidens de la montagne sur laquelle Syène est assise; tous les remparts, toutes les tours carrées qui la composent ont été construits avec des pierres granitiques dont le grain brillant au soleil et les couleurs vives, rose, noire, ou rougeâtre, saisissent l'œil à une grande distance.

L'ensemble de Syène offre un aspect assez rare en Égypte. Édifiée sur les versans du rocher, cette ville se présente avec ses habitations étagées, avec ses palmiers en parasol, qui sortent du milieu des blocs de granit. Ce granit est partout, sur terre et au milieu du Nil; sous toutes les formes, en aiguilles, en masses rondes, en angles brisés; tantôt plein d'aspérités, tantôt lisse et poli à tel point que les Égyptiens l'ont couvert de sculptures et d'hiéroglyphes.

L'intérieur de la ville arabe est rempli de décombres accumulés sur les blocs de granit; sa longuenr principale est de sept à huit cents mètres. Au sud-est se trouve une butte très-haute couverte de nombreux tombeaux et sur laquelle les Français élevèrent un fort; au-dessous un temple égyptien presque enseveli sous la poussière et les ruines, et plus bas des colonnes de granit isolées, ouvrage plus récent; enfin vers le nord une construction que l'on croit romaine, terminée par un bâtiment carré analogue à celui qui marque la fin de l'aqueduc du Kaire. Du côté du nord-ouest, Syène était terminée par le fleuve et bâtie sur une pente douce qui est aujourd'hui toute remplie de dattiers. La plage couverte de sable et de limon que le Nil dépose pendant ses débordemens, offre plusieurs arbustes remarquables; tels sont l'*asclépias* surnommé *gigantea* dont les fruits sphériques et vésiculeux ont quatre pouces de grosseur, arbuste commun dans les sables d'Ombos; et une espèce d'acacia haut de cinq à six pieds, remarquable par ses belles feuilles violettes, par ses grappes de fruits velus et d'un jaune doré, mais surtout par la propriété sensitive qu'il possède à un rare degré. Au moindre contact, les pinnules de ses feuilles se rapprochent à l'instant, les feuilles s'abaissent peu à peu, et enfin le rameau s'incline ; il faut quelques instans pour que la branche reprenne son premier état ; elle se relève lentement, redresse ses feuilles et rouvre ses folioles. Les habitans attribuent à la magie cette propriété singulière, et ils ne touchent jamais l'arbuste sans lui adresser une formule de conjuration.

De même que Syène, la ville de l'ancienne Égypte avait disparu sous la ville arabe d'Assouân, la ville arabe s'était vue effacée par la ville moderne que l'on croit avoir été bâtie du temps de Sélim Ier. Son emplacement est un peu plus au levant, dans la vallée. Des jardins et un bois de dattiers la ceignent au nord-est; au midi est la montagne escarpée et remplie de carrières; au levant un grand espace occupé par des maisons rasées jusqu'au sol. Les habitations de la ville, généralement bâties en terre, occupent un espace de huit cents mètres environ.

Le port qui sert à abriter les barques venant du Kaire, assez vaste, a un de ses côtés fermé par une barre d'écueils. Le commerce des habitans est bien déchu de ce qu'il était sous les Grecs et sous les Arabes, et le peu de caravanes nubiennes qui arrivent encore en Égypte, pour porter la gomme, les plumes d'autruche, la poudre d'or, les dents d'éléphant, ne considèrent plus Syène que comme un marché de second ordre, et font route directe pour Girgéh ou pour le Kaire. Syène est donc réduite à quelques échanges de séné et à un commerce de dattes qui a cependant une extension assez considérable. Cette branche d'industrie fait seule subsister la population, et néanmoins la misère des habitans est grande; mais cette misère se laisse moins apercevoir dans un pays où la sobriété est la vertu générale et où la toilette entraîne à si peu de frais, que l'on rencontre à chaque pas des enfans des deux sexes, presque pubères, totalement nus. Cette nudité favorisant l'action immédiate du soleil et de la chaleur, lui fait bronzer le corps des indigènes autant que leur visage, et cela à un tel point qu'avec un type de physionomie tout distinct, ils se rapprochent des Nègres par la couleur de la peau.

Le seul monument antique de Syène dont le gisement soit reconnaissable est le temple égyptien situé dans la ville primitive, sur le penchant de la hauteur. Il n'y reste plus qu'un amas confus de décombres où se groupent pêle-mêle des pans de murailles ornées de sculptures, des fûts, des couronnemens et des chapiteaux.

Quand on songe à la vieille réputation de Syène, il est permis de douter qu'elle ne renfermât qu'un seul édifice assez peu significatif. La tradition du puits solsticial, celle si bien accréditée du nilomètre et des gnomons horaires dont parle Héliodore dans ses *Éthiopiques*, portent à croire que, sous les décombres amoncelés de trois villes, se sont enfouis d'autres vestiges de leur existence.

En sortant de Syène pour aller à Philæ, on trouve parmi les rochers, à gauche de la route, une grande quantité de tombeaux dont la date remonte aux jours de la conquête sarrasine. Des caractères koufiques qui y sont gravés rappellent les premières années de l'hégire, et l'examen du style architectural des mausolées vient à l'appui de cette indication. Non loin de là sont les ruines de plusieurs mosquées fort anciennes; mais les principales se trouvent sur des hauteurs placées entre le Nil et la route de Philæ : la forme ronde de leurs minarets leur donne de loin l'aspect de tourelles.

C'est de ce même côté, à partir des bords du fleuve, que commencent les carrières de granit où les Égyptiens ont puisé leurs colosses, leurs obélisques et tous leurs monolithes. L'imagination est saisie d'une sorte de respect à la vue de ces immenses laboratoires. Il est aisé de reconnaître à des indices parlans les divers degrés de l'exploitation ancienne. Ici des rocs immenses ont été arrachés et leur place reste vide; là le travail n'est qu'ébauché, et l'on cherche dans les premiers coups de ciseau la pensée finale de l'artiste; ailleurs les masses sont presque détachées de la montagne; et à les voir ainsi pendantes, on dirait qu'elles attendent une destination.

Ces carrières occupent un développement de quatre mille mètres. A l'ouest, au midi, au levant de Syène, presque partout le granit est coupé à pic; chaque bloc un peu grand est dressé sur quelqu'une de ses faces; partout les traces des outils, les trous destinés à placer les coins s'y font voir; le sol est jonché d'éclats de granit rose, noir, violet, et de mille nuances diverses. En apercevant sur ces faces taillées depuis tant de siècles des couleurs vives et des cassures encore fraîches, tandis que les parties voisines sont d'un ton noirâtre, on juge du laps de temps qu'il a fallu pour que le rocher prît cette couleur foncée.

Parmi les pièces inachevées que recèlent les carrières de Syène, on remarque une colonne de cinq à six mètres de long, et un dessus de porte; mais ce qui frappe le plus vivement la vue, c'est un obélisque dont l'extrémité est cachée sous le sable. La partie visible a cinquante-cinq pieds de long sans compter la pointe ou *pyramidion* qui la termine. Cet obélisque devait, d'après ces données, se rapprocher pour les dimensions de ceux de Louqsor.

Une autre découverte non moins importante a été faite dans les carrières de Syène par le savant et infatigable M. Jomard. Au sud-est de la ville nouvelle il a trouvé un grand rocher taillé et semblable à une muraille; ce rocher est de granit rose d'un ton mêlé. Il porte des traces saillantes de l'instrument qui a servi à en détacher un bloc; et ce bloc doit être jugé considérable; car la partie seulement hors de terre a plus de cinq mètres de hauteur et de onze mètres de base. Cette surface de cinq cents pieds carrés est entièrement couverte de traits de ciseau obliques et tous parallèles. A cette première vue de l'état des lieux, M. Jomard reconnut que le rocher n'avait pu prendre cette configuration que par l'extraction d'un monolithe; les dimensions comparées de l'excavation, la conformité de la couleur et de la matière, lui donnèrent la certitude que de ce massif était sorti le fameux colosse d'Osymandyas, d'un si beau granit rose, colosse que décrit Diodore de Sicile, et dont nous avons vu les débris gisant au milieu du *Memnonium*.

Non loin de cette carrière, serpente à travers la montagne granitique une longue bande ou filon semblable à un magnifique ruban de deux couleurs bien tranchées, c'est-à-dire rose sur les deux bords et blanc au milieu, et partout d'une largeur égale. Ce large filon qui se dirige vers le bassin du Nil par une pente rapide est un accident curieux digne de l'attention des naturalistes.

C'est dans cette région de granit, entre Syène et Philæ, que l'on rencontre la dernière cataracte du Nil. Ces cataractes, si célèbres dans l'antiquité, seraient bien peu de chose, si on les mesurait toutes sur l'échelle de la cataracte la plus connue. Aujourd'hui que ce fleuve a usé, rongé, renversé sa barrière, on se trouve loin de ces traditions exagérées, qui le faisaient se précipiter d'une hauteur prodigieuse, avec un bruit tel que les habitans du voisinage en restaient frappés de surdité.

La cataracte de Syène, appelée en arabe *Chellâl*[a] a communiqué son nom à une île du fleuve et à un hameau bâti en face où habitent une centaine de Barabrâs, peuplade nubienne. Elle gît au tiers de l'intervalle de Philæ à Syène,

---

[a] Le mot *Chellâl* signifie en arabe : « Irruption, attaque guerrière, « effusion violente, effort impétueux. » Il désigne encore la portion du lit d'un fleuve où le courant est le plus fort.

mesuré sur le Nil, c'est-à-dire à environ trois mille mètres au-dessous de Philæ. La largeur du fleuve en ce point est de plus de mille mètres.

Le bruit de la cataracte est sensible à plus d'un quart de lieue. Plus fort pendant l'hiver, il peut se comparer au battement des vagues sur une côte de récifs. Quand on arrive près de *Chellál*, et vis-à-vis de la barre, le chemin pénible jusque-là devient tout-à-coup impraticable. Le rocher se dresse à pic et semble descendre dans le Nil perpendiculairement pour saillir ensuite hors de l'eau sous la forme d'écueils. Ces écueils dont le cours du fleuve est hérissé sont de grandeurs diverses, et il en est qui peuvent compter pour des îles assez considérables. C'est à ces indices que l'on reconnaît le gisement du haut-fond qui forme la cataracte. Il y a là étranglement dans le lit du fleuve qui s'y trouve plus étroit de moitié qu'à Syène et à Philæ, et en même temps action turbulente, tourbillons et remous dans les eaux secouées par le jeu de ces roches saillantes ou souterraines.

C'est principalement vers la rive droite que les îles sont plus rapprochées, plus escarpées, et qu'elles apportent le plus d'entraves au cours naturel du fleuve. Dix barres principales s'y croisent d'une île à l'autre, dans tous les sens, de telle sorte que le Nil s'échappant à travers ces masses immobiles, d'abord refoulé, les franchit en se relevant, et forme ainsi une suite de petites cascades hautes de plus d'un pied. Tout cet espace est rempli de gouffres et d'abîmes; chaque canal est un torrent dont les eaux ont toutes sortes de mouvemens et de directions contraires, suivant le choc qu'elles éprouvent et l'impulsion qu'elles reçoivent.

Sur la rive gauche le cours est plus égal quoique très-rapide ; pendant les hautes eaux les écueils sont tous recouverts, et il s'y trouve un canal navigable. Dans cette saison l'on voit des barques remonter le Nil même à la voile ; mais pendant les basses eaux elles sont obligées de se faire remorquer à la cordelle et en serrant la côte. C'est à cette dernière époque que le Nil, tombant d'une hauteur de sept pieds, rend moins dérisoire le nom de cataracte donné à cette barre. Toutes les roches submergées pendant l'inondation se montrent alors à découvert, et les inégalités qu'offre le lit du fleuve deviennent plus saillantes à l'œil.

En tout temps néanmoins la cataracte de Syène ne répond à aucune des idées que l'on a pu s'en faire. C'est comme un banc de récifs dans la mer, comme le bruit d'un large torrent dans un cours semé de rocs ; mais qu'il y a loin de là aux pompeuses descriptions de l'antiquité ! qu'il y a loin de cette chute haute de quelques pieds aux réalités de notre géographie moderne, aux effrayantes cataractes de l'Orénoque, de la rivière Bogota et du Niagara, avec leurs bonds gigantesques de cent à cent cinquante pieds !

Mais si la dernière cataracte du Nil est insignifiante par elle-même aujourd'hui, rien de plus pittoresque que le paysage dans lequel elle se trouve encadrée : soit qu'on jette les yeux sur la montagne à pic où pyramident des blocs de granit noirâtre tantôt ronds, tantôt anguleux ; soit qu'en se retournant vers la contrée égyptienne, on admire ce brusque contraste de plaine fertile et de rocs pelés, de végétation et de nature morte ; soit qu'enfin on plonge l'œil dans le fleuve, déchiré par des pointes de granit, luttant contre elles avec le bouillonnement de ses eaux ; de toutes parts ce sont des scènes d'un effet sauvage qui absorbent le regard et remuent vivement l'imagination. A cette barre fluviale, limite écumeuse entre l'Égypte et la Nubie, viennent expirer toutes les merveilles de la longue vallée du Nil; aux jardins d'Éléphantine succèdent des groupes de montagnes aux pics rudes et bruns; et, comme pour mieux caractériser cette transition, le Nil est là bondissant, furieux, inégal, tandis qu'en entrant dans sa terre de promission, il redevient calme, uni comme la plaine qu'il baigne, et marche dans cette allure nouvelle jusqu'au rivage de lá Méditerranée.

Un problème reste toujours à résoudre, celui de savoir pourquoi la cataracte de Syène est de nos jours tant au-dessous de sa célébrité traditionnelle. L'état des lieux aurait-il changé au point de faire d'une cataracte assourdissante, prodigieuse, une simple chute d'eau, un choc du fleuve contre des brisans? ou bien les récits des anciens qui s'accordent pour placer à Syène une des principales *Catadoupes*, sont-ils le résultat d'une erreur de lieu, d'une méprise qui confond la dernière cataracte du Nil avec les cataractes supérieures? C'est probablement dans l'une ou l'autre de ces explications que se trouve le mot de l'énigme géographique.

Quand on regarde de près la configuration de l'Égypte, il est impossible, à l'aspect d'une géologie toute parlante, de ne pas voir que la contrée entière est un bienfait du Nil. Cette vérité était un dogme historique dont les prêtres de Memphis avaient conservé religieusement la tradition et qu'ils révélèrent à Hérodote. Sans ajouter une foi entière à ces croyances sacerdotales, nos savans eurent lieu d'en apprécier l'exactitude, et M. Geoffroy-Saint-Hilaire se livra là-dessus à de profondes recherches qui se rattachent à la question que nous traitons.

Avant que de dernières catastrophes eussent donné à la surface de la terre sa forme actuelle, ce qui est aujourd'hui une vallée féconde était un golfe maritime, un sinus de la Méditerranée dans lequel le Nil n'avait pas son embouchure.

Les vents étésiens, qui soufflent du nord ou du nord-ouest pendant dix mois sur douze, tendaient à pousser vers le midi les eaux de la mer, et à prolonger ce long sinus d'une manière indéfinie; mais plusieurs sortes de résistances contrarièrent cette tendance continue. La chaîne qui sépare l'Égypte de la Mer-Rouge est formée de granit à son milieu, de grès dans les parties adjacentes et de calcaire par-delà. Cette chaîne se répand à l'ouest et coupe la moderne vallée du Nil, la partie granitique à Syène, et le banc de grès dans le voisinage d'Edfou. Cette double chaîne arrêtait les eaux du Nil et repoussait le fleuve à l'ouest, à travers les plaines où l'abaissement du niveau et la nature du sol lui permettaient de s'étendre. Le premier barrage, au lieu dit *Gebel-el-Selseléh*, tint long-temps contre le fleuve; on le juge aux deux éperons de la montagne qui, s'abaissant pour livrer passage à ses eaux, le resserrent en cet endroit et l'encaissent visiblement.

Le milieu de la grande chaîne est à quelques lieues plus loin que Syène. La montagne n'y est excavée et entr'ouverte qu'autant qu'il le faut pour que le fleuve la traverse. Préciser maintenant qui a fait ces deux trouées successives dans le grès et dans le granit, des eaux du Nil qui s'y précipitaient du midi, ou des flots maritimes qui battaient le roc, poussés par les vents régnants, c'est ce qu'il est impossible de faire [1].

---

[1] Cette action des eaux contre le roc granitique a dû être lente, mais

Cependant avant que ces grandes barrières fussent ouvertes, le fleuve avait trouvé à se détourner à l'ouest pour aller porter ses eaux à la Méditerranée ; ce fut évidemment en traversant l'ancienne Libye qu'il arrosa et dont il fit long-temps un florissant empire. Les Oasis et le *Bahr bela-mà,* celles-là toujours fécondes et peuplées, et celui-ci fleuve vide et désert, sont visiblement les derniers vestiges de cette riche contrée.

continue. Les obstacles ont été surmontés peu à peu, et le fond de l'encaissement du fleuve s'est montré, dans un moment quelconque, tellement élevé, qu'il a fallu que le Nil passât par-dessus un haut barrage pour tomber en cascades magnifiques.

Depuis lors, sa tendance à miner le rocher a obtenu des résultats successifs. Pour les rendre plus saisissables à l'imagination, il faut se figurer trois époques et trois niveaux.

La première époque, correspondant à l'âge d'Hérodote, trouve le lit du fleuve déjà surbaissé, et ses eaux tombent d'une hauteur moindre dans le sinus maritime.

Mille ans après Hérodote, seconde époque, et nouvelle dépression de niveau.

Après mille autres années ou dans l'âge actuel, l'action destructive du choc des eaux n'a plus laissé que des pics très-surbaissés entre les flancs désquels le Nil s'épanche. C'est là son troisième niveau. Encore quatre à cinq siècles, je ne doute pas que les pics du milieu du fleuve, qui ne sont plus aujourd'hui que de forts éperons, ne soient tout-à-fait usés ; et la cascade se réduirait à n'être plus qu'une nappe d'eau dont nos cascades de Versailles peuvent au besoin donner une idée.

Geoffroy-Saint-Hilaire.

Après les barrages ouverts à Syène et à Gebel-el-Selseléh, le Nil dut renoncer à se répandre par un coude s'étendant de l'est à l'ouest, pour profiter d'une pente en ligne droite offerte dès-lors à son écoulement. A dater de cette époque, le limon qu'il apporta avec ses hautes eaux éleva par un ensablement annuel le fond du sinus maritime. Ainsi apparut la terre égyptienne, véritable produit du Nil, créée et fécondée par le *Fleuve-Dieu*.

Ces aperçus géologiques expliqueraient jusqu'à un certain point comment la cataracte de Syène, dont la hauteur était si étonnante au dire des anciens, n'est plus qu'une mesquine cascade. Le même afflux de limon qui a produit la vallée du Nil a bien pu combler ce gouffre de trente à quarante pieds où se précipitait le fleuve, et les historiens grecs pouvaient avoir raison dans leurs récits comme nous dans les nôtres.

Mais quelque fondée que soit cette induction, nous ne prétendons pas l'admettre d'une manière absolue pour ce qui concerne l'identité de la cataracte de Syène avec celles dont parlent Hérodote, Diodore de Sicile et Sénèque.

Il est possible que ces auteurs aient confondu la barre du Nil à *Chellâl* avec la chute de Gen-Adel, soixante et seize lieues plus avant dans la Nubie. Strabon, qui avait visité l'Égypte en géographe, semble faire justice dans son livre des exagérations poétiques de ses devanciers et de ses contemporains. En parlant du barrage de Syène, il dit : « La *petite cataracte* est une émi-
» nence du rocher au milieu du Nil, qui finit
» par un précipice d'où l'eau s'élance avec
» impétuosité. » Ptolémée après lui détermine la latitude de Syène et celle aussi de la *petite cataracte*.

Restent donc seulement Pline, Sénèque, Ammien Marcellin et quelques autres commentateurs, qui persistent à faire grand état de la cataracte de Syène ; mais tout, dans leur description, paraît se rapporter plutôt aux cataractes supérieures. Il faudrait même remonter bien haut dans le cours du fleuve pour rencontrer cette fabuleuse chute d'eau qui, d'après eux, condamne à la surdité tous les paysans des environs.

En rapprochant les documens anciens des relations modernes, il paraît démontré que le Nil, avant d'arriver à Syène, se précipite plusieurs fois, et à grand bruit, de rochers élevés. Les jésuites portugais, et Bruce après eux, nous ont donné une nomenclature de ces cataractes sur laquelle la critique ne peut rien, et qu'il faut accepter ou rejeter sans débat. La première cataracte du Nil, ou plutôt du *Bahr él-Azraq*[1], est celle que Bruce appelle la cataracte de *Goutto*; elle est peu considérable. La seconde est située, selon lui, près de Kerr, vers le onzième degré et demi de latitude, avant le lac de *Tzana* ou de *Dembea* : la chute est de seize pieds environ. La troisième, celle d'*El-Assar*, également placée avant le lac de Tzana, prend son nom d'une rivière qui se jette dans le fleuve, et tombe d'une hauteur de vingt pieds; la quatrième est à peu de distance de la sortie du fleuve du lac de *Tzana;* mais la plus belle de toutes les cataractes observées par Bruce est la cinquième, celle d'*Alata*, en dessous de laquelle se trouve un pont sur le Nil d'une seule arche.

[1] D'après des documens plus récents, le *Bahr él-Azraq* ou rivière Bleue n'est pas le Nil, mais un de ses affluens. Le vrai Nil est le *Bahr él-Abyad* ou rivière Blanche, qui prend sa source dans le pays de Donga, au 8° degré de latitude Nord et 12° plus à l'Ouest que la rivière Bleue. Cependant le *Bahr él-Azraq* a été pris pour le vrai Nil par la plupart des anciens auteurs.

« Le bruit de la chute est tel, dit le voyageur
» anglais, qu'il plonge dans un état de stupeur
» et de vertige, et que le spectateur n'a plus ses
» facultés pour observer le phénomène avec
» attention. La nappe d'eau qui se précipite a
» un pied d'épaisseur et plus d'un demi-mille
» de large; elle s'élance d'environ quarante
» pieds dans un vaste bassin, d'où le fleuve re-
» jaillit avec fureur et répand en diverses direc-
» tions des flots tout bouillonnans et pleins d'é-
» cume. » Philostrate, qui nous a transmis de
curieux détails sur l'Éthiopie dans sa Vie du
fameux Apollonius de Thyane, fait une description de cataracte qui concorde parfaitement
avec celle d'Alata. « Apollonius et ses compa-
» gnons, dit cet écrivain, entendirent à quinze
» stades de là le bruit d'une autre cataracte
» insupportable à l'ouie, tellement que la
» plupart d'entre eux refusèrent d'avancer plus
» loin; mais Apollonius se rendit à la cataracte,
» accompagné d'un Gymnosophiste et de Ti-
» masion. De retour, il raconta aux siens que
» c'étaient les sources du Nil paraissant sus-
» pendues à une hauteur prodigieuse; que la
» rive était une carrière immense, où l'eau se
» précipitait toute blanche d'écume avec un

» fracas épouvantable, et qu'enfin le chemin
» de ces sources était raide et pénible au-delà
» de ce qu'on peut imaginer. »

En dessous de la cataracte d'Alata se trouve, s'il faut en croire Bruce et divers écrivains, celle de Fazuclo, dont la hauteur n'est pas évaluée à moins de deux cents quatre-vingt pieds; puis deux autres, considérables toutes deux si on ne les compare pas avec la précédente; puis celle de Gen-Adel, et enfin une dernière moins importante, située immédiatement au-dessus du barrage de Syène, et que l'on a souvent confondue avec lui.

Voilà, d'après toutes les données anciennes et modernes, ce qu'on peut présenter de plus précis sur la marche de ce fleuve mystérieux comme les régions qu'il traverse. Retranché dans les monts Abyssins, il a su, depuis de longs siècles, tromper notre curiosité européenne et laisser dans le vague, jusqu'à nos jours, le gisement de ses sources fabuleuses. Si la domination des Français en Égypte avait pris une assiette durable, la Nubie et l'Abyssinie auraient été conquises à leur tour à la science et à la civilisation. C'était même peu que d'aller y chercher le terme inconnu d'un problème géographique ; un autre but s'offrait encore plus riche en avantages matériels. L'Abyssinie était une possession commerciale de la plus haute importance ; ses montagnes abondaient en mines d'argent, d'étain, de fer, de cuivre ; on y recueillait la poudre d'or, les plumes d'autruche, les dents d'éléphant. Ces élémens d'échanges productifs avaient frappé les meilleures têtes administratives de l'armée. M. Poussielgue entre autres, profondément versé dans l'économie industrielle, avait abordé cette grande question dans sa correspondance avec le Général en chef, alors en Syrie. Les forces numériques de l'armée, le brusque départ de Bonaparte, et l'état précaire de l'Égypte, ne permirent pas à ce projet de devenir une brillante réalité [1].

[1] Ce projet a été sur le point d'être réalisé à l'époque de l'évacuation de l'Égypte. Quelques Français, tant de l'armée que de l'administration, parmi lesquels je citerai M. Lascaris, ancien chevalier de Malte, chef de la direction des domaines, et le brave Dupas, chef de brigade, commandant de la citadelle, mécontens de quitter ce pays sur l'occupation duquel ils avaient fondé les plus belles espérances, formèrent le projet grandiose et vraiment romanesque de se séparer de l'armée d'évacuation, de remonter le Nil jusqu'en Abyssinie avec des forces suffisantes pour s'en emparer, et d'y porter les arts et la civilisation européenne, en y fondant un empire français.

A l'endroit où la cataracte de Syène marque la limite entre l'Égypte et la Nubie, s'opère également la scission des peuplades. Sur toute cette côte granitique, aride et morne, partout où les attérissemens du Nil ont créé une langue de terre cultivable, à l'instant on a vu s'y établir des Barabrâs, tribus agricoles et paisibles.

Ces Barabrâs sont la nation nubienne la plus voisine des Égyptiens; limitrophes des Nègres au midi, et des Arabes à l'est et à l'ouest, ils n'ont aucune affinité avec ces races diverses; physionomie, couleur, langage, tout en fait une population à part, ne ressemblant qu'à elle-même.

D'un caractère doux, ils vivent autant qu'ils le peuvent en paix avec leurs voisins; attaqués, ils se réfugient dans leurs rochers et s'y mettent en défense. Depuis long-temps les Arabes se sont dégoûtés de les poursuivre dans un pays coupé de rochers et impraticable à leurs chevaux.

Diverses circonstances forcèrent les futurs conquérans de renoncer à leur entreprise dont l'exécution était déjà commencée. Cette singulière conjuration, dont peu de personnes ont connu le secret, est pour nous un fait incontestable. Celui qui trace cette note était même au nombre des conjurés et devait coopérer à cette aventureuse expédition abyssinienne. J.-J. M.

Les Barabrâs sont mahométans et paraissent très-zélés pour leur religion. Malgré leur douceur ils ont beaucoup d'aversion pour les étrangers, et c'est toujours avec peine qu'ils les voient arriver dans leur pays. L'un d'eux disait à ce sujet au savant M. Costaz : « Si ce » sont ces monumens qui vous attirent ici, nous » les démolirons. »

La couleur des Barabrâs tient le milieu entre le noir d'ébène des peuples du Sennâr et le teint basané des Égyptiens du Saïd; c'est de l'acajou foncé. A leurs yeux pourtant cette teinte cuivrée les range parmi les blancs. L'un d'eux, interrogé si une peuplade qu'il venait de citer était noire : « Non, non, répondit-il, » ils sont aussi blancs que nous. » En effet les traits des Barabrâs se rapprochent plutôt de ceux des Européens que de ceux des Nègres : leur peau est d'un tissu extrêmement fin; sa couleur, mêlée d'une nuance rouge, leur donne un air de santé et de vie. Ils diffèrent aussi des Nègres par leur cheveux qui sont longs et légèrement crépus sans être laineux.

Les hommes faits sont vêtus d'une chemise bleue ou rouge, comme les paysans égyptiens. Les femmes se drapent avec un ample vêtement; leur visage, contrairement à la coutume mahométane, est découvert. Leur chevelure, distribuée en une multitude de petites boucles frisées en tire-bouchon, flotte sur le front et sur tout le contour de la tête. Leurs occupations se bornent à des travaux intérieurs, car la jalousie de leurs époux est telle, qu'ils faisaient rentrer à coups de bâton celles que la curiosité amenait sur leur porte au passage des Français.

La langue des Barabrâs est douce; elle n'a aucun des sons gutturaux de l'arabe, et sa prononciation offre tant d'analogie avec la nôtre, qu'un homme de Philæ disait à l'un de nos savans : « La première fois que j'ai entendu » le français, j'ai cru que c'étaient des gens qui » parlaient ma langue sans que je pusse les » comprendre. »

Les Barabrâs ont des embarcations avec lesquelles ils naviguent entre la grande et la petite cataracte. Leur commerce consiste en dattes sèches qu'ils échangent à Esnéh contre des toiles du pays.

La police des villages est exercée par des magistrats qu'ils appellent *Séméliés*, et qui ont à peu près la même autorité que les cheyks des villages égyptiens.

Jusqu'à la grande cataracte, le pays reconnaît la suzeraineté du Sultan ottoman et lui paie un tribut en dattes sèches et en esclaves noirs. Ces esclaves sont achetés aux caravanes du Sennâr ; car les Barabrâs ne font point le commerce des hommes de leur nation.

Habitans d'un pays pauvre, ces naturels sont parfois obligés de quitter leurs rochers pour aller chercher de l'occupation dans les villes. Ce sont les Auvergnats de l'Égypte, fidèles et actifs comme eux, comme eux rêvant sans cesse leur retour aux cataractes avec le petit pécule amassé à la sueur de leur front. Les Barabrâs sont très-nombreux au Kaire, où les négocians européens les connaissent sous le nom de *Barbarins* [1]. On a dans eux la confiance la plus entière, et presque tous sont gardiens des portes des maisons et des bazars, emploi fort important dans un pays sujet à tant de révolutions et où presque toujours l'émeute commence par le pillage. Les habitudes de probité, d'ordre et de propriété, sont généra-

---

[1] Le mot *Barabrâs* est le pluriel du nom de ces peuples ; ce nom au singulier est *Berbery*, appellation qui les a fait confondre par quelques auteurs avec les *Bereberes* du mont Atlas ; mais ces deux peuples sont également différens de race et de langage.

les chez ces peuples nubiens, parce qu'elles existent dans leurs mœurs et dans la tendance de leur vie pastorale.

L'étendue de la contrée habitée par les Barabrâs est difficile à établir faute de documens précis. Elle occupe environ cinq degrés en latitude du nord au sud, sur les deux rives du Nil; mais flanquée de droite et de gauche par des tribus arabes vagabondes, elle a peu de développement en largeur. Quant aux noms de ses bourgs et de ses villages, la plus grande incertitude règne encore à leur égard. Peu de voyageurs ont eu le courage et l'occasion de s'aventurer dans une reconnaissance au-delà de Syène. Les jésuites portugais, ainsi que Bruce, Norden, Poncet, Brown, qui paraissent avoir tenté ce périlleux pélerinage, n'ont eux-mêmes recueilli que des renseignemens vagues et hypothétiques. Les détails les plus circonstanciés obtenus jusqu'à nos jours sont ceux que fournit à M. Costaz le barbarin Haggy-Mohammed, qui avait fait plusieurs fois le voyage de la grande cataracte.

A part le village de Kanâq, situé au nord de Syène sur la rive droite du Nil, qui semble être une enclave du pays des Barabrâs, isolée dans la vallée égyptienne, tout le reste du pays habité par cette peuplade, s'étend sur les deux rives du Nil pendant dix jours de marche. A cette distance, se trouve une tribu d'Arabes qui porte le nom de *Legasses*, puis l'on rentre de nouveau parmi les Barabrâs, qui s'étendent jusqu'à la grande cataracte de *Gen-Adel* ou *Gián-Adel*. Enfin au-dessus d'elle habite, au dire de Mohammed, un peuple cultivateur fort doux, appelé *Másse*. Tributaires des arabes *Charguiéh* ou *Charqiéh*, c'est-à-dire Arabes orientaux, les Mâsses paraissent être de la même famille que les Barabrâs, race qui s'étend jusqu'à Dongola vers le 19e degré de latitude.

Quant à la nomenclature des villages, Haggy-Mohammed a pu en citer à M. Costaz quarante-quatre sur la rive arabique et trente-neuf sur le littoral libyque de Syène à Gen-Adel. Les deux derniers, situés au pied de la cataracte, sont à l'Orient Siouartî, à l'Occident Allouenati. Au milieu de cette série de hameaux, il faut distinguer Derry et Ybrim, que leur importance met hors de ligne. Ybrim est comme la capitale du pays des Barabrâs et l'on pourrait même, sans impropriété, lui donner le nom de ville.

Mohammed, d'accord en cela avec le voyageur Norden, ajouta à ces détails, que dans plusieurs de ces bourgades nubiennes, on trouvait aussi des ruines de monumens égyptiens. Ainsi, d'après lui, Déboudéh, Abisco, Gartaace, Hindâou, êl-Kelâbchy, Allâgué et Soubou (cette dernière située à cinq journées de Syène), possédaient des édifices tout-à-fait semblables aux temples de Philæ; Hindâou entre autres avait un grand portique à colonnes, et Allâgué trois grands obélisques. A la hauteur d'Hindâou, les ruines occupent un développement d'un quart de lieue, où l'on retrouve des murs et des fondemens d'édifices. Sans doute une ville considérable a jadis existé sur cet emplacement.

Ainsi, la domination égyptienne a laissé des traces de son existence dans la Nubie, et sans doute on en découvrirait jusqu'au sein de la région éthiopique, si des reconnaissances faites avec calme mettaient à même de jeter quelque jour sur cette mystérieuse contrée. Maintenant ces édifices appartiennent-ils à une ère primitive, antérieure à la création des monumens de Thèbes, ou bien sont-ils d'une date plus récente, et placés sur un sol envahi par les rois d'Égypte comme trophées de leur conquête? Cette dernière hypothèse est la plus admissible, car à cette époque sans date, où les Égyptiens se répandirent dans la vallée du Nil à peine sortie des eaux, il est à croire que ces peuples pasteurs n'avaient encore qu'une idée imparfaite des arts, et que leurs progrès, en ce genre, ont été le fruit d'une civilisation graduelle, née sur le sol de Thèbes. Ce qui semble en être la preuve, c'est que les monumens de Philæ, point le plus avancé des explorations de nos savans, ont paru évidemment postérieurs de plusieurs siècles aux édifices thébains. Quand ce ne serait pas la couleur de la pierre, encore blanche et polie comme au jour où elle fut taillée, il suffirait de jeter un coup-d'œil sur les hiéroglyphes qui couvrent les parois, sur les tableaux astronomiques qui décorent les plafonds, pour se convaincre que les temples de cette île sont d'une érection plus moderne que le *Memnonium*, les Colosses et le palais de Karnaq. Or, quoique les antiquités de la haute Nubie n'aient pu être jusqu'ici relevées avec le même soin, n'est-on pas amené à conclure, par analogie, qu'elles doivent se reproduire sous le même caractère? Des rois égyptiens ont été conquérans à diverses époques, comme le témoignent une foule de tableaux hiéroglyphiques; ils ont dû à plusieurs reprises porter leurs armes victorieuses au cœur de la Nubie et de l'Éthiopie; et, possédés comme ils l'étaient de leur grande manie monumentale, visant, comme ils le faisaient, à la propagande religieuse, le premier résultat de leur victoire a été de bâtir des temples, pour enseigner aux peuples soumis le goût des beaux-arts et l'amour de la divinité.

CHAPITRE XIII.

Marche de Desaix. — Paris à Syène. — Ile d'Éléphantine. — Visites de Denon. — Prétendu royaume d'Éléphantine. — Antiquités de l'île. — Temples du sud et du nord. — Culte des habitans d'Éléphantine. — Mur de quai. — Nilomètre.

Il était écrit que l'armée expéditionnaire du Saïd n'aurait pas dans sa longue campagne un seul jour d'inactivité. A peine rendu à Syène, le général Desaix donna le signal du départ, et le 14 pluviôse an VII (2 février 1799), nos soldats prirent la route de Philæ pour rejeter les Mamlouks au-delà des cataractes. La prise de cent cinquante barques chargées que Mourad-Bey avait fait remonter jusqu'à Chellàl avec des peines infinies, fut le seul résultat de cette marche sous le tropique; au moment de s'emparer de Philæ, les moyens de transport manquèrent, et Desaix se vit obligé de remettre le soin de cette expédition au général Belliard qu'il laissa à Syène avec la 21ᵉ légère. Rassuré sur ce point, Desaix rebroussa chemin et partit pour Esnéh, le 16 pluviôse (4 février).

La marche sur Philæ ayant été ajournée à un court délai, la brave 21ᵉ en profita pour s'installer à Syène. Dès le second jour de son établissement il y avait déjà dans les rues de la ville des tailleurs, des cordonniers, des orfèvres, des barbiers français avec leurs enseignes. Rien n'est plus propre que le stationnement d'une armée pour offrir le tableau subit d'un grand développement industriel; là où l'on ne comptait que des soldats se retrouvent à l'instant des citoyens avec leurs professions diverses : ce n'est plus un camp, c'est une cité où chacun travaille comme il le peut pour la plus grande utilité de tous et pour son bénéfice individuel. Mais un caractère spécial aux soldats français, c'est qu'au même instant où ils s'ingénient pour satisfaire aux besoins vrais, ils n'oublient pas les exigences et les besoins factices de notre civilisation. Ainsi l'on vit en peu de jours à Syène des jardins, des cafés et des jeux publics organisés vaille que vaille. Le soldat avait repris ses allures de vivacité et d'humeur caustique. Des restaurans à prix fixe avaient été improvisés et leurs enseignes étaient à la fois ironiques et pompeuses : *A la Renommée des bonnes matelotes. — Salon de deux couverts. — Ici on fait nopces et festins.* Dans d'autres on dînait à la carte et l'appétit devait y être excité par la longue litanie des mets succulens et des vins de toute espèce promis aux consommateurs ; les salmis, les blancs-mangers, les truites saumonées, les bécasses truffées, etc., figuraient avec honneur sur l'affiche ; mais *les prix manquaient*, ce qui, selon l'usage, voulait dire qu'il n'y en avait point pour le moment. Chacun de leurs regrets passés était devenu pour eux le sujet d'une moquerie. Au sortir du village, une allée d'arbres se dirigeait au nord ; les soldats y posèrent une colonne milliaire avec l'inscription : *Route de Paris, n° 1,167,340*. Et ces idées bouffonnes et philosophiques leur venaient quatre jours après leur agonie du Désert, après un régime forcé de dattes et de farine !

Le général Belliard et les officiers de la demi-brigade logeaient dans la maison du Kachef, bâtie en pierre, avec un étage, des terrasses et des appartemens voûtés. Là, pour la première fois depuis le départ du Kaire, l'état-major eut des lits, des tables et des bancs ; on put enfin s'asseoir, se déshabiller et se coucher. Denon qui n'avait pas voulu quitter Syène sans voir Philæ était enchanté de ce retour à nos jouissances européennes ; ces habitudes de notre vie ordinaire lui parurent alors de la mollesse et de la volupté.

Mais ce n'était pas tout, et des plaisirs d'artiste d'une autre portée attendaient le savant dessinateur. Déjà avant que la conquête eût forcé le rivage de Philæ, il avait pris droit d'examen sur l'île d'Éléphantine située au milieu du fleuve et vis-à-vis de Syène. Cette île était devenue tout à la fois sa maison de campagne, son lieu de délices et d'observations ; il en retourna toutes les pierres et questionna tous les rochers qui la composent. Quand il désirait s'y rendre, un signe, un appel de lui faisaient accourir les barques des Barabrâs habitans actuels d'Éléphantine, et peu de minutes lui suffisaient pour s'installer dans son nouveau domaine. Alors autour du savant se groupaient tous les enfans de l'île qui venaient lui proposer l'achat de fragmens d'antiquités et de cornalines brutes ; et lui, bon et généreux, prenait tout, s'emplissait les poches, au moyen de quelques menues pièces de monnaie qui faisaient bondir de joie les jeunes brocanteurs. Aussi bientôt Denon fut-il connu et choyé de toute l'île. Les Barabrâs étaient devenus ses amis; ils l'invitaient, lui préparaient à déjeuner dans les temples où il devait venir dessiner; il était là comme le propriétaire bénévole d'un jardin, d'un parc, où tout ce que nous cherchons à imiter dans nos contrées existait en réalité, îlots, rochers, désert, champs, prés, bocage, hameau, bois sombres, plantes extraordinaires et variées, fleuve, canaux, moulins, ruines sublimes; lieu d'autant plus enchanté que, comme les jardins d'Armide, il était environné des horreurs de la nature, de la Thébaïde enfin dont le contraste relevait encore le prix de cette oasis fluviale, de cet Éden au sein des eaux.

Riche de sa position et de sa fécondité, Eléphantine a été surnommée l'*Ile Fleurie* ou le *Jardin du Tropique*. Des mûriers, des acacias, des napécas sont avec le doum et le dattier les arbres que l'on y rencontre le plus fréquemment; les uns servent de haies et de limites aux habitations; les autres sont répandus en petits bois dans les champs, ou forment une avenue irrégulière du côté du nord.

En examinant la configuration de l'île, il est aisé de voir qu'elle doit son existence à des brisans granitiques, autour desquels les attérissemens du Nil ont formé un sol d'alluvion. A mesure que le fleuve laissait à découvert un exhaussement de limon, les Barabrâs l'exploitaient en y semant des légumes jusqu'à ce que ce terrain eût pris assez de consistance pour recevoir la charrue. Ainsi Éléphantine s'est formée peu à peu, et pour entretenir sa fécondité par des arrosemens intérieurs, ses laborieux habitans avaient déjà, au temps de Strabon, établi de nombreuses roues à pots (*sagiéh*), qui puisaient l'eau dans le Nil pour la rejeter dans des rigoles d'irrigation.

Éléphantine était, dans l'antiquité, la clef de l'Égypte. Sous le règne de Psammétichus, dit Hérodote, il y avait garnison dans cette île contre les Éthiopiens, à *Daphnœ* de Péluse contre les Syriens et les Arabes, à *Marea* contre la Libye. Du temps de cet historien, les Perses entretenaient garnison à Éléphantine : d'après Strabon il s'y trouvait une cohorte romaine, et même au temps du Bas-Empire c'était encore une station militaire. En remontant plus haut, son importance devient plus douteuse ; car la tradition parle d'un royaume d'Éléphantine, qui aurait eu une existence en dehors de la monarchie égyptienne.

Au premier coup-d'œil jeté aujourd'hui sur cette île, il est facile de voir que ce royaume, s'il a existé, ne pouvait être circonscrit dans une aussi étroite enceinte. Comment admettre en effet qu'un État, si petit qu'il soit, n'ait que quatorze cents mètres de long sur quatre cents mètres de large? Serait-il resté indépendant durant neuf générations de rois, comme le dit Jules Africain, ou trente-une, d'après Eusèbe? La supposition est absurde; et, si ce royaume a existé, l'île d'Éléphantine aurait seulement été sa capitale, et aurait donné son nom à tout le territoire qui en dépendait, comme on a dit le royaume de Paris, le royaume de Soissons, le royaume d'Arles, etc.

Deux explications, mais purement conjecturales et sans aucun fondement, ont été présentées.

L'une, qui paraît plus simple et plus naturelle, est celle donnée par M. de Paw, qui prétend qu'une maison royale originaire d'Éléphantine a occupé pendant une série d'années le trône de l'Égypte, et que de là est venu ce nom de *Dynastie d'Éléphantine*.

L'autre explication, appuyée en apparence sur la géographie du pays, découle des recherches de M. Jomard, qui a pensé que les noms de Philæ et d'Éléphantine avaient une racine commune. « Les Grecs, dit-il, n'ont fait qu'ajouter
» une terminaison au nom antique *Fil*, qui
» veut dire *éléphant* dans les anciennes langues
» orientales, et qui se traduisait en grec par
» ἐλέφας (*elephas*). Si l'on considère qu'au-
» dessus de Syène le Nil coule entre des mon-
» tagnes escarpées; que son cours est semé
» d'îles nombreuses; que le fleuve dépose dans
» ces îles plutôt que sur ses bords le limon
» végétal, ce qui donne à toutes ces îles une
» existence semblable et commune; qu'enfin
» le nom d'*Éléphantine* n'est autre chose que
» celui de *Philæ* traduit en grec, et que celui
» de *Philæ* (φιλαὶ) est le nom antique d'Élé-
» phantine avec une finale grecque; on peut
» conjecturer que jadis toutes ces îles, répan-
» dues dans le fleuve au-dessus et au-dessous
» de la dernière cataracte, portaient le nom
» commun de *Fil*. J'ajouterai une remarque
» décisive; c'est que la finale qu'on a jointe au

» mot *Fil* est le signe de la pluralité. » Après avoir étayé son opinion sur des passages d'Hérodote, de Strabon, d'Étienne de Byzance et de Ptolémée, desquels il tire l'induction que les mots de Philæ et d'Eléphantine sont des dérivations du mot générique *Fil*, puisqu'indistinctement les anciens prenaient Éléphantine pour Philæ, Philæ pour Éléphantine, M. Jomard conclut ainsi : « Maintenant, si l'on admet » cette application du nom d'Éléphantine à » toutes les îles qui occupaient le cours du » fleuve depuis Syène jusqu'aux limites de » l'Éthiopie, on concevra que ces îles ont pu » faire un petit gouvernement à part; les au- » teurs l'auront décoré du nom pompeux de » royaume, et ce gouvernement étant herédi- » taire a pu donner lieu à ce qu'on a nommé, » dans la suite, la *Dynastie d'Éléphantine.* »

Nous avons rapporté sans commentaires l'une et l'autre de ces explications, hypothétiques toutes deux, mais nous ne pouvons nous dispenser d'offrir sur la seconde les observations suivantes.

1°. Sans contester que les anciens auteurs aient pu confondre ensemble les îles d'Eléphantine et de Philæ, toute l'hypothèse de la dérivation commune de leurs noms repose sur un fait incontestablement erroné, c'est-à-dire sur l'assertion que le mot *fil* signifie *éléphant* dans toutes les langues orientales et par induction dans l'ancienne langue égyptienne.

Or le mot *fil* n'a cette signification qu'en arabe, idiome auquel il est étranger, y étant passé du mot *pyl* des Persans qui l'ont aussi donné aux Chaldéens et aux Syriens leurs voisins, sous la forme *fylá* et *fyló*; mais ce mot d'origine indienne ne se retrouve ni dans l'hébreu, ni dans le samaritain, ni dans le cophte ou égyptien, ni dans l'éthiopien surtout, dont les anciennes relations ont dû être si immédiates avec l'Égypte; ainsi, pour que les anciens Égyptiens eussent donné à l'île de *Philæ* son nom, d'après le mot *fil* (éléphant), il faudrait supposer que les anciens Égyptiens parlaient arabe, ce que personne n'oserait prétendre.

2°. Le nom ancien de l'île de *Philæ* et son étymologie sont parfaitement connus. Tous les manuscrits cophtes et les auteurs arabes qui ont décrit l'Égypte, lui donnent le nom de *bi-laq* ou *bi-lakh*, mal transcrit par les Grecs en *philai* : or, *pi*, *bi* ou *phi* était l'article égyptien; *lakh* est un mot bien connu de la langue égyptienne qui n'a jamais d'autre sens que celui de *frontière, extrémité*. Ainsi le nom de l'île de *Philæ* indiquait seulement qu'elle était l'extrême frontière de l'Égypte, et le titre que lui donne Tacite, *claustrum romani imperii*, n'est que la traduction de son vrai nom égyptien.

Quoi qu'il en soit de ce prétendu royaume, l'œil européen aurait eu peine à le reconnaître dans le hameau qui a succédé à la ville ancienne. Ce hameau occupe le pied d'une élévation formée par le rocher de granit et par les décombres des anciennes habitations; il est peuplé de Barabrâs et de Nubiens. On trouve au nord un village plus considérable occupé également par les Barabrâs. Ces villages n'ont point de nom particulier, et l'île même n'est plus désignée que par celui de Syène qui est en face; on l'appelle *Geziret-Assouan* ou *l'île de Syène*.

Une vaste butte de décombres marque la place de la ville primitive : située sur un plateau de roc, Éléphantine dominait les deux rives du fleuve, et de Syène on la voyait se détacher en brun sur le rideau de la chaîne libyque.

Ce qui frappe d'abord quand on parcourt cette butte, ce sont deux grands massifs placés sur la sommité de l'éminence, restes d'une porte de granit couverte de sculptures égyptiennes. En allant au fleuve et vers la pointe sud de l'île, on trouve un grand nombre de sarcophages taillés dans le roc, qui semblent attester que l'île d'Éléphantine a servi aux Égyptiens pour l'exploitation du granit.

En descendant du plateau, à mi-côte de la colline des débris, apparaît un temple peu élevé, composé d'une salle et d'une galerie qui sont dans un état parfait de conservation; on l'a appelé *Temple du Sud*. Au premier aspect on le croirait enfoui, tant il y a autour de lui de décombres; mais peu à peu il se dégage de tout cet entourage qui obstrue sa perspective, et se dessine plus nettement avec ses proportions simples, mais élégantes et harmonieuses.

Le père Sicard, Norden et Pococke ont parlé tous les trois de ce temple qu'ils dédient à Cnuphis; ils citent même des inscriptions gravées, d'après eux, sur les parois des murailles; mais rien, dans les recherches plus modernes, n'a confirmé leur existence. Autour du temple on trouve des blocs de granit qui paraissent appartenir à un édifice de pareille matière, et parmi ces blocs figure une statue monolithe en granit, d'un travail informe, mais haute de huit pieds et demi : elle est assise, les bras croisés, tenant une crosse à droite et un fléau à gauche.

La longueur du temple, sans l'escalier extérieur, est de douze mètres environ, sa largeur de neuf mètres, et sa hauteur de six mètres et demi. Ces dimensions font du temple d'Éléphantine un des moins grands qui soient en Égypte. Peu encombré à l'intérieur, cet édifice est presque intact dans toutes ses parties : les angles des murs sont entiers, les sculptures peu endommagées, et cependant, au ton bruni de la pierre, à la teinte sombre des parois, on reconnaît aisément que le temple est de la plus haute antiquité. Sa date reculée semble ressortir encore d'un rapprochement avec une construction plus moderne et qui a été visiblement ajoutée au temple. Quoi que l'architecte ait pu faire pour mettre cette portion du monument en harmonie avec sa portion primitive, il est saillant à l'œil que ce n'est pas là du style égyptien; et peu à peu, à l'absence des sculptures hiéroglyphiques, à la taille des pierres, à la petitesse des assises, à la couleur des murailles, on reconnaît, dans cette pièce adaptée au temple, l'ouvrage probable des Romains.

Pris dans son ensemble, ce petit édifice est un chef-d'œuvre de pureté et de simplicité. C'est là le type qui a inspiré les premiers temples grecs. Quoique plusieurs monumens de l'Égypte participent du même caractère, celui d'Éléphantine a néanmoins une physionomie originale qui le tient en dehors des autres : sa disposition, composée de lignes simples et nettes, est à la fois pleine de goût et de logique architecturale : sa galerie a des piliers carrés sur les deux côtés longs, et des colonnes sur les deux autres; les deux parties latérales ont sept piliers chacune; les deux façades antérieure et postérieure comptent sept piliers aux angles et deux colonnes au milieu; l'entre-colonnement des façades est plus large que celui des côtés. Ainsi la distance des piliers et celle des colonnes sont égales à plus de trois fois leur largeur, ce qui donne plus d'air et de légèreté à la galerie, si basse d'ailleurs pour le diamètre de ses colonnes.

La décoration du temple a la même simplicité, la même unité que les lignes du plan et de l'élévation; la corniche ordinaire en gorge et le tore ou cordon règnent tout autour ; au-dessous l'architrave est ornée d'une frise d'hiéroglyphes sur les deux façades. Au centre de cette frise est un globe ailé entouré de serpens. Les hiéroglyphes se répètent symétriquement à droite et à gauche du disque ailé et sont tournés vers lui; il en est de même des inscriptions hiéroglyphiques du stylobate : cette disposition, qui a été remarquée dans beaucoup de frises, donne lieu de conclure que les caractères hiéroglyphiques pouvaient s'écrire et se lire indistinctement de gauche à droite et de droite à gauche.

Deux figures debout et plusieurs colonnes d'hiéroglyphes décorent les piliers : leur sommet est orné d'un vautour avec les ailes déployées. Les colonnes qui ornent le monument sont coniques à partir de leur tiers inférieur, et enveloppées de huit tiges demi-circulaires, liées au sommet par cinq bandes étroites. Le bas de la colonne, engagé à moitié dans le stylobate qui vient profiler dans l'axe, est orné de feuilles aiguës et alongées, semblables aux folioles du calice du lotus azuré. La base est très-simple de profil, peu élevée, fort large et inclinée en dessus. Enfin le chapiteau, renflé par le bas et divisé en huit côtes comme le fût, représente assez bien pour le galbe un bouton de lotus qui serait tronqué.

Quant aux sculptures hiéroglyphiques qui couvrent les parois extérieures et intérieures du temple d'Éléphantine, elles sont en général d'un ciseau soigné et d'un relief très-doux. Dans toutes ces allégories incrustées, on remarque principalement une figure à tête de bélier, qui rappelle Jupiter-Ammon, et Isis coiffée de plumes, apposant leurs mains sur un jeune homme qui semble représenter Horus ou Harpocrate. Ce personnage à tête de bélier se reproduit dans tous les coins du temple, et paraît être le dieu auquel il était consacré. Le tableau dans lequel il ressort le mieux est celui qui offre une espèce de barque symbolique, tableau de vingt pieds de long, et qui occupe tout entière une des faces intérieures du temple. Cette barque symbolique, posée sur un autel, est montée par un homme richement vêtu qui fait au dieu une offrande de fruits, de coquillages, de fleurs, de gâteaux, etc. Derrière lui paraît une figure de femme revêtue d'une robe longue et transparente, et portant un voile qui descend sur ses épaules. Cette dernière figure, rare dans les édifices sacrés, a derrière elle une légende sacramentelle qui semble être l'apanage exclusif des prêtres égyptiens, et que l'on a surnommée, à cause de cela, *légende sacerdotale*. On pourrait en conclure que les temples de l'ancienne Égypte avaient aussi leurs prêtresses; ce qui d'ailleurs se trouve constaté par l'inscription relevée sur la pierre de Rosette.

A l'autre extrémité de l'île d'Éléphantine, se montre un second édifice qu'on a appelé le *Temple du Nord*. Bâti de grès, comme celui que nous venons de décrire, semblable à lui pour le style des colonnes et des décorations intérieures, il se trouve néanmoins plus ruiné, et comme enterré sous des fabriques plus modernes au milieu desquelles il se dessine pittoresquement.

Ce n'est pas un fait sans gravité que de voir dans la même île deux monumens semblables et de proportions exiguës, tandis qu'on trouve constamment ailleurs un petit temple à côté d'un grand. L'inspection des lieux pourrait faire croire que d'autres temples ont existé sur l'île d'Éléphantine, et ces pylônes, ces débris de granit qu'on y retrouve, le témoignage d'Aristide le rhéteur, qui parle des obélisques d'Éléphantine, obélisques dont on ne voit plus les traces, tout ferait croire que cette île a été autrefois semée d'édifices plus grandioses. Où trouver maintenant le grand temple de *Cneph* ou *Cnuphis*, si célèbre dans l'antiquité? Lequel des deux existant aujourd'hui aurait été voué à ce dieu? C'est ce qu'on ne saurait préciser.

D'après Eusèbe, qui rapporte la version la plus circonstanciée sur le culte des habitans d'Éléphantine, « on y révérait une figure de forme » humaine; elle était assise, peinte d'une cou- » leur bleue; sa tête était celle d'un bélier, et » pour signe distinctif elle portait des cornes » de bouc surmontées d'un cercle en forme de » disque. »

C'est bien là en effet la figure que nous venons de voir dans les temples d'Éléphantine; c'est le Jupiter-Ammon que l'on adorait aussi à Thèbes; le *Cneph*, qui selon les étymologistes, signifie *bon Génie*, et qui désignait chez les Égyptiens l'esprit éternel et infini qui remplit et anime l'univers, c'était un surnom d'Osiris à tête de bélier, ou autrement d'Ammon. Bien plus, suivant Eusèbe, la figure du serpent ou *bon Génie* que l'on adorait à la fois à Thèbes et à Éléphantine, était elle-même le symbole de *Cneph;* de telle sorte que Jupiter-Ammon, Osiris, homme à tête de bélier, serpent, bon génie, étaient une seule divinité revêtant tour à tour des emblêmes divers.

Avant de quitter Éléphantine, il nous reste à parler d'un travail moins brillant mais plus utile, auquel l'île a sans doute été redevable, en des siècles antiques, de sa conservation et de son agrandissement. Partout où le roc ne la défendait pas contre les remous du fleuve et la force du courant, un quai avait été bâti, espèce de mur de revêtement en grès qui s'appuyait sur tous les quartiers de granit semés le long des abords de l'île. Cet ouvrage paraît dater des temps les plus reculés, et sa destination elle-même le prouve, car sans cette arme défensive, Éléphantine aurait subi le sort de tous les îlots que le Nil forme et renverse. Mais il est à croire que le mur de revêtement primitif a été réparé à diverses époques, et le quai tel qu'on le retrouve aujourd'hui doit être le résultat collectif de travaux égyptiens, grecs, romains et arabes.

Toutefois parmi ces portions de quai appuyées de part et d'autre sur le roc, et dans la partie où le Nil est le plus profond, il en est qui, par une combinaison assez curieuse, présentent une forme concave du côté du fleuve, et convexe du côté de l'île. Il en résulterait qu'on les a exécutées ainsi comme des espèces de voûtes destinées à résister à la poussée horizontale des terres. Ce principe de construction, usité dans la seule Égypte, se trouve justifié par une durée de plusieurs siècles, circonstance d'autant plus inouie que la crue et la baisse périodiques du fleuve faisaient passer ces murailles sous-fluviales par une alternative de sécheresse et d'humidité.

Dans une portion de ce quai, existe derrière le mur un escalier adossé, composé de cinquante marches environ, qui descend vers le Nil; et à son extrémité inférieure se trouve une porte, visible seulement dans les basses eaux. Au sommet, l'escalier tournant à angle droit vient aboutir dans l'intérieur de la ville ancienne. Sur la paroi de l'escalier qui regarde le Nil, sont tracées des échelles graduées en coudées et en subdivisions qui servaient à mesurer les crues du fleuve. Ces échelles, jusqu'à la vingt-quatrième coudée, sont accompagnées de caractères numériques grecs et de chiffres égyptiens mal conservés. Deux inscriptions grecques, l'une du temps de Septime Sévère, l'autre d'un Antonin, sont tracées au-dessus de la dernière division et constatent des inondations extraordinaires de ces époques. Cette construction, dont on doit la découverte à M. Girard [1], ingénieur en chef, a été reconnue par lui pour le célèbre nilomètre de Syène dont nous parlent Strabon, Héliodore et d'autres géographes anciens; monument qui, au lieu de se trouver sur le continent, a sa place dans l'île d'Éléphantine, ainsi que le dit expressément Strabon.

Plus loin se trouve un autre mur moins élevé sur lequel, dans un bas-relief encastré, est figuré un vieillard couché, appuyé sur le coude, à peu près dans la même attitude que la statue antique connue sous le nom de *Nil*, et dont on voit une copie au jardin des Tuileries à Paris. C'est là visiblement une sculpture romaine; mais on ne saurait rien conclure de

---

[1] Maintenant membre de l'Institut, Académie des Sciences. C'est des échelles de ce nilomètre que M. Girard a déduit l'étalon exact de l'ancienne coudée égyptienne.

là sur l'ancienneté de la muraille, car il serait fort possible que l'on eût après coup enlevé quelques pierres du parement pour y placer cette figure dans un but de décoration.

Toutefois cet ornement romain, laissé sur un îlot aux limites de l'empire, indique qu'Éléphantine était, à cette époque, non pas seulement un station militaire peuplée de quelques cohortes, mais une colonie florissante trouvant dans ses richesses industrielles de quoi subvenir aux jouissances d'art. Des bains, des lampes antiques, des ustensiles précieux en bronze, que l'on y trouve journellement, constatent mieux encore cette ère de luxe et d'opulence. Avant que le cap méridional de l'Afrique fût doublé, la position d'Éléphantine sur la frontière éthiopique faisait de cette île le comptoir le plus avancé des peuples occidentaux. De là ils touchaient au cœur de l'Afrique par le Sennâr, à l'Asie par le détroit de Bab-el-Mandel, et sur ce point comme en un centre unique venait aboutir le rayon commercial des trois mondes connus.

FIN DU SECOND VOLUME
DE L'EXPÉDITION.

TABLE.

Chapitre I. — Insurrections des provinces de Damiette et de Mansourah. — Mit-Ghamar, Mit-êl-Khouly, Sonbât. — Hassan-Toubâr, cheyk des Arabes du lac Menzaléh. — Négociations. — Leur inutilité. — Attaque combinée de Bédouins et d'Arabes du lac. — Prise de Damiette. — Retraite. — Combat d'êl-Choarah. — Conquête du lac Menzaléh par le général Andréossy. — Prise du bourg Menzaléh par le général Dumas. — Reconnaissance du lac. — Tennis, Tounah, San, Péluse, villes antiques, etc. — Damiette. — Retour d'Andréossy à Damiette et son départ pour le Kaire.   1

Chapitre II. — Départ d'Andréossy pour les lacs de Natroun. Berthollet, Fourier, Redouté, etc., l'accompagnent. — Terrânéh. — Arrivée aux lacs. — Commerce de Natroun. — Verrerie antique. — Couvens cophtes. — Vallée du Fleuve sans eau. — Mœurs des Arabes Geouabys, Hennâdys, etc.   37

Chapitre III. — Travaux des autres savans. — Séances de l'Institut. — Bonaparte y prend part. — Fermeté de Desgenettes. — Commission des sciences et arts. — Moulins. — Imprimerie française. — Fondation de deux journaux. — Bibliothèque. — Laboratoire de chimie. — Physionomie du Kaire à cette époque. — Prospectus pour l'exploitation d'un Tivoli et d'une salle de spectacle. — Cafés, bals, etc. — Aérostat. — Amours de Bonaparte.   57

Chapitre IV. — Nomination de l'Émir-hadgy. — Lettre au chérif de la Mecque. — Divan. — Ses séances. — Cocarde tricolore. — Scrupule des cheyks. — Administration de l'Égypte. — Impôts. — Enregistrement, etc. — Objets de police. — Canaux, portes, lazarets, éclairage, etc., etc. — Aghà des janissaires. — Organisation militaire. — Corps grec et barbaresque. — Jeunes Mamlouks. — Garde nationale au Kaire. — Cavalerie. — Dromadaires, etc. — Promotions dans l'armée. — Hôpitaux civil et militaire. — Mouristan. — Société de Commerce. — Hôtel des Monnaies. — Chasse aux Arabes par Murat. — Barthélemy le Grec. — Kyaya des Arabes. — Arnaud envoyé à Derne. — Caravane de Tor. 79

Chapitre V. — Causes de mécontentement. — Firman du Grand-Seigneur. — Symptômes d'insurrection. — Révolte du Kaire. 137

Chapitre VI. — Châtiment des coupables. — Traits d'humanité musulmane. — Intervention des cheyks. — Leurs circulaires. — Exécution des conspirateurs. — Nouveau Divan. — Proclamation de Bonaparte. — Installation du Divan. — Fortifications du Kaire, d'Alexandrie, etc. — État du pays. — Aérostat. 182

Chapitre VII. — Occupation de Suez. — Projets de Bonaparte. — Jonction des deux mers. — Départ du Général en chef. — Départ de Suez. — Note sur la ville. — Visite de Bonaparte aux sources de Moïse. — Dangers qu'il court. — Reconnaissance de l'ancien canal. — Bonaparte y préside. — Description de l'Isthme de Suez. — Bivouac à Adjeroud. — Travaux de nivellement exécutés par les frères Le Père et par Saint-Genis. — Les lacs amers et l'Ouàdy-Toumylât. 216

Chapitre VIII. — Hostilités. — Occupation d'El-Arych par Djezzar, pacha d'Acre. — Négociations antérieures. — Vues de Bonaparte. — Missions de Beauchamp, de Mailly, de Beauvoisins. — Désappointement. — Conduite de la Porte. — Firman adressé à Ibrahim-Bey. — Préparatifs de guerre. — Expédition de Syrie. — Coup-d'œil sur cette contrée. 240

Chapitre IX. — Marche de l'armée expéditionnaire. — Arrivée de la division Reynier devant El-Arych. — Attaque et prise du village. — Blocus du fort. — Apparition des Mamlouks. — Arrivée de la division Kléber. — Défaite des Mamlouks. — Désert. — Bonaparte au Kaire. — Son départ pour la Syrie. — Siége d'El-Arych. — Capitulation. — Marche de l'armée. — Bonaparte à Khan-Younes. — Retraite d'Abdallah-Pacha. — Entrée en Palestine. — Prise de Ghazah. 292

Chapitre X. — Départ de Ghazah. — Occupation de Ramléh, Lydda, etc. — Arabes. — Arrivée sous les murs de Jaffa. — Siége. — Assaut. — Diversion imprévue. — Sac de la ville. — Désordres. — Capitulation des prisonniers. — Embarras de Bonaparte — Symptômes de peste. — Hôpitaux. — Visite du Général. — Moustafa-Hadgy, médecin turc. — Conseil de guerre au sujet des prisonniers. — Leur massacre. — Départ de Jaffa. — Escarmouches avec Abdallah et les Naplousains. — Lettre de Bonaparte à Djezzar. — Proclamation aux habitans de Naplouse. — Prise de Haïfa. — Arrivée à Saint-Jean-d'Acre. 327

Chapitre XI. — Armée de Desaix. — Situation de Mourad-Bey. — Sa vie antérieure. — Marche des Mamlouks. — Poursuite des Français. — Tentyra. — Ses temples. — Denon. — Arrivée à Thèbes. — Villages situés dans sa vallée. — Anciens

monumens. — Medynet-Abou, Karnaq, Louqsor, Qournéh.
—Desaix et Denon à Qournéh. 373

Chapitre XII. — Bivouac à Erment. — Antiquités d'Hermonthis. — Ancien *Tuphium*. — Arrivée à Esnéh. — Marche sur Syène. — Souffrances de l'armée. — Arrivée à Syène. — Ville d'Esnéh. — Antiquités. — Position de Syène. — Environs. — Roches granitiques. — Monumens de Syène. — Cataractes. — Barabrâs. 419

Chapitre XIII. — Marche de Desaix. — Paris à Syène. — Ile d'Éléphantine. — Visites de Denon. — Prétendu royaume d'Éléphantine. — Antiquités de l'île. — Temples du sud et du nord. — Culte des habitans d'Éléphantine. — Mur de quai. — Nilomètre. 476

FIN DE LA TABLE DU SECOND VOLUME
DE L'EXPÉDITION.

www.ingramcontent.com/pod-product-compliance
Lightning Source LLC
Chambersburg PA
CBHW051139230426
43670CB00007B/874